中国文化创意产业研究
——总论与行业分析

白 远 王冠群 著

对外经济贸易大学出版社
中国·北京

图书在版编目（CIP）数据

中国文化创意产业研究：总论与行业分析 / 白远等著. —北京：对外经济贸易大学出版社，2011
ISBN 978-7-5663-0256-4

Ⅰ. ①中… Ⅱ. ①白… Ⅲ. ①文化产业 – 研究 – 中国
Ⅳ. ①G124

中国版本图书馆 CIP 数据核字（2011）第 257562 号

中国文化创意产业研究

——总论与行业分析

白 远 王冠群 **著**

责任编辑：高 卓

对 外 经 济 贸 易 大 学 出 版 社
北京市朝阳区惠新东街 10 号 邮政编码：100029
邮购电话：010 – 64492338 发行部电话：010 – 64492342
网址：http://www.uibep.com E-mail：uibep@126.com

唐山市润丰印务有限公司印装 新华书店北京发行所发行
成品尺寸：170mm × 230mm 13.5 印张 249 千字
2012 年 1 月北京第 1 版 2012 年 1 月第 1 次印刷

ISBN 978-7-5663-0256-4
印数：0 001 – 2 000 册 定价：36.00 元

当代经济理论反省与文化产业研究的启发[①]

（代　序）

十几年前，作为金融汪洋大海中的一滴水，我偏执地寻找着、思考着、充满激情地尝试着预测证券价格波动的各种理论，试图建立资本市场价格波动预测模型。即使，无数人毫无悬念地曾经失败，但我依然满怀期待。我笃信，既然科学就是力量，我又如此痴迷科学，那么，我应该多少有点力量。

但是，事实令人沮丧。毫无悬念，我最终没能建立起任何，哪怕是看起来有一点点突破的价格预测模型，即使我们曾经游说一流的数学家和经济学家介入我们的“荒唐之举”。

我想，我们的工作即使不能积累经验，但至少应该留有教训。这个教训之一就是：我经常极度“叛逆”地思考现有经济理论与数学，用满怀“敌意”的眼光审视这两个学科。虽然，我并非出身数学专业，但我却确实遇到过不止一位优秀的数学教授指导我们的学习。我不禁想，也许是数学欺骗了我们？因为它过于精密而令人眼花缭乱，无数实践告诉我，过于“繁花似锦”的精密往往靠不住。其后我又更加“多疑”，我想也许经济学也欺骗了我们？因为它看起来似乎拥有的权威远远脱离了这个理论能实际解决的问题。无数实践也曾教育我：过于权威的东西往往容易只剩下“权威”。如果不是遭受欺骗，我们怎么会这样一筹莫展，一败涂地呢？说句肺腑之言，教训乃至失败也许是世界上最好的老师。我最终发现，是自己欺骗了自己。准确地说，是自己对这两个学科的错误认识蒙骗了自己。我猛然醒悟，无论任何学科，乃至任何科学，其实都不等同于真理，它们在不断地被补充、被修正和被否定中，努力向客观规律靠拢，但却永远无奈地与真理保持一定的距离。我想，承认人类认识永远存在局限是个明智的做法，同时，当代经济学一定存在某种致命缺陷，否则，它应会给我们更多的答案，而不是那样多的“令人汗颜”和“不确定”。我发现，数学与经济学的结合在两者体内都面临强烈的排异反应，数学在人文科学领域的应用，也许不象它在自然科学

---

① 作者：王冠群，中国国际经济交流中心研究部博士后。

领域那么踌躇满志，挥洒自如。应该说，那时，我已经认识到，并坚信，当代经济理论躯体上存有一些顽疾，虽然并不确定它究竟是不是不治之症。

大概在我们惨痛失败后的两年，行为经济学者和心理学家获得诺贝尔经济学奖，一定程度上颠覆了长期雄霸主流的经济理论。这无意中为我报了"一箭之仇"，毕竟，我们曾经有那么多心血付之东流。在我看来，行为经济的崛起，既表明了西方主流经济学者的宽广胸怀，也反映出早年他们的傲慢与无知。一切证明，当代西方经济理论确有致命缺陷，并且，证据确凿。

光阴荏苒，转眼多年。2008 年，金融危机突发而至。经济规律再次嘲弄了众多经济学泰斗，以致英国女王伊丽莎白二世质疑：世界上最优秀的经济学家们，您们为什么对金融危机的到来一无所知？（大意）。一时之间，这一质疑传遍全球。其实，女王陛下的疑问极其平凡，她仅仅陈述了一个事实作为疑问，但女王陛下又是睿智而极为勇敢，她的疑问挑战了一门社会科学几百年发展权威的极限，好在她的身上有王室的礼服用于防弹。如果这样的发问出自平民，那么，"经济学家"乃至著名"经济学家"们不知又要发表多少精彩宏论来论证"皇帝确实穿有新衣"。毫无疑问，这一事件不禁又让我对自己多年前的教训藕断丝连。

2010 年，文化产业兴起热潮，我不禁见异思迁，又在文化产业研究上挥霍了一年。但文化产业研究的偶得似乎又与多年前的思考遥相呼应。文化影响力对人们心理的塑造不正是对理性人假设最好的质疑么？为了排遣多年对经济学和数学的"积怨"或是"积愿"，我斗胆向白远教授提出为我们合著的书籍写一篇序，不想非常荣幸地获得了她的首肯。

在文化产业研究领域，白远教授给我非常多的指点，毫无疑问是我的良师益友，为本书付出了巨大的智慧与心血。这本书的出版没有白远老师亲力亲为是绝对不可想象的，在此鞠躬致谢，表达敬意。同时，我的好友白宇飞博士也给予本书无私的帮助，他的博学令人钦佩，他的热情令人感动，同样在此行礼致谢。

下面，言归正传，我尽量让正传不那么枯燥乏味地谈四个问题：其一，近年世界经济危机引发的反思；其二，对西方经济理论核心缺陷的思考；其三，对文化产业研究的几点看法；其四，为未来经济研究的几点管窥之见。其中，第一个问题就是反思"经济学家"界被重重打了耳光这个严重事件；第二个问题相当于为了免得趾高气扬再挨耳光，动动脑筋，争取一点儿理论上的长进；第三个问题可以看做是前两个问题在其他领域的延伸，算是一点儿发散思考，研究各个经济学分支其实与经济学原理并不分家，真有创造力的东西往往源于不那么循规蹈矩的思考，思维僵化必会造成"博学性痴呆"；第四个问题就是对经济研究未来趋势的认识。不必讳言，作者某些观点与西方主流经济理论存在不小冲突。这些冲突或源于实际工作体会，或源于早年接受数学教育而形成的“苛求”严谨的“恶习”。不过，我相信，公道自在人心，学问也是一样。真正具有科学精神的人都会认同，科学进步的过程其实就是不断的“颠覆”，既颠覆以往人们的陈旧认识，也颠覆现有科学认识的局限与错误。没有“颠覆”，就不会出现实践与理论的焕然一新和观念上的脱胎换骨。没有颠覆，就没创新，颠覆是创新中不可逾越的关键环节，也是伟大环节。

一、近年世界经济危机引发的理论反思

罕见的危机往往引发非凡的反省，错失反省，重蹈覆辙就成为宿命。美国2008年金融危机引发的经济衰退历史罕见，令全球刻骨铭心，但现实表明，我们并未合格修完反省这一课。前事不忘，后事之师，阳光灿烂的时候忘记黑夜，在繁荣中忘却危机，必会让世界经济走上坦途变得更加艰难。与实践反思的直接而迅速相比，理论反思需要更多思想沉淀与升华，理论反思不可或缺，通过理论反思，我们才能穿透现象，把握规律；否则，缺乏质的飞跃，实践上的反思就难发生质变，反思需要超越，历史告诉我们，在任何领域，跟随可以进步，超越必须创新。而创新源于现实需求，创新源于不断实践，创新源于对现有的修正与颠覆，反思危机才能回避危机，化解危机。要想成为一流国家，中国必须珍惜本轮世界经济衰退带来的反思良机，在理论上锐意创新，创新是中国解决一切现实问题、战略问题的唯一出路。

（一）应正视经济现实对西方主流经济学的巨大质疑

中国改革开放，国际经验借鉴功不可没，但也一定程度出现了迷信西方经济理论的现象。从理论高度客观研判西方经济理论缺陷与错误成为不少经济学家的禁区，西方理论无条件占据主流，无条件以真理自居，甚至在经济学者中，“英语水平”与“皮肤的颜色”竟成了评判经济学者的思维质量、研究水平和权威的潜规则，其荒唐已经令人无言以对。[①] 中国经济理论界要公平获得世界经济理论话语权，对西方主流经济理论的致命缺陷不能视而不见，不能丧失自身经济学的自信。

迷信是创新的天敌，也是创新的最大障碍。迷信先进就不可能超越先进，迷信一流就永远不会成为一流。学习西方不能盲从西方，更不等于迷信西方。敢于质疑，才能突破禁区；善于质疑，才会发展进步。深刻的理论反思需要我们解放

① 语言能力当然具有一定价值，对于阅读资料有一定便利，但过度崇拜则会形成“语言霸权”。

思想，突破禁区。美国金融危机与世界经济衰退不仅损害了世界经济，更强烈质疑了当代西方主流经济学理论。对照现实，可以发现，西方各流派经济学数百年建立的经济理论体系，其揭示客观规律的能力还极为有限，预测能力不足就是重要证据，其整体理论基本停留在解释学范畴。客观而论，西方主流经济学在金融危机预警和资本市场价格预测上的徘徊不前本是一目了然的事实，但近代西方经济理论的强势与傲慢淹没了人们的清醒认识。同时推知，以这些理论为基石的“完美市场化”和宏观调控极易脱离实际，陷入盲目，致使在某种程度上，宏观调控蜕变为下一轮危机的“加油站”。西方经济学浩如烟海的自我解释，汗牛充栋而复杂的理论体系以及派生而出的诺贝尔经济学奖刺眼幻觉，一定程度迷惑甚至是压制了对西方主流经济理论“残疾”的探讨、质疑与研判。据实而论，人们对诺贝尔经济学奖往往是崇拜多于探讨与检验，对其涉及理论缺陷也过于放纵与宽容，这些已经使部分人士忘记一个真理，实践检验是对理论的最高奖赏，其他任何奖项都是实践检验谦卑的奴仆。

（二）预测能力不足是西方经济学长期回避的致命缺陷

预测能力是检验理论体系揭示规律能力的重要标志。预测是制定对策的初始与基础，直接决定对策的指向与目标。在指导实践中，缺乏预测能力的理论体系必定导致实践的盲目。没有准确预测就不可能产生正确对策与决策。长期以来，西方经济理论在预测功能上的残疾严重影响了其客观性。西方部分学者喜欢用“预测是艺术”来解释理论在预测上的无能与无助。其实，这是对艺术的曲解，甚至是亵渎。不是任何不确定、无把握乃至蒙昧的预言都可称为“艺术”，艺术之所以成为艺术，是因为艺术具有区别于其他的标准，艺术需要受众检验与评判，而且最终获得认同。而预测就更有自身的标准，毫无疑问，正确的预测才配称为艺术，而错误预言则无需辩驳是货真价实的赝品。如果非要将赝品混淆于“艺术”，那么只能算作诡辩的艺术。其实，无论将经济预测称为科学抑或艺术，我们都无法逃脱实践对理论的检验与裁决。令人费解的是，一个具有严重缺陷的理论体系竟被当作“规范”成为西方经济政治“精英”评判别国、“教导”他人的工具，其傲慢严重程度已不止于偏见。预测的无效喻示西方主流经济学必定存在大量结构与技术性缺陷与错误，否则，预测方面不会如此低能。

在任何领域，尤其在社会科学领域与自然灾害预防领域，预测都是充满挑战的任务，但是，人类不能把自己的无能隐藏起来，将这些预测视为不可预测。在经济预测问题研究上，即使我国目前也尚在积极突破中，也要正确认识当前所谓西方主流的、在理论上的残疾。这既可促使他们戒除傲慢，也可以提醒我们自己，专注突破方向与切实提升我们自己。

（三）经济理论重大创新是中国引领未来世界经济的必由之路

享有世界经济主导地位几乎是每个大国的战略目标，也是成功发展本国经济和对外合作的结果。几十年快速发展，使中国初步具备由经济大国转化为经济强国的条件。只要成功维护世界和平发展基本格局，我国就有条件进一步提高主导地位，争取更多的发展主动权，但重大经济理论创新无可回避。这不仅对发展本国经济极为关键，更是提高中国经济世界影响力的必须。从发展阶段看，中国经济已经居于世界前列，跟随性发展的条件正在逐步失去。缺乏创新将失去超越一流、成就一流的历史机遇，路径依赖的梦魇也将无法打破。只有伟大创新才可以打破以往理论束缚，才能更好指导实践的超越。

中国经济理论界大有作为产生世界影响力的时代正在开始。中国经济理论研究从主要借鉴苏联计划经济模式和借鉴日本欧美经验阶段升华为开创新经济理论时代已经来临。这一判断并非源于对中国经济成就的盲目自大，而是开拓中国经济发展空间，应对严峻挑战的需要。当然，我们现在就确定新理论的框架未免草率，但新时代的经济理论必须对市场无效和失灵做出重大修正与纠偏，在汲取西方市场经济模式教训上有所突破，宏观调控工具有所发明与创造。就此而论，中国经济学家正迎来自己的黄金时代。

（四）中国构建具有世界创新意义的经济理论已初步具备条件

理论源于实践，实践检验真理，伟大实践是升华出伟大理论的基础。三十多年来，中国经济高速增长，是近几十年世界经济发展中最亮丽的一幕，而这些成果并非拜西方经济理论所赐，而是中国人立足自身实际，借鉴世界一切有益成分的结果。这些为中国经济理论飞跃提供了真正前沿的素材。同时，我们注意到，长期以来，西方主流经济学精英多次发出“中国经济即将崩溃”预言，但几乎每次均以失败告终。这一现象并非偶然，它是西方主流经济思维对经济现实理解力不足的体现，他们对中国特色缺乏科学认知能力，而认识各种特色、特点、特殊性恰恰是向实践学习、领悟规律的关键。西方主流经济思维局限性已经日益显著。

学习但不照抄照搬，尊重而非崇拜迷信。在中国发展过程中，马克思主义经济理论和计划经济的合理成分以及对市场经济的借鉴与改良都起到了积极作用。中国经济学家已经具备了最好的研究素材和在理论上进行跨意识形态综合升华的基本条件。源于实践、服务实践的理论才是鲜活的理论，才是永具活力的理论，才是可以保证摆脱教条的理论，才是可以真正指导实践的理论。

（五）应立即着手组织跨学科团队实施经济研究领域的“两弹一星”工程，构建“超越市场经济理论”框架

组织跨学科队伍，展开经济理论研究的“两弹一星”工程是突破现有经济

理论体系局限的重要步骤与现实选择。时代发展使经济研究日益复杂，学科交叉已极为普遍，学术研究团队化、工程化和高投入趋势不可逆转，依靠少数精英泰斗完成重大创新的时代已经远去，科研机构庞大化就是有力证据，多领域人才合作和大团队协同已经成为必须，应在破解核心理论“世纪难题”研究中孕育为中华民族复兴做出巨大贡献的大师团队。在经济科学“两弹一星”工程中，经济预测、经济安全与经济调控手段创新是核心任务。不能超前远瞻，就不能确保自身经济稳固健康，大国崛起就没有基础。即使我们的理论研究不能一步到位，也应该有针对性地逐步逼近。应该说未来经济理论应该是“超越市场经济理论”，它既包含市场经济和计划经济的优秀思想与内涵，又包含近年信息技术、心理学等等与人类经济活动有关的科学前沿发现，形成兼收并蓄，自成一统的理论框架。

二、对西方经济理论核心缺陷的思考

从国内与国际角度看，研判西方主流经济理论缺陷势在必行，应客观肯定其价值，发现其错误与局限，使其走下神坛。从国内角度说，改革开放以后，西方经济理论大规模深入，西方经济强势使人们对西方经济学充满神秘与膜拜，较为侧重研究其合理性，较少质疑其重大缺陷。近年，随着人们对西方经济理论认识水平不断提高，加之中国经济实践的不断丰富与进步，人们对西方经济理论的认识日渐清晰，无数实践证明，西方经济理论存在致命缺陷。从国际角度看，世界经济全球化使各国之间经济合作与竞争日趋紧密复杂，从实践角度超出了西方主流经济理论萌发时建立的主要框架；换言之，西方主流经济理论的进步与自我修正没能及时追随世界经济实践的发展变化。正是这些理论存在的重大局限与致命缺陷，才使西方主流在研判世界经济形势时经常处于盲目状态。研究就是为了发现规律，发现了规律自然就会有超前的预见，不断强调“不确定性”本该是研究者的羞涩，但似乎变成了西方经济学精英的一种是时髦，这种时髦不仅反映了整体理论的局限，也反映了“不确定性”爱好者的缺陷。

就作者体会，西方主流经济理论致命缺陷有以下几个方面：

（一）“理性”始终缺乏合理的定义

理性人假设是西方经济学的核心基石，但也是存在致命缺陷的基石。无论如何描述理性人假设或者经济人假设，甚至是有限理性假设都包含这样的概念，就是存在一个所谓最优决策，人们可以按照最优决策最大限度实施有利自身的行为，而这个行为即被称为理性行为。而有限理性行为则意味着，决策者虽然受到不确定环境因素、计算和认识能力有限的影响与约束，行为结果与最终理想存在一定距离，但仍最大限度实现了基本满意。但作者认为，经济理论中对理性的定义本身存在致命缺陷。

事实上，理性程度是人类意识状态的主观动态描述，而不是人类行为的客观描述。理性程度是某人群，在特定时间、特定环境、评价特定行为行使者的意识状态的整体平均与综合。实际上，无论理性还是有限理性假设都与实际存在巨大矛盾，影响了这个假设下研究结论的客观性。在作者看来，从来就不存在“静态”理性行为的标准，也就不存在与之接近但不完全吻合的有限理性。因为，理性的定义本身不应该与特定的客观行为标准相锁定。从根本上讲理性是对人意识状态的一种描述，并且描述这种意识状态需要其周围大众的认可与定义。所以，同一种行为在不同条件下就可以被定义为“极为理性”与“极不理性”。同样，同一种结果在不同心态下，可以说“极为理想”与“极不理想”。理性与非理性是大众评价的结果，具有大众主观性，并非一种客观标准，它既与行为本身息息相关，同时也与大众心理、心态密切相关。理性行为概念还具有动态特征。所谓理性行为就是在特定时间、特定环境，针对特定对象在某一范围内得到公认“最为合理”的行为，是特定人群总体平均认识的行为体现。这种群体理性行为有可能随时间推移或评价人群的变化被认为是“荒唐的”和“极不理性”的。例如，历史上的各种政治、军事、文化和经济“狂热”现象，在其当时，几乎都被视为“大众理性选择的结果”，但随着时间转移，条件变化，评价群体的更替，“狂热”与“理性”经常会被二次定义。“完全理性”与“极不理性”是意识状态评价标尺的两个极端，即使意识状态与行为没有任何改变，只要时间、条件和评价人群有所变化，理性标尺本身就可以移动，被评价的意识状态与行为的“理性程度”就会随之而变。

在投资领域，就更难界定“狂热”与“理性”，最终只能是结果裁决一切。由于人们不可能稳定地拥有无限的先知先觉的能力，也就不可能当期评判自己的行为是否真能实现利益最大化。上述表明，“理性”定义本身就存在巨大缺陷。通过“有限”理性来修正“理性”缺陷，依然无法解决“理性”定义自身固有的缺陷。

（二）经济学对人性及心理研究存在巨大盲区

当前主流经济学理论基本立足对物质财富的研究，对于人性与心理的研究极为匮乏，形成了近代主流经济学的重大缺陷。近年，随着人们对资本市场资产价格波动的考察，逐步发现人类的经济行为中，不仅包括物质因素的影响，还包含了市场参与者心理因素的冲击。即使全部非心理因素都未发生改变的情况下，资本市场资产价格也会随市场参与者整体心理特征的飘移而变化，甚至产生巨大波动。同时，从经济活动依存的社会环境变化角度看，促使人们实施经济行为的动因很大部分源于人性与心理因素，例如，人们基于公平、正义对贫富过度分化的抗拒与抵制，消费中的品牌崇拜等等。精神因素或称心理因素都对人类经济行为影响甚巨，但现有经济学基本原理中这部分内容涉及较少。即使近年行为经济学与实验经济学逐步为人熟悉，但依然未能建立物质与人性相统一的经济理论框架。

（三）对数学工具的肆意滥用①

近年，数学工具广泛用于宏微观经济研究，毫无疑问具有一定积极意义。但是，在一定程度上，数学工具使用的范围与程度成为衡量经济论文质量的标志。这种倾向严重忽视了数学工具在经济研究中的适用性，出现了滥用数学工具的现象，很大程度上忽略了数学工具的局限性。

1. 数学工具对人性指标化描述的局限性

采用数学工具进行经济研究时，数学对于物质财富涉及的指标具有较强的描述能力，其精确定量大大提高了经济学从物质角度认识经济活动的能力。但是，只要人们真正对经济活动有所认识，就会发现，经济活动归根到底不是单纯的物质活动，而是物质活动与人类行为的统一。在研究经济活动中涉及人类行为的部分或两者交叉领域时，数学工具就表现出较大的局限性。例如，人们在投资行为中的贪婪与恐惧究竟如何用数学定义、量化与计算，如何量化推算不同的人对某些物质占有产生的快感，这些涉及主观性的指标可以说都是数学很难描述与定义的。大家会一目了然地发现，在整个经济活动中，数学工具存在很大的盲区。不论数学如何使出浑身解数，其盲区部分都会造成其整体失效。

2. 数学模型本身具有有效区间，而相关经济问题是否处于数学模型有效区间之中需要检验

具有基本数学素养的学者都会了解，任何数学模型都有自己的有效区间，超出了这个有效区间，数学模型自身逻辑就不成立。在经济研究中，使用数学工具，首先要对数学模型本身进行检验，而这种检验往往需要超过“机械套用”数学模型的数学修养。一般而言，对于经济学者，兼顾数学家与经济学家双重身份多数是力不从心的，因此，在使用数学工具上，要格外谨慎小心。大量使用数学模型而不进行模型检验，就如同大量使用测量数据而又从不规范测量工具与计量单位一样荒唐。同时，数学模型自身的检验也仅仅是采用数学工具研究经济问题的必要环节之一，并不意味着检验之后的数学模型研究经济问题的有效性。一

① 数学是经济研究的工具之一。如同医药之于疾病，不足则无效，过度更有害。

般而言，当我们发现，未经检验的数学模型直接运用于经济研究时，这种滥用基本等于无效。

3. 数学模型对假设前提的依赖

采用数学模型研究经济问题其突出优势就是模型中各变量间逻辑关系的严谨与精密。但是，这个严谨与精密是建立在该模型前提假设上的。换言之，任何数学模型的严谨与精密必须与特定的前提假设相匹配。否则，数学模型内部逻辑的严谨将失去意义。但在应用到经济问题研究时，无论数学模型设计得如何精密，其假设前提，也就是模型的适用条件都并非静止不变和符合实际，前提假设的稳定仅仅是一种理想化的想象。因此，看似精密稳定的模型其实存在有效性极不确定的隐患，这些隐患恰恰是乐于使用数学的人士积极回避的内容。

4. 实证方法的逻辑陷阱缺乏弥补

实证研究是经济研究的重要思路与方法，也是涉及数学模型较多的研究方法。但是实证方法存在巨大逻辑缺陷。实证其实就是在特定假设下建立模型，却用并不受假设约束的实际数据推导结果，再将这种结果与受假设约束的理论值相比较。这种多次穿梭于假设约束与非假设约束的数学推导，已经使计算结论缺乏了起码的前提稳定性和计算有效性，一定程度推进了数学工具游戏化趋势。假设前提下验证的结论适用于假设条件下，但是理论上并不能证明其在非假设条件下的适用性。用实证研究的结论研判现实相当于用特定假设下寻找到的标准来检验非假设条件下实践的“规范程度”，这其实已经毫无意义。通俗比方就是用动物统计标准来判断人类是否精神正常。

5. 数学工具在经济研究上的适用性缺乏系统研究

研究表明，大多数数学工具并非抽象于经济活动，因此，将数学工具引入经济研究，不是一个“复原”或者是“返回”的过程，而是全新的“进入”过程，因此，需要格外厘清数学工具对经济研究的适用性。数学工具适用于经济研究本身就是一个需要证明的命题。

世界上不存在万能的工具，数学工具对经济研究的适用性需要检验。一定程度上，数学万能是个幻觉。工具的精密并不意味工具的适用与有效。看似正确的逻辑也许并不能推导出真实的结果。从目前看，构建各种研究新工具也许已经是必要的。即使不能马上开展这项工作，也应该具有清醒的认识。当然，科学探索，无论自然科学还是社会科学，都是用已知来探究未知。即使数学在与经济研究结合上存在诸多缺陷，但其探索的价值依然不可忽视，对于数学工具的运用，我们并非要全面唾弃，而是要积极思考，检验经济研究中数学工具运用的实际效果，反省其中的谬误。在未来，数学对经济研究所起作用究竟如何演化还不能马上给出答案，但至少应该对目前出现的偏差与数学工具的局限梳理出清醒的认识，只有这样才能为下一步升华提高创造条件。在尚未弥补数学工具致命缺陷和加深运用者对数学的理解之前，粗制滥造的经济学数学应用应该减少资源浪费以及对一般读者的误导与迷惑。经济研究已经进入需要深入反省并进行划时代创新的历史阶段，这体现了以往经济学研究的巨大贡献与进步，也反映出当前经济研究的巨大局限。

三、文化产业研究对经济理论的几点启发

在一定程度上看，文化产业是文化经济效益和影响力的产业化，文化与市场资源结合，会使文化迅猛增长，爆发出不可估量的文化力量与经济力量。研究文化产业可有多个角度，也会产生不同认识。有些研究侧重于文化产业的经济价值，有些研究侧重于文化产业化后对文化发展的促进，我以为这些研究都极富价值，但同时，对文化产业的研究还应多几个新视角。

（一）文化产业对传统经济理论理性假设的修正

前文我们曾提及传统经济理论在理性人假设上的缺陷，我个人感觉，随着文化产业研究不断深入，文化产业研究会对传统经济理论的理性人假设理论产生重大修正。文化产业研究的结论已经清晰地告诉我们，人类行为也许并不存在“自我定义的所谓理性”，只有“不同的心理特征”或“意识特征”。

整体来看，决定人们行为的因素可以分为两大部分：一部分来源于人们接受的外部刺激，也就是人们常说的客观因素；另一部分来源于人们的心理，也就是人们常说的主观世界。那么，文化产业会对人们产生什么影响呢？一部分影响产生于文化产业的经济价值产生的影响，这部分内容与其他产业的经济影响作用近似，这里不做详述；另一部分影响产生于文化产业化之后的文化影响力。文化的影响力一旦与庞大丰富的市场资源相结合，与遍布世界的市场相结合，所形成的产业影响力将是惊人与持久的。这部分影响力会大大影响文化产业消费者的心理乃至性格，会大大影响庞大人群的“理性状态”与行为，深入研究这种“理性状态”变化将会使大家正视传统经济理论中“理性”或“有限理性”的缺陷，并力求发现“人类理性状态的函数”。

（二）文化产业对传统经济理论中“生产要素”概念的补充与修正

传统经济理论认为，经济增长代表一国潜在 GDP 或国民产出的增加。而宏观经济学告诉我们，经济增长的要素是人力资源、自然资源、资本以及技术，经济发展离不开经济要素投入。从历史上看，各个时期起主导作用的生产要素并不相同，而且生产要素的类别也是随着物质生产发展需要而逐步丰富。从文化创意

产业来看，传统生产要素已经不能概括文化创意产业的要素组成。作为文化创意产业的核心组成部分，“创意”将成为今后这个行业、乃至创意经济发展的核心动力。那么，在传统经济学不能全面反映现代经济实践的情况下，如何修正补充传统经济理论呢？我觉得至少需要将创意加入到生产要素之中去，同时要像对待科技一样，来研究创意的价值和作用，要对创意的形成，评估、交换、流通和保护进行定性研究和定量分析。而且，创意的产生使我们在评估各种潜在指标时（例如潜在 GDP）要做出相应调整，对某些资产的价格评估也要做出额外估计。总之，在以往涉及生产要素的各个领域，相应经济理论都应该加入对创意的考虑。未来资产结构中，无形资产中创意能力将是重要内容。

（三）文化产业对大众消费偏好的影响与文化产业经济价值的放大效应

文化产业区别于其他产业的关键在于具有文化影响力，文化影响力对人们文化意识的影响将会反映到人们的行为，在各种行为当中，消费行为是重要内容，在同样的条件下，人们如何看待消费和实施消费，对不同类型商品的偏好，都会对实体经济产生重要影响。简单不过的例子是麦当劳在中国的成功，与其说是餐饮行业的成功，不如说是文化产业的成功。麦当劳文化的胜利不仅涉及快餐行业，还涉及麦当劳文化红利下的诸多衍生行业。所以，文化产业的经济价值不仅局限在直接的经济效益上，还表现在其文化影响力对消费者消费偏好的引导和刺激上，这种间接的放大效应有时会大大超过文化产业的直接经济效应。

（四）文化产业是超越文化与经济价值的产业

文化产业对世界的影响是潜移默化的，同时又是惊天动地的。文化产业化也使文化影响力产业化，文化一旦紧密结合市场资源，一旦展开工业化、信息化海量复制，文化产业就有了非凡的影响力。这种影响力可以使大众面对近似的客观环境得出完全不同了的理解与认识，而这种改变大众理解与认识的力量在有些条件下，甚至可以改变世界秩序。作为大国角力的工具，文化产业的价值其实已经远远超出了文化与经济的简单叠加。从世界发展历史看，没有永恒的主角，没有不落幕的乐章，更没有永远不落的红太阳。大千世界，异彩纷呈，但日月相继，四季环行，不同时代，不同特征的力量都有可能成为影响人类社会的主导力量。我们说文化产业主宰世界，塑造人类社会乃至世界的秩序未免为时尚早。但在可以预见的未来，文化产业必会形成一股巨大无形的力量，影响乃至重置人类大脑的思想，成为物质博弈均衡后的意识博弈，与精神享受一起共同组成更为变幻莫测而精彩的世界。

四、对经济研究未来发展趋势的思考

综合我国经济研究的历史与现实，在积极甄别、汲取世界各国经济研究合理成分情况下，尤其在立足我国经济独特发展特色与成就的情况下，我国经济研究有可能，也应该走出一条为揭示人类经济发展规律，更好地服务人类文明发展的经济研究之路。

首先，应明确经济预测是经济研究基本任务这一观念。从目前来看，经济研究的理论体系基本包含了马克思主义经济学与西方其他各流派经济理论体系。应该说这些理论体系都具有极高的研究价值。但是，从目前看，在这些体系中，预测理论与预测工具研究的基础性还强调得很不够。这就容易使得经济学学者较多专注于现有经济学设定概念和解释现象的思路，而忽略这样的重要事实，即现有教科书上的经济理论在基础逻辑上无论多么精美与似乎合理，都需要经过实践检验，而预测则是检验理论最直接的工具与活动。只有永远带着建设与批评双重目光来审视现有经济理论，才有对现有经济理论进行修正的清醒与可能。只有更多地关注经济预测的成功与失败，并深入剖析原因，才会使学者更多聚焦于现有经济理论逻辑的错误与模糊。

其次，现有经济学基础概念和研究方法整体升级，焕发出新的理论框架与体系。近几十年，经济学与数学紧密结合，使得经济学理论中部分内容的逻辑趋于严谨，但是，我们不难看出这种“内部逻辑”的升级并未带来经济学揭示经济运行规律和预测经济发展能力的飞跃。就像某种机器，“局部的精密”并未得到整体性能的提高一样，精密提高了成本，却没有相应提高效率与效益。那么，我们不妨猜测，整体经济理论需要一个比较大的整体性升级，人类对经济现象研究的最新成果纳入到对经济理论基础定义的升级与改造中，换言之，经济学需要如同牛顿力学与爱因斯坦理论之间的类似升级，才可以突破揭示经济运行规律，正确预测经济运行趋势。当然，这种突破是相对的、有限的和充满挑战的。这种突破的第一步就是对基础理论、基础概念进行升级。例如：对理性的重新定义；将人类精神需求纳入经济学需求研究中等。

再次，未来经济研究必须结合工程化组织与方法。熟悉经济理论体系的人都会知道，现有经济理论揭示经济运行规律的能力依然是极为有限的。这个论断并非源于权威者的论述与判断，而是源于经济理论未能经受经济预测检验这个事实，这说明建立经济理论整体逻辑尚需较大努力，因此，可以推知，寄希望于某个人单独完成建立经济学整体逻辑的任务是极不现实的，因此，未来经济研究中一定会更多地引入工程化的组织与方法，经济学研究将会越来越多地告别“单兵独斗”的手工业时代，进入工业化和信息化时代。经济研究成果信息化，软件化和系统化将成为这个时代来临的标志。

最后，未来经济研究必须将人类主观体验与心理感受整体纳入经济研究主框架。近年，行为经济研究已经表明了现有经济研究框架的重大缺陷，但从现状看，行为经济与传统经济研究尚未实现良好融合。换言之，行为经济的研究理念并未对传统经济研究实行“触及灵魂”的渗透。未来，基本判断将是行为经济会越来越多地修正传统经济研究的理念与方法。

纵观中国经济发展的历史，纵观中国经济理论发展的历史，无数前人付出了无限心血，我们今天讲“颠覆”并非出于对前辈的不敬，因为，我们都知道，创新恰恰是前人对后人的最大期望，只有创新，我们才会真正延续前人的灵魂，才会不辜负人类文明的厚重积淀，最大的创新激情与伟大的创新成果才是告慰前人智慧与血汗的最佳奉献。

在本书的写作过程中，白宇飞副院长、王莹、张锐、袁明杰、贾晨等在文字、内容与资料等方面也提供了很多的帮助，在此表示感谢！

目　录

第一章　我国文化创意产业发展综述 …… 1
一、导论 …… 1
二、文化创意产品需求的分析结论 …… 4
三、文化创意产业吸引外资与对外投资的研究结论 …… 9
四、文化创意产业分行业综述 …… 10
五、政府对文化创意产业的政策支持、存在问题与建议 …… 11
第二章　支持我国文化产业发展的财税政策研究 …… 15
一、支持我国文化产业发展的财税政策现状及其存在的问题 …… 15
二、我国文化产业发展中的财税支持政策回顾 …… 22
三、文化产业财政支持模式的国际经验比较 …… 27
四、完善我国文化产业财税政策的思路 …… 40
第三章　文化创意产品国内消费需求及国外消费需求的研究 …… 45
一、基于文化创意产品需求现状与变化的分析 …… 45
二、我国文化创意产品的进出口格局与趋势 …… 57
第四章　文化创意产业国际直接投资的现状与趋势 …… 71
一、文化创意产业国际直接投资的内涵 …… 71
二、中国文化创意产业吸引外资情况（2005－2009） …… 71
三、中国文化创意产业对外投资发展现状与趋势 …… 100
第五章　电影与动漫产业发展报告 …… 103
一、电影产业的相关情况 …… 103
二、动漫产业的相关情况 …… 111
第六章　网络视频产业与游戏产业发展报告 …… 121
一、网络视频产业的相关情况 …… 121
二、网络游戏产业的相关情况 …… 127

第七章　艺术品市场发展报告 …… 135
一、艺术品的界定以及艺术品市场结构 …… 135
二、我国艺术品市场的发展概况 …… 136
三、我国艺术品市场的投资现状 …… 146
四、发展我国艺术品市场的对策建议 …… 147
五、我国艺术品市场的发展趋势 …… 149
第八章　广播电视业及出版业发展报告 …… 151
一、广播电视业发展概况 …… 151
二、出版业发展概况 …… 158
第九章　音乐产业发展报告 …… 169
一、音乐产业的供给情况 …… 169
二、音乐产业的需求情况 …… 171
三、我国数字音乐发展状况 …… 172
四、音乐产业相关政策 …… 175
第十章　演出产业发展报告 …… 179
一、演出产业的供给情况 …… 179
二、演出产业的需求情况 …… 183
三、演出产业的投资情况 …… 186
四、演出产业相关政策 …… 188
参考文献 …… 191

第一章
我国文化创意产业发展综述

一、导论

（一）文化创意产业

1994年，澳大利亚政府首次发布国家文化发展战略，提出创意产业概念，把发展创意产业作为国家战略之一。1997年，英国政府则正式提出“创意经济”的概念，此后，不少发达国家和地区相继提出了创意立国或以创意为基础的经济模式。2008年，联合国发展署发表《创意经济报告》指出，“一种新型的经济模式正在出现，它将经济与文化相结合，在宏观和微观层面上将经济、文化、技术和社会融合在一起。这一模式从本质上说明了这样一个事实：创意、知识和信息获取已经越来越成为全球化时代推动经济增长、促进社会发展的强大力量。”

这说明，创意产业不仅逐步成为众多国家经济的新增长点，而且正逐步成为其他产业的“推力器”，具有带动整体经济发展的价值。创意产业与传统产业最大区别在于创意为产品或者服务提供了实用价值之外的文化附加值，提升了产品的经济价值。

“十二五”期间我国经济发展面临的一项重大课题就是转变经济发展方式，毫不夸张地讲，转变经济发展方式事关我国经济发展全局，事关我国今后一段时期经济发展的成败。在这样的大趋势下，我国经济发展需要迅速改变以往主要依靠增加自然资源投入获得经济增长的粗放型模式，向高效集约型经济增长方式转变，合理调整产业结构。为服务这样的整体目标，同时满足我国政治、经济、社会、文化发展的需要，发达国家20世纪90年代兴起的文化创意产业也成为我国最受瞩目的产业之一。文化创意产业在我国具有良好前景，原因在于我国不仅具有悠久的文明，更重要的是在当代，文化创意产业积聚了高技术产业、服务业和制造业的众多部门，具有高整合、低能耗的产业性质，对于提升和优化产业结构，提升和优化消费结构，发展低碳经济具有决定性的作用，是未来各国经济发展的先导性产业，其现实意义极为突出。因此文化创意产业成为我国不少城市和地区未来经济发展规划中不约而同的选择。在各级政府的大力推动下，中国的文化创意产业发展迅速，正逐渐向世界文化创意产业大国和产品生产与出口主导国家目标发展。

（二）几个流行观点的澄清

1. 文化创意产业与文化产业

文化创意产业与文化产业都是目前较为流行的概念和提法。就广义而言，文化创意产业的雏形并非始于现代，为了便于阐述文化创意产业这一既古老又新兴的产业目前在国际上的发展情况，我们有必要从理论上对文化创意产业基本概念做出界定。在我国国内，文化领域的研究分为两支，即文化产业和文化创意产业，但两者的产业边界并未彻底清晰界定，总的说来在国家层面使用文化产业的提法较多，而在地方层面使用文化创意产业的较多。但由于文化创意产业和文化产业都以文化为内涵，而且尚无公认的区分标准，因而，在实际研究中两者常常不做特别区别，相互通用。本报告主要采用文化创意产业的提法。

2. 文化创意产业的代表性流派

到目前为止，在国际上对何谓文化创意产业还处于不断探索中，因而很难给出一个唯一正确的定义。就较为宽泛的文化创意产业而言，目前国际上较有影响的流派有 5 大类，即英国模式、象征性文体模式、涟漪模式、世界知识产权组织（WIPO）模式和联合国贸易和发展组织（UNCTAD）模式。

（1）英国模式。共分 13 个产业部门，包括广告、建筑、艺术与古董市场、手工艺品、设计、时尚、电影与影像、音乐、表演艺术、出版、软件、电视与广播、视频与电脑游戏。

（2）象征性文体模式。这一模式将高尚或严肃艺术作为创意产业的核心与基础，而非流行艺术。在高尚和严肃艺术基础上，象征性文体，如电影、广播和出版，通过工业生产、传播和消费建立和塑造社会文化。

象征性文体模式共分为 3 大类，12 个产业部门。

核心文化产业：广告、电影、互联网、音乐、出版、电视与广播、视频与电脑游戏。

外围文化产业：创意艺术。

边缘文化产业：消费者电子产品、时尚、软件、体育。

（3）涟漪模式。这一模式认为是文化产品的文化价值赋予了这些产业的突出特性，因而某一产品或服务的文化内涵越知名对这种产品的需求就越高。这一模式认为来自于核心创意艺术，如声音、文体和形象的创意思想与影响向外层层传播，形成一个个“涟漪”，其文化内涵相对于商业内涵的比重随着由中心向外围的不断传播而逐渐降低。

核心创意艺术：文学、音乐、表演艺术、视觉艺术。

核心文化产业：电影、美术馆与图书馆、遗产服务、出版、录制、电视与广播、视频与电脑游戏。

相关产业：广告、建筑、设计、时尚。

（4）世界知识产权组织（WIPO）模式。这一模式认为创意产业是指直接或间接地与创意、生产、制造、宣传和传播与知识产权相关作品有关的产业。其侧重点在于包含知识产权内容的产品和服务。

WIPO 模式共分为 3 大类，22 个产业部门。

核心版权业：广告、收藏协会、电影与影像、音乐、表演艺术、出版、软件、电视与广播、视觉与绘画艺术。

关联性版权产业：空白录制材料、消费者电子产品、乐器、纸张、影印机、影印器材。

部分产权业：建筑、时装、鞋类、设计、时尚、居家产品、玩具。

（5）联合国贸易和发展组织（UNCTAD）模式。2004 年联合国贸易和发展组织举行了一次部长级重要会议，在此会议上创意产业被列为世界经济发展的重要议题。会议上该组织将创意产业的概念进一步扩大，从具有鲜明艺术内涵的产业扩展到所有高度依赖知识产权、生产具有象征意义的经济活动，以服务最广阔的市场。该组织提出了“上游”经济活动（如传统的文化活动，包括表演艺术和视觉艺术等）和“下游”经济活动（更接近市场的活动，如广告、出版、传媒等）的相关概念。

UNCTAD 模式共分为 4 大类，25 个产业部门。

遗产类：文化遗产，包括考古遗址、美术馆、图书馆、展览馆；传统文化表达，包括艺术与手工艺品、节日与庆典。

艺术品：视觉艺术，包括绘画、雕塑、摄影、古董；表演艺术，包括音乐播放、剧院、舞蹈、歌剧、马戏、木偶戏等。

传媒：出版与印刷，包括书籍、印刷和其他出版物；视听，包括电影、电视、广播、其他广播。

功能性创意：设计，包括内部与绘图设计、时尚、珠宝、玩具；新媒体，包括软件、视频游戏、数字创意内容；创意服务：建筑、广告、文化与休闲、创意研究与开发、数字及其他创意服务。

我国部分学者受英国模式的影响，并在英国模式划定的行业范畴内增加了动漫、旅游和体育等。然而从国际5大模式看，有4种模式都将文化产业视为文化创意产业的一部分，UNCTAD更是明确表示文化产业是文化创意产业的一个组成部分。当然，文化产业与文化创意产业的清晰界定依然处在探索阶段。

3. 文化创意产业与服务业

我国对文化创意产业的一个流行观点是文化创意产业只限于服务业，尤其指的是版权业。如果根据上述思路分析我国文化创意产业，我国文化创意产业规模与竞争力在国际上就处于极大劣势地位。然而，如果将旅游业纳入到文化创意产业范畴中，我国文化创意产业的贸易规模和竞争力又大大增加了①，可见我国对文化创意产业所涉行业的界定还需进一步细化完备。

从目前实际情况上看，国际流行的5大模式中，并无某一具体模式将文化创意产业限定在服务业范畴中，也没有任何一种模式将旅游业纳入到文化创意产业行业范畴里。但是，显而易见，文化创意产品应当既包括有形的产品，又包括服务。人类的创意是无形抽象的，它必须通过有形的产品体现，因此，在大的产业分类上，文化创意产业应该既包括服务业，又包括制造业，这样才能形成一个从上游到下游完整的文化创意产业链。

（三）总结与结论

为便于读者快速了解本报告研究的基本观点，第一章将对研究报告的主要内容做一浓缩，对整体研究进行带有结论性的总结，侧重国内和国外对我国文化创意产品的需求、外商对我国文化创意产业的投资以及我国在文化创意领域的对外直接投资情况，而结论的论证和采用数据可见相关部分。

二、文化创意产品需求的分析结论

文化创意产业发展的最终目标是“满足人民群众日益增长的精神文化需求”，文化创意产业属于典型的需求拉动产业，其产品的消费具有典型的高收入弹性性质。

（一）我国居民对文化创意产品的需求

1. 总量上的判断

国家统计局统计数据口径显示，对农村居民文化娱乐产品服务的支出放在与教育同一项下，而对城镇居民文化娱乐消费则有分类数据，因此本文参照城镇居民文化娱乐消费占教育文化娱乐消费54.19%的比重，估计农村居民文化娱乐消

① 旅游业是我国最大和最有竞争力的服务贸易部门，2007年其出口额位于全球第6位，达到372.3亿美元。

费占该项支出的 50%，由此计算得出 2008 年我国居民文化娱乐消费总量为 5 600.07 亿元，占当年全国消费总支出的 5.92%。城镇居民在文化娱乐产品与服务方面的支出是农村居民的近 4 倍。北京市城乡居民文化娱乐消费总量为 170.85 亿元，占当年消费支出总额的 8.49%。

2. 个人消费分析

从居民个人文化娱乐产品与服务消费情况看，由于收入水平的不同，城镇居民在消费性支出和教育文化娱乐支出面的结构也存在很大差异。显而易见的结果是随着家庭收入水平的提高，人们的消费性支出也在不断提高，而且教育文化娱乐支出占消费性支出的比例也在不断提高，最高收入户比最低收入户高出 5.31%。

农村家庭的消费性支出以及在教育文化娱乐方面的支出与城镇居民相同的一点是随着收入水平的提高，两项支出都在不断提高，而且教育文化娱乐占消费性支出的比重也在提高；然而另外一个显而易见的结果是，无论从绝对量还是相对量方面，农村居民的消费都大大低于城镇居民。农村居民高收入户在文教娱乐方面的支出只略高于低收入城镇居民的支出，是城镇居民中最高收入家庭人均的 18.42%，城乡差距超过四倍。

这个结果进一步证实了文教娱乐用品与服务属于高收入弹性消费品，居民在满足了衣食住行需求后才去考虑其他需求，如教育文化娱乐需求。但从另一个角度讲，即使是最贫困的家庭也要有一定的精神文化消费需求，因此文化娱乐产品的价格和档次对于满足不同层次居民的需求具有重要的作用。文化创意产业产品与服务的需求结构与供给结构都需要客观处理，合理引导。

分析我国居民文化娱乐消费现状，可以得出结论：文化娱乐消费在我国居民生活消费支出中所占比重较小，全国城镇居民平均为 6.55%，即使在中国最高消费地区，城镇居民平均也不过是 7.19%。2008 年我国人均文化娱乐消费占我国人均 GDP 的比重则更低，只有 3.94%。这既说明我们文化创意产业产品与服务还存有巨大的潜在市场；另一方面，也说明我国社会文化建设存在着缺陷与不足。

3. 对我国居民文化创意产品需求的动态变化趋势分析

2008 年我国城居民恩格尔系数降至 37.9%，农村恩格尔系数降至 43.7%，分别达到联合国粮农组织提出的富裕国家的标准（30% ~39%）和小康标准（40% ~49%）。在居民恩格尔系数达到富裕和小康水平时，根据国际统计分析，如果人均 GDP 达到 1 600 美元的发展水平，文化需求在个人消费中应占 20% 左右。然而我国城镇居民的个人消费即使是教育和文化娱乐两项相加所占的比重都没有超过20%，在过去20年间没有显著变化，1990年为11.12%，2008年为12.08%。如果按照前文所做统计，城镇居民文化娱乐消费占两项统计的54.2%计算，城镇居民的文化娱乐消费的比重在过去20年间从未超过7.23%，而且近两年还有所下降。

从以上的分析可以得出如下的结论：第一，相对于我国不断提高的人均消费水平和不断改善的恩格尔系数看，我国居民对于文化创意产品消费的比例改善有限，在中国经济增长最快的一段时期内（2000－2008年），消费支出却处于长期徘徊状态；第二，这种趋势说明，我国居民对文化创意产品的消费意愿较低，对文化创意产品的消费还远未启动，产生这一现象的核心原因需要深入分析。

（二）从国际贸易角度分析我国文化创意产业的基本结论

在文化创意产品国际贸易问题方面，我国学者似乎形成了普遍研究共识，认为我国文化创意产品贸易逆差巨大，国际竞争力低下。然而根据2008年联合国贸易和发展会议（简称联合国贸发会议）《全球文化创意产业国际贸易发展报告》指出，中国已经成为世界头号文化创意产品出口大国，“2005年中国以19.6%的世界市场份额成为引领世界创意产品出口增长的国家，充分说明了中国在创意产品的生产和贸易上的惊人增长速度和在该领域国际竞争力的提升。”

国内外对我国文化创意产品国际贸易如此不同的结论主要源自对文化创意产业范畴和贸易产品类别的不同理解和划分，还缘于国际国内对文化创意产品国际贸易缺乏准确和权威的统计数据。国内学者引用的数据往往来自各种零散的渠道，相互引用情况较多，难于在国际范畴进行可靠全面的横向比较。根据各国政府的官方上报数据，2008年联合国贸发会议发布了《全球文化创意产业国际贸易发展报告》，首次发表了有关文化创意产业贸易的权威统计数据，为科学研究全球及我国文化创意产业及其贸易规模提供了相对可靠的依据。

1. 我国文化创意产品出口

（1）货物贸易。根据联合国贸发会议2008年报告公布的数字，中国在1996－2005年间，文化创意产业产品的出口额增长幅度最为抢眼，从184亿美元增长至614亿美元，增幅约为233.6%，从1996年占世界比重的9.7%大幅提升至18.3%，占发展中国家的份额从1996年的32.9%提高到45%，接近发展中国家的近一半份额。

中国不仅在文化创意产业出口总量上表现出色，而且还在多个产品分类中名列前茅。在UNCTAD总计7大产品分类中，中国在4项分类中占有绝对优势，其中艺术与工艺品、设计和新媒体三大产品，2005年出口都位居全球第一，分别占全球份额的24.1%、21.6%和32.7%。中国还在视觉艺术产品类出口排名世界第三位，占全球份额的15.6%。在细化的产品分类中，中国的出口市场份额超过世界1/5以上的产品包括：柳条制品（68.6%）、雕塑（48.9%）、电子游戏（40.2%）、庆典（39.2%）、绘画（31.9%）、玩具（31.2%）、编织物（29.9%）、时尚（29.2%）和内部装饰（21.8%）。在货物出口产品中，中国最不具竞争力的产品主要是视听（电影）、音乐和出版物。这里需要格外关注不同产品的文化创意内涵的差异。

通过以上分析，我们可以得出结论：中国具有竞争力的文化创意产品主要集中在劳动密集型产品和技术含量位于中、低端层次的产品上，这类产品货物的原创性相对适中，并不出色。而在原创性强、技术水平高的产品上，我国产品的竞争力差距巨大，优势与不足之间有天壤之别。

（2）服务贸易。与货物产品出口所具有的优势地位形成对照的是，中国的服务产品出口所占市场份额仅为1.36%，全球排名仅处于第15位。中国服务贸易总量低的其中一个原因是有些项目我国的统计数据缺失，这可能是由于统计口径差异。如果加上其他来源的数据，我国文化创意产业服务贸易出口总量至少约为59.79亿美元，占相关服务贸易出口的世界比重可达到5.2%。

需要注意的是联合国贸发会议有关文化创意产业贸易统计总量中并无计入知识产权贸易的数据，主要原因在于知识产权贸易包括了相当一部分其他工业产权贸易的内容，统计上很难将两者清晰分开。显然，如果将知识产权贸易计入文化创意产业服务贸易总额中，则其总量将会显著增加，初步估算会有112.6%的增幅。但是，即使如此，如果考察世界知识产权贸易的情况，发达国家在知识产权的出口上依然拥有绝对优势，其出口额占世界知识产权出口总量的比重达到96.7%，而中国只占有0.13%。因此，调整相关统计规则，并不影响对我国面临基本局面的判断。

综合上述内容，可以发现，如果将文化创意产业统计口径限定在服务业范畴内，即使包含知识产权贸易，中国在文化创意产业贸易上也与国际强国存在巨大差距，短时间内很难实现突出改观。

2. 文化创意产品进口

（1）货物贸易进口。中国文化创意产业货物产品进口与出口局面截然不同。中国的进口在1996年至2005年间虽然稳步增长，但提升缓慢，与18.3%的出口份额相比，差距甚大。更能说明问题的是我国进口在世界进口总量中的比重。与出口份额大幅上升的趋势相反，我国在世界进口市场的份额呈现出逐渐下降的趋势。1996年我国进口占世界市场份额为1.2%，而2005年则下降至1.05%，占发展中国家的份额也从1996年的8.5%下降至2005年的6.1%。

中国等发展中国家在进口方面所占有的市场份额低下在一定程度上说明了发展中国家的消费能力低下。文化创意产品的消费属于高收入弹性产品，因而与国民的收入水平息息相关。文化产品消费需求低下不仅反映了一个国家居民的收入水平，同时还反映了一个国家居民的生活质量。从以上数量分析得出的结果也证实了联合国教科文组织的结论，即国民收入与文化产品的消费量有密切的正相关关系，与这些国家文化产业竞争力也是正相关关系。高收入国家（9 386 美元以上，世界银行，2003）不仅是最大的文化产品出口国，同时也是世界上主要的文化产品的消费国。从总体上讲，我国是一个文化产品消费小国，这也从侧面反映出我国收入分配差距日趋加大，购买力普遍不足的长期问题。

（2）服务产品进口。在中国服务产品进口总量统计中，与出口统计一样存在数据不全的问题。如果计入各种渠道获得的数据，2005 年我国文化创意产品的进口总量应当达到 60. 93 亿美元，占全球比例的 5. 49%。中国知识产权的进口总额虽然是出口的近 34 倍，但是 5. 1% 的全球比重还是大大低于发展中国家 20. 7% 的比重。中国的服务产品进口由 2000 年的排名第 13 位下降到 21 位，市场份额也只有 1. 01%，这与中国在服务出口市场的情况类似（出口占 1. 36%）。在文化创意服务产品进口分类中，中国在广告、市场调研和民意调查一项上在全球排名第 8 位，在视听和相关服务一项上排名第 15 位，而在其他项目上均未进入前 20 名。

3. 几点结论

第一，中国是文化创意产品贸易大国，是创意产业货物产品的世界头号供给商，特别是中等原创水平的中低端技术含量产品，出口上具有较大的比较优势，但也突出体现了这部分行业所处的落后地位。

第二，我国文化创意产业进口产品的消费能力严重不足。依前文数据，我们已经发现我国是世界上文化创意产业货物产品的重要供给者，具有庞大的出口数额，但与庞大的出口相比，我国文化创意产业货物产品的进口严重不足。我国是一个文化创意产品消费小国，即使在发展中国家中也非消费大国。这一方面反映我国普通民众严重不足的消费能力；另一方面也反映高收入阶层对文化缺乏合理消费偏好。总之，说明我国居民对文化创意产品的消费能力与意愿仍然十分低下，这与我国庞大的出口能力和相应的人均 GDP 水平都不相称，体现在文化创意货物产品出口与进口之间的极度失衡。这一现象足以让我们这个具有悠久文化传统的民族警惕。

第三，中国在文化创意产品贸易上表现出的货物产品出口竞争力强大而服务产品相对落后的局面与中国国内整体的产业结构格局相吻合。我国庞大的制造业和丰富的劳动力资源是支持文化创意产业发展的保证，尤其对于文化创意货物产品的出口起到了一定保障作用，但是，我国服务业发展相对落后，在该领域的创新能力极为不足，这样就直接影响了我国文化创意产业服务及其出口贸易的发展。国内整体服务业的不发达与文化创意产业服务的相对滞后形成了直接的因果关系。

第四，此次金融危机使国内需求对我国经济增长的作用凸现，我国文化创意产品消费具有巨大潜力。文化创意产品属于高收入弹性消费品，文化创意产业是典型的需求拉动型产业，因此一个国家居民的收入水平和消费偏好决定了一项文化产品是否具有市场潜力。一般说来，文化产品品质越高，受版权保护就越严格，价位也就越高。这样就要求消费者拥有较高的收入水平。同时，文化产品品质品位越高，对消费者鉴赏能力的要求越高，而鉴赏能力的高低取决于消费者的文化修养和受教育程度，而文化修养和受教育程度一般取决于消费者及其家庭的收入水平。我国对文化创意产品需求低下的事实一方面说明我国居民对文化创意产品的消费能力有待提高，另一方面说明我国居民对文化创意产品的消费偏好也有待培养，这可能是一个更为长期的过程，因为在我国人均收入不断提高的同时，改变人们的消费行为则涉及文化习俗、社会影响、教育导向、个人兴趣爱好等多方面因素，这些都需要政府、社会和个人共同做出努力。

三、文化创意产业吸引外资与对外投资的研究结论

目前，外商在我国文化产业的投资情况还没有独立的统计数据，而是将文化娱乐业和体育产业作为一个整体统计项目来处理，因此，本报告对我国吸引外商投资情况是文化、体育与娱乐业的综合。

（一）外商对我国文体娱乐业的投资

总体来讲，海外资本对我国文体娱乐业的投资规模十分有限，近年每年的流入量基本在 2 ~4 亿美元间徘徊；总体上资金增幅较为平缓，其投资总额在外商对中国直接投资总额中的比例也较小，除 2007 年外，其他年份基本上不超过 0. 5% ，这与中国制造业领域的巨额外商投资相比微不足道。2008 年爆发的金融危机也直接影响了外商对中国文体娱乐业的直接投资，出现了 42. 77% 的下降幅度，然而随着 2009 年的经济复苏，文体娱乐业外商直接投资也出现了回暖，增长了 23. 94% 。

（二）中国文化企业的对外投资

近年，中国文化创意产业加速发展，文化企业走出去成为我国对外投资的一个新亮点。根据《2009 年中国对外投资统计公报》显示的数据来看，我国文化

企业对外投资无论在存量和流量上都有了一定的发展，从存量角度看，文体娱乐行业对外投资在存量上逐年增长，占我国对外投资存量的比例从2004年的1.32%上升到2009年的5.52%，2007年曾一度达到7.82%。从流量角度看，中国文化、体育、娱乐业对外投资与其他行业相比仍规模较小，在跨国投资流量总额中所占比重也一直很低，甚至在最高年份也未超过0.04%，但其发展势头良好，从2004年的98万美元快速上升到2009年的1 976万美元，在2006-2008年间平均增长幅度超过477%，显示了巨大的发展潜力。

对比文化创意产业直接投资流入和流出，可以看到虽然存在一定的差距，然而差距在不断缩小，其中一个显而易见的原因是外商对我国的投资一直保持较平稳的状态，而我国对外投资的平均增速高于外商对我国文体娱乐业的投资增速，特别是2006到2008年，在外商投资增幅下降情况下，我国对外投资则高速增长，大大缩小了内外资流量的差距。在2008年金融危机后，由于我国经济实力在国际上的进一步加强，更促进了中央和地方政府加速提高我国文化软实力和中华文化在国际上影响力的决心，因此文体娱乐业对外投资总量有可能超过外商对我国的投资量。这说明我国总体经济实力不断上升和对文化创意产业走向世界突出重视的双重驱动力。

四、文化创意产业分行业综述

纵观中国文化创意产业各行业发展现状，我们可以得出如下几点结论：

（一）从供给角度看文化创意产业的行业发展

据2010年国家统计局《文化产业发展报告》，2008年我国文化产业增加值达到7 630亿元，比2004年增加了4 190亿元；文化产业增加值相当于同期GDP的2.43%。2004-2008年间文化产业增加值的年平均增长速度（现价）为22%，其中法人单位数量的增长速度为23.3%，高于同期GDP的年平均增长速度（现价，18.4%）近5个百分点。与2004年相比，2008年法人单位数增加14.3万个，增长近45%；资产总计增加9 170亿元，增长50%；从业人员增加186万人，增长18.6%。这个统计结果从本报告所作的分行业情况得到证实。我国文化创意产业各行业的产出量、供给部门、从业人数等在过去的“十一五”规划期间都呈现出持续增长的势头，供给市场规模不断扩大。

从各行业增长率的角度看，文化创意产业各行业的发展速度保持较高的增长率，但在2008年金融危机期间都经历了不同程度的下滑，2009年的经济复苏也带来了文化创意产业的复苏，这个变化趋势与国际国内总的经济发展趋势总体保持一致。

（二）从需求角度看文化创意产业的行业发展

随着我国居民收入水平的提高，文化消费需求不断增长，这点首先从2010年国家统计局发布的文化产业统计发展报告以及报告中的产业行业的市场规模和消费人群的增长、文化单位收入的提高上得到证实。根据2010年国家统计局发布的《文化产业发展报告》，2008年我国法人单位主营业务收入为26 802亿元，比2004年增加10 577亿元，增长65%。文化服务企业法人单位的营业利润为981亿元，比2004年增长5倍多；规模以上文化产品生产企业的利润总额为592亿元，比2004年增长110%；限额以上批发零售企业的利润总额为113亿元，比2004年增长40%。

在肯定上述成绩的同时，我国文化供给结构仍然存在显著不足，我国文化消费的总体表现仍需关注。各地、各行业蓬勃发展的文化创意产业是否得到消费者的充分支持是一个不得不面对的问题。根据2010年国家统计局《文化产业发展报告》，文化产业发展中的一个重要问题是经营性单位亏损面过大。经营性单位的平均亏损面达到1/5，其中限额以下文化产品批发零售企业的亏损面超过1/5，达到28.6%。因此，引导消费，改善供给结构，提高供需匹配平衡依然十分关键。

五、政府对文化创意产业的政策支持、存在问题与建议

“十一五”以来各级政府都高度重视发展文化创意产业，不断出台各类激励支持文化创意产业发展的政策，这些政策对促进文化创意产业的发展实实在在地起到了重要作用。

（一）我国财税政策支持文化产业发展的回顾

1. 制定切实可行政策支持文化体制改革

在财政领域：

（1）国家财政部参与制定了《关于文化体制改革试点中支持文化产业发展的若干经济政策》、《关于文化体制改革试点中经营性文化事业单位转制为企业的若干政策》等一系列涉及文化体制改革、促进文化创意产业发展的相关文件；会同国家税务总局制定了财税［2005］1号和财税［2005］2号文件，对涉及文化创意产业的税收政策做了进一步调整与规范。2007年，财政部、中宣部、文化部、广电总局、新闻出版总署印发了《关于在文化体制改革中加强国有文化资产管理的通知》，明确了财政部门对国有文化资产的监管职责，同时明确了党委宣传部门、文化行政主管部门的相应职责，强调完善部门间协调机制，加强国有文化资产监管，实现管人、管事、管资产全面结合。

（2）在改革实施过程中，中央财政采取“花钱买机制”的办法，2005 年至 2007 年，为中央级文化体制改革试点单位支付改革成本总计约 9 亿元，帮助试点单位解决改革中遇到的困难和问题。对于公益性文化事业单位，重点加大财政经费保障力度，支持其改善服务条件和提高服务水平；对转企改制的单位，重点帮助解决人员安置相关问题。

（3）以扶持动漫产业发展为突破，积极推动文化创意产业发展。2007 年，中央财政安排“扶持动漫产业发展专项资金”2 亿元，重点支持了动漫市场监管、优秀动漫原创产品创作生产和动漫公共技术服务体系建设等关键环节。一些地方财政部门也积极加大投入，支持动漫原创和打造动漫产业链。同时，部分省市还积极探索设立文化产业发展专项资金，通过贷款贴息、项目扶持等方式支持地方文化产业发展。

2. 加大农村文化投入力度

各级财政部门不断加大农村文化建设投入力度，实施了广播电视“村村通”等农村文化重点工程。至 2007 年底，中央财政共安排农村中央广播电视节目无线覆盖专项资金 30 亿元、文化信息资源共享工程专项资金 9.07 亿元、农村电影放映专项资金 2.68 亿元、“送书下乡”专项资金 1 亿元、流动舞台车购置专项资金 1.5 亿元，通过“以奖代补”方式对农村文化投入力度大、工作成绩突出的省份给予奖励。

3. 优化财政支出结构，切实保障文化产业中的重点领域和重点项目的经费

如保护文化遗产方面，财政部门支持实施了一系列旨在保护中华优秀传统文化的重点项目，如国家重点文物保护、大遗址保护、文物普查、非物质文化遗产保护、古籍保护、清史纂修、昆曲和重点京剧院团保护等。

在税收领域：

（1）对相关行业收入进行税收减免。

一是货物和劳务税优惠；二是个人所得税减免政策；三是各类图书、报纸、杂志发行单位之间以及发行单位与订阅单位或个人之间的征订凭证暂免印花税。

（2）给予转制文化企业特定优惠支持。

如对符合条件的转制企业免征企业所得税，免征房产税和对符合规定的发行单位免征增值税；对转制中涉及资产评估增值企业的所得税以及资产划转或转让涉及的增值税、营业税、城建税等采用优惠政策。

（3）对相关文化企业发展提供税收优惠。

如对电影产业、广播电视产业、出版业、文化产品进出口退税、新技术开发和新产品开发等相关企业给予税收优惠政策。

（二）我国现行文化产业财税政策中存在的问题

由于我国文化产业发展起步较晚，在改革开放前文化产业由政府包办，目前文化体制正处于转型期，多数文化单位仍属“事业体制、企业化运作”模式，文化产业市场体系还在不断健全过程中，财政税收政策与国外市场经济国家相比，带有明显的过渡性质。问题较多：

（1）尚未系统地建立与文化管理体制改革、文化建设发展形势长期适应的财政管理体制和财政投入模式。

（2）文化产品货物和劳务采用的税率过高。从国际情况看，大多数发达国家的报纸、刊物、书籍、电影等文化产品的增值税或者销售税税率很低，一般约为正常税率水平的一半，有的国家则全部免税。相比之下，我国文化产品的增值税和营业税税率过高。

（3）文化产业税收优惠政策的普惠性不足。税收优惠政策的适用范围依然较窄，适用文化企业有待进一步扩大，尚未形成利于文化产业公平竞争、利于全社会资本投资文化产业的强大氛围。

（4）缺乏针对性更强的文化企业税收优惠政策。如无形资产和人力成本投入所含增值税款不能抵扣，税负水平相对较重。

（5）缺乏对文化产业从业者给予适当的税收优惠政策。目前只有一个稿酬减征 30% 的规定，而文化产业的从业者多是作家、艺术家等创意者，他们的收入波动性较大，容易适用较高的边际税率，但中国还缺乏相应的鼓励措施，特别是缺乏文化产品的知识产权转让收入的相关税收优惠政策。

（6）税收优惠政策较为机械单一。国外除直接税收减免外，一般采取税收抵扣等优惠政策。我国则多是定期减免，如对试点新办文化企业和转制企业免征 3 年企业所得税，但实际上，一些文化产品从创意到开发，到最终推向市场，3 年时间可能远远不够，并且前三年，不少企业还处于摸索起步阶段。因而，该项政策实际效果较差。

（7）地区性优惠政策需进一步加强。改革开放以来，在全国范围，先后建立了大量经济特区和经济技术开发区，但文化产业园区建设仍需进一步加强，其中一项重要措施就是给予相应的税收优惠政策。

（8）文化产业行业引导政策需要进一步清晰。从世界范围来看，财税政策对文化产业的引导作用基本都有明确侧重。有的国家通过文化产业税收优惠政策鼓励社区经济复兴，有的是为了鼓励电影、电视和音乐，也有鼓励数字媒体和电脑动画产业的，相比之下，中国文化产业税收优惠政策在产业引导上的着力点较为宽泛，重点不够突出，财税政策对文化产业的引导还在逐步摸索、逐步清晰阶段。

(9) 缺乏鼓励个人就业、接受培训和投资文化产业基础设施的财税鼓励政策。应该制定相应财税政策积极鼓励社会人群在文化产业领域接受培训并加入到文化产业中去，对个人参与投资文化产业基础设施的，应该制定相应的鼓励政策，也包括财税上的支持政策。

(三) 完善我国文化产业财税政策的思路

1. 完善我国文化产业财政政策的思路

(1) 逐步建立适合文化产业发展规律和特点的投入保障机制。

一方面，要切实提高公益性文化事业单位经费保障水平；另一方面，要加快推动经营性文化单位转制为企业。此外，要以农村为重点，支持完善城乡公共文化服务体系。

(2) 要进一步明确中央地方支出责任，建立财政分级投入新机制。必须根据文化产业发展特点和规律，合理划分中央、地方财政投入责任，做到事权与财力相匹配、权力与责任相统一。

(3) 要改变传统的财政直接投入方式，建立文化多元化投入新模式。国家对于文化的资助方式应逐步由传统的财政直接资助向多元化的混合资助方式发展。

2. 完善我国文化产业税收政策的思路

(1) 适当减免文化产品的货物和劳务税。例如：降低图书、报纸、杂志、音像制品销售的增值税税率；涉及创意性文化作品的版权、使用权等知识产权转让收入的营业税；电影、广播、电视等行业收入的增值税和营业税等。

(2) 将转制企业的所有优惠政策范围扩大至社会所有的文化企业，以体现社会公平，鼓励社会资本投资文化产业。

(3) 对作家、画家、电影导演、编剧等文化产业从业者取得的收入给予所得税优惠；对于个人版权、使用权等知识产权转让收入免征营业税和个人所得税。

(4) 建立普及文化产业园区制度，并对园区内的文化企业、文化从业者减免企业所得税和个人所得税。

(5) 重点扶持一些能提升国家形象、带动经济发展、提高全民文化素质的文化产业的发展。

(6) 鼓励个人和企业投资文化基础设施和文化产业。对于个人和企业投资博物馆、展览馆、修复古建筑、电影、电视等给予税收抵扣优惠。

第二章
支持我国文化产业发展的财税政策研究

一、支持我国文化产业发展的财税政策现状及其存在的问题

（一）财税政策支持文化产业发展的现实依据

经过近几年的加速发展，我国文化产业已经取得了巨大的成绩，并正在逐步成为国民经济和社会发展的重要组成部分。总体而言，我国文化产业发展前景颇佳，但也存在许多不足。例如，文化管理体制和运行机制不健全、文化产业政策不配套、文化产业基础设施落后、文化企业核心竞争力不强、文化产业人才缺乏，文化产品技术含量低、文化产业发展区域不平衡等，这些问题的改善在相当程度上与财税政策的支持和支持力度密切相关。

1. 文化管理体制和运行机制的健全需要财税政策支持

众所周知，我国现行的文化管理体制“脱胎”于计划经济，由于文化领域特有的意识形态性质，对经济体制改革而言相对滞后。各种体制、机制与文化生产力发展现状并不完全适应，在一定程度上阻碍了文化生产力的发展。从某种意义上来说，体制问题是制约我国文化产业发展的最大障碍。因此，有效推进新形势下文化事业和文化产业的发展，迫切需要相应文化政策和文化体制与之相适应，只有这样，才能遵循社会主义文化发展的规律，最大限度地解放和发展文化生产力，调动和发挥广大文化工作者的积极性和创造性，推动文化产业的繁荣发展。

2. 原有文化管理体制和运行机制的弊病

（1）文化管理体制改革滞后，政府职能亟待转变。现行文化管理机构交叉重叠，条块分割，多方管理，职责不清。如文化部门管理演出娱乐市场，广电部门管理音像市场，新闻出版部门管理图书报刊市场，体育部门管理体育健身娱乐市场，互相交叉，很难协调统一。与此同时，政企不分、政事不分的情况依然严

重。政府机构管理方式落后，用传统手段管理处于市场经济环境中的文化产业，使文化单位的积极性和创造性难以充分发挥，特别是文化行政部门陷入办文化的具体事务之中，削弱了行政管理职能。

（2）文化企、事业单位改革滞后，内部活动有待增强。现有文化企、事业单位所有制结构不合理。目前，我国多数文化企、事业单位仍属国有性质，集体和民营文化企业数量少、规模小，外资独资或中外合资的文化企业更少。现有文化企、事业单位产权制度不明确，职责不清，单位普遍缺乏活力，没有形成自主经营、自负盈亏、自担风险、自主创新的市场主体和相应的创新激励机制，独立的民事法人制度也不完善。在内部经营与管理方面，现有文化企事业单位管理水平低，经营机制落后，缺乏高素质文化人才，文化单位冗余人员多，包袱沉重，缺乏竞争力。

（3）文化投融资体制亟待改善。当前我国文化产业投资渠道单一，资金匮乏，严重制约了文化产业的发展。整体而论，我国经济社会生活已经实现了从计划经济向社会主义市场经济的转变，但文化体制的改革依然滞后于整体经济体制改革。在许多地方，主要依靠政府办文化现象大量存在，文化产业的发展过度依赖政府投入，对文化产业自身自立发展途径的探索并不积极。文化产业发展的资金来源结构中，外资、法人资金、民间资金的投入比例不足，资金来源的单一不仅使支持文化产业发展的整体资金实力难于充实，而且还使伴随资金来源的各种文化资源和人才相对单一，就社会整体资源而论整合力度较小，效果不佳，致使文化产业经济效益低下，产业综合实力竞争力不强。

3. 文化管理体制和运行机制存在各种问题的原因

（1）体制上约束过多，思想不够解放，文化产品的原创力不够强。

（2）国有文化企、事业单位的活力不够足，进取心不太强，民营文化企业数量少，短期行为多。

（3）文化改革与发展整体规划和实施、系统性、前瞻性欠缺。

（4）国家公共财政在文化事业的支持上“越位”和“缺位”互现。一方面，政府包揽了一些本不该包揽的事务，造成资源的分散和浪费；另一方面，一些应该由国家举办的事务或提供的服务却因资金供给不足影响了正常发展。可以带来高额利润的产业化、市场化的领域开放步伐尚有余地；国有资本之间组合较多，民间资本担纲较少；而对一些本来属于公共产品或准公共产品的文化事业领域，一些必须由政府承担的责任仍希望由市场解决。这些问题都还有待解决。

（5）政府管理手段未充分体现效率原则，不遵守市场的规律，阻碍了市场配置文化资源的基础性作用，妨碍了文化市场的发展。

（6）多头管理现象依然无大改观，各文化管理部门间不协调现象时有发生。

4. 文化管理体制和运行机制的改革方向

从国际经验和我国实际出发，在市场经济条件下，大多数文化产品和服务必须加快进入市场。只有占领市场才能更好地贴近人民大众，实现社会效益和经济效益的统一。因此，必须努力革除制约文化产业发展的体制弊端，充分发挥市场机制在文化产品生产和服务中的基础性作用，进一步解放和发展文化生产力，"早改革主动，晚改革被动，不改没出路"的观念已经深入人心。

2003 年，北京、上海、广东、浙江等 9 个省市的 35 家新闻出版单位、广播影视、文艺院团率先进行文化体制改革试点。他们抓住机遇，解放思想，勇于探索，加强宏观管理，改进管理手段；实行政企分开，重塑市场竞争主体，努力培育和壮大国有或国有控股文化企业；大力推动公益文化事业发展，深化文化事业单位内部劳动、人事和分配制度改革。这些措施为进行文化体制改革，加强文化事业建设，推动文化产业发展积累了一定的经验。

2006 年，文化体制改革在全国推开，逐渐形成了"以公有制为主、多种所有制共同发展的文化产业格局"以及"民族文化为主体、吸收外来有益文化的文化市场格局"，为文化产业发展提供新的动力和方向。

与此同时，我国政府的文化管理职能也在发生转变，必须加快实行政企分开，政事分离、管办分离，理顺政府与文化企事业单位的关系。各级政府文化管理部门积极改进审批方式，简化审批事项和程序，使管理工作更加科学规范；积极探索对文化领域国有资产监管的新途径、新办法，探索解决文化领域国有资产产权主体模糊、出资人不到位的问题，使国有文化资产管理体制改革的路径与经济体制改革同步。

上述措施不仅将理顺产业发展环境，而且将极大地解放文化生产力。可以预见，国有文化资产存量之间兼并、重组、整合的速度将加快，将迅速产生一批跨行业、跨媒体，具有品牌竞争力和战略投资能力的产业集团，从而大大提高我国文化市场活力，"民族文化为主体、吸收外来有益文化的文化市场格局"将成为文化体制改革后文化市场的整体局面。我国文化管理体制将融入社会主义基本经济制度统一框架，文化产业的发展将全面融入国民经济的统一市场。

5. 文化管理体制和运营机制改革的途径

一方面，应当加快政府职能转变。要进一步推动政企分开、政资分开、政事分开、管办分离、政府与市场中介组织分开，促进文化行政管理部门由办文化为主向管文化为主转变；强化政府的政策调节、市场监管、社会管理和公共服务职能，实现主要以行政手段为主向综合运用法律、经济、行政等手段管理转变，改进文化管理方式；创新文化管理手段，推进文化政务公开，完善文化行政许可，加快行政审批制度改革，努力提高文化行政管理效能。

另一方面，要加快经营性文化事业单位转企改制步伐。要按照创新体制、转换机制、面向市场、壮大实力的原则，通过转企改制建立规范的公司制文化企业，完善法人治理结构，确立市场主体地位；有条件的国有文化企业要逐步进行股份制改造，加快产权制度改革，实现投资主体多元化。同时，还要逐步建立健全国有文化资产监督管理体系，确保国有文化资产保值增值，努力打造一批有较强自主创新能力和市场竞争力的文化企业与企业集团。

在上述文化管理体制和运营机制改革的过程中，地方财政税务部门应该加强与相关职能部门和企事业单位的沟通和协调，该给予资金支持的要及时足额拨付，该给予税收优惠支持的要大力支持；同时，应按规征收的税费也要全额征收。总而言之，要顺应文化管理体制和运营机制改革的发展趋势，在预算管理、资金拨付、税费征管等方面做到与时俱进调整并给予持之以恒的支持。

（二）文化产业政策措施的配套完善需要财税政策支持

文化产业政策配套以及法制健全是我国文化产业发展的重要措施。文化产业政策不配套以及法制不健全导致投资渠道不畅，文化产业缺乏资金支持。文化产业的投资渠道可分为政府投资、民间投资和外资介入。政府包办体制以及政策的不确定性，使得民间投资成本较高，外资由于文化市场准入方面受到限制也较难进入，致使投资渠道过于狭窄和单一。由于重视投入，相对忽略产出，政府投资效益不佳。另外由于缺乏必要的引导和保护，民间和外国投资也存在重复和无效现象，导致目前文化产业整体行业投资回报率并不高。这些都使得文化产业投资不足，进而严重制约了文化产业的发展进程。

1. 文化产业政策配套协调仍需加强

与西方发达国家相比较，我国的文化产业政策制订起步较晚，对照本国国情也还存在着与文化产业发展阶段不相适应的方面。西方国家经过长期的发展，已经建立了一整套有利于文化产业发展的文化产业政策。虽然改革开放以来，我国文化体制和文化政策已经发生了一定的改变，但仍然存在着一些较大的问题。例如，目前我国文化产业经营主体的市场准入、市场竞争、市场退出的规则尚未完善，文化税收政策也不健全；文化市场管理由于受执法职权的限制，往往不能及时有效查处、制止已经发现的违法经营活动，等等。尤其需要指出的是，从计划经济体制沿袭下来的诸如政企不分、政出多头、各自为政等中国文化体制上的深层问题，至今仍没有完全解决，这些都将成为中国文化产业进一步发展的巨大障碍。

2. 文化产业相关法规建设尚不完善

建立健全文化产业的法律体系是依法治国方略在文化领域里的具体体现，新型文化产业制度的建构与完善，依赖于完备的法律体系规范与保障。改革开放30多年来，我国虽然出台了一些文化方面或与文化产业密切相关的法律法规，也制订了一些配套的实施细则，但总体上说，我国的文化立法还处于初级阶段，与蓬勃发展的文化产业很不相称，法律保障也不完善。具体表现在：

第一，我国的文化法制建设总体滞后。目前我国虽然有一些关于文化产业的法律法规、规章和其他规范性法律文化出台，但是，从整体上看，文化产业立法仍然落后于发展进程的需要。主要体现在：立法层次较低、立法缺位和错位并存，立法层次混乱。目前我国关于文化产业的法律体系中，缺少高位阶的法律条文。我们应当立足于现实条件，积极提高规范性文件的效力等级，尽快做好现有法律、法规、规章的立法和统一化工作，同时，文化产业的许多领域，如投资、市场运营的观念方面均存在着法律规定简单化、空泛化、甚至无法可依的尴尬局面。此外，文化领域法制建设与国际一般规则的衔接也不够，仍有一些规定与诸如WTO等国际规则存在冲突，需要好好协调。因此，必须对现行的法律、法规进行必要的调整和改进，以适应文化产业健康、有序发展的客观需要。

第二，文化立法工作力度不够。我国已经修改《宪法》，把“三个代表”重要思想写入《宪法》，表明了我国对先进文化的高度重视，表明先进文化成为我国核心指导思想的重要组成部分，这部分内容与《宪法》中其他有关文化建设内容共同形成了构建文化法律体系最高端依据，形成了文化法律体系的重要组成部分。但与此同时，在我国文化产业实际工作中，繁荣与管理文化产业时的主要手段还是依据各类行政法规、规章、政策，较少通过全国人大高层次立法来实行。很多法律还有待颁布，例如文化产业法、新闻法、文艺演出法、电影法、广播电视法等都有待出台。此外，文化立法工作中有一个问题值得关注。从产业与意识形态的角度分析，文化产业涉及方面极广，其法律体系涉及行政法、民法、商法、经济法等多个领域。因此，文化产业立法不仅要注意自身法律、法规和政策的统一性，更应当注意与其他法律、法规的衔接，如在文化企业设立方面，应遵照新《公司法》的有关规定，降低公司设立标准并尽可能地简化手续，《行政许可法》没有将文化事项纳入行政许可限制范围，因此新立法可以考虑保留对文化企业的工商登记，而取消其他名目繁多的限制，等等。

第三，文化执法工作力度不够。我国当前文化执法问题较为突出，执法滞后，执法不力，执法不严，执法机构不健全，执法职责不明确，执法手段力度不够，执法队伍素质不高，滥用处罚，以罚代法的问题经常存在。导致这方面问题的一个直接原因就是职能交叉、多层执法、多头执法。要做到执法必严、违法必究，就必须将原属于不同文化管理部门的执法队伍合并，同时加大文化阵地和文化市场执法力度和管理力度，严格法律法规，严格纪律，严格把关，决不给违法行为提供漏洞，为不良文化内容留有传播渠道。

3. 完善文化产业配套政策、健全文化产业相关法制规范的必要性

文化产业被认为是“朝阳产业”或“黄金产业”，在不少发达国家已成支柱产业之一。文化立国已经成为各国政府的重要战略。大量国际成功经验证明，完善文化产业配套政策措施，建立健全高位阶、全方位、多层次的文化产业法律体系是规范市场，使文化产业有序运行、繁荣发展的基本保证。而在这一过程中，财政税务等部门需要与文化管理部门保持默契配合。文化产业发展涉及领域极为广泛，因此，需要扶持政策的相关政策同样需要覆盖多个领域，并且需要这些政策环环相扣，默契配合。作为经济政策的不可或缺的重要部分，财政、税务、金融、工商管理、土地和科技等政策对于各产业经济发展都影响巨大，因此，从这个意义上讲，没有这些政策的联合配套和强有力支持，就不可能有文化产业配套政策措施和法律法规的健全和完善，文化产业的发展也将由此受到影响。

（三）文化产业基础设施落后、人才短缺、产品市场不发达等问题亟待财税政策支持

1. 文化产业基础设施落后局面需要借助财税政策予以改善

与其他产业相比，文化产业因具有自身文化内涵而独树一帜，但同时，文化产业与其他产业一样需要基础设施的硬件支撑。从事文化创作、文化服务、文化产品制造、销售等文化活动，就必须有一定的场地、房舍、装备及器械、资料等基础条件，这些必要的物质基础就是文化设施。文化设施按所有制形式可分为国有文化设施、民营文化设施、股份制文化设施等；按用途可分为文化艺术设施、公众教育设施、体育设施、大众传媒设施、旅游设施、文化产业设施、娱乐设施、办公设施等；按其在文化生产过程中的作用可分为精神创造性文化设施、公共服务性文化设施和产业性文化设施。我国目前的情况是文化基础设施落后，而这与文化产业投资现状有直接的关系。现阶段相对于其他产业而言，我国文化产业增长总体上比较缓慢，没有起到西方发达国家的支柱产业且大幅拉动经济增长的重要作用。这种情况显然与我国国民经济迅速发展、人民群众物质文化生活水平不断提高、消费结构不断升级的发展趋势不一致，文化服务业成为国民经济的一块“短板”。因此，要想尽快补长“短板”，促进文化产值增长，必须加大政府投资，并发挥其导向作用，同时降低民营资本和国外资本进入文化基础设施领域的门槛。

2. 文化产业人才短缺困境的缓解需要财税政策支持

现代科技迅猛发展，大大推动了人类社会的进步。科学技术越来越成为社会发展的重要动力，成为第一生产力。而人类文化的发展，往往与科技发展相互促进，尤其是近几十年来，科技力量对文化影响越来越明显。高新技术与文化的密切融合已经成为一种历史趋势。

目前，国内文化产业发展现状表明行业尖端人才不足仍是突出问题，包括创意人才、服务人才、管理人才以及理论人才等。人才的缺乏直接导致了我国文化产业的技术含量较低，运作水平不足和商业模式创新能力的疲弱。文化产业领域人才需要具备较高的文化艺术素养和创新能力，同时又要懂得文化产业经营管理规律，要有引领产业创新的素质和能力。另外，现代社会，信息爆炸，科技发展日新月异，文化人才不但知识面要宽，知识量要大，而且需要经常更新，紧跟时代脚步，不断调整自己的知识结构，以适应形势发展的需要。目前，在文化领域中从事文化艺术工作的人员往往缺乏企业战略眼光和规划能力，缺乏财务、营销和管理方面的技巧，缺乏投资和风险管理能力，特别是缺乏规模化集团经营管理与经验，因而在现实生产经营活动中常常会遇到挫折。而从事其他产业经营的人士在进入文化产业的时候，对文化产业发展规律的理解认识不足，缺乏文化产品生产内容策划能力以及这些领域的创新设计能力，所以他们经营文化产业也会遇到很多困难和挑战。因此，文化人才的培养是目前文化产业的紧迫问题，而这一问题的解决在相当程度上离不开财政资金和税收优惠政策支持。例如，加大财政资金投入，可以促进文化教育事业的发展，有助于文化领域中高端人才的培养；又如，给予文化从业者适当的税收优惠，有助于减少其后顾之忧，使其可以全身心地投入文化事业之中等。文化产业人才培养需要财税政策与诸多政策倾斜才能加快造就出一批复合型人才。

3. 文化产品市场不成熟、区域不平衡现状的改变需要财税政策支持

我国具有独特国情，就目前而言，文化产业市场建设依然任重道远，区域间发展不平衡问题多年存在。文化产业整体发育还不够完善，与国际发达国家和地区相比也存在不小差异。在当代文化产业发达国家，不仅文化产品市场和文化服务市场十分发达，而且文化要素市场如文化资金市场、文化艺术设施市场、文化艺术人才和劳务市场、文化中介市场、文化产权市场、版权市场等都已经十分发达。与此相比，尽管近几年以来，我国文化市场发展势头十分迅猛，但目前依然不够成熟，与西方发达国家相比存在着很大的差距，尤其是作为文化产业市场重要组成部分的文化要素市场（如文化中介市场、文化资金市场、文化产权市场）虽然在我国的部分大中城市开始出现并获得一定程序的发展，但与西方发达国家

相对比仍然显得十分滞后。这种状况无疑阻碍了文化产业市场的产品和服务的生产和流通，限制了我国文化产业市场的进一步发展。

一般来说，市场的发育具有先后性，商品市场的发育和成熟都较要素市场为早，只有在商品市场初步形成之后，要素市场才能发展起来。成熟的文化要素市场对于文化产业的发展十分重要，如果没有文化产权交易市场，那么文化企业之间真正的产权交易、兼并和联合就无从进行；如果没有允许资金自由流通的文化资金市场，文化产业结构调整以及文化资源的优化配置也就无不从下手。因此，从现状看，要想缩小与西方发达国家之间文化产业的差距，就必须花大力气对我国文化产业市场进行开发和培育，尤其是文化资金市场、文化艺术设施市场、文化艺术人才和劳务市场、文化中介市场、文化产权市场、版权市场等要素市场的开发和培育，使之逐步完善；而在这一过程中，财政税收政策自然大有可为。

另外，从我国不同地区文化产业发展状况来看，与经济发展整体格局基本相同，文化产业的发展也呈现出东高西低的态势。根据 2009 年《国家统计年鉴》的数据，从文化产业单位数量、从业人员数和拥有资产的地区分布看，东部地区分别占全部的 66%、69% 和 78%，远高于中西部地区；从文化产业收入情况看，东部占 74%、中西部占 26%。省际文化产业的发展也存在着不平衡，文化产业从业人员数超过 50 万人的有广东、浙江、山东、江苏、北京和上海，这 6 个省市的文化产业从业人员占全国文化产业从业人员总数的 56%；年营业收入超过 1 000 亿元的有广东、上海、北京、山东、江苏和浙江，这 6 个省市的营业收入占总营业收入的 72%；实现文化产业增加值超过 100 亿元的有广东、北京、山东、浙江、上海、江苏、福建、湖南和河南，这 9 个省市的增加值占全国总增加值的 73%。文化产业增加值占 GDP 的比重高于全国平均水平的有北京、广东、上海、福建和浙江。虽然目前我国明确提出了“中部崛起”、“西部大开发”等区域发展的方针，为缩小区域文化产业的差距创造了有利条件，但区域文化产业发展不平衡现象依然存在。针对目前区域文化产业存在的问题，我们一方面要进行区域文化产业的模式创新，打破地区分割，促进行业互动；另一方面，还要积极整合历史文化资源，打造区域文化特色品牌，实现文化产业的跨行业、跨地区、跨媒体发展，创造文化产业发展新模式。而所有这些措施的实施均要依靠财政资金的鼎力相助和税收政策的大力支持。

二、我国文化产业发展中的财税支持政策回顾

2003 年 6 月，中央决定开展文化体制改革试点工作，我国各级财政税务部门积极贯彻落实党中央、国务院要求，与相关部门密切配合，切实采取措施，积

极支持文化体制改革和机制创新，不断加大对文化事业的投入力度，减轻了相关企业的税收负担，在一定程度上促进了文化事业和文化产业发展。

（一）财政领域

1. 制定切实可行的政策措施支持文化体制改革

（1）研究制定支持文化产业发展的配套政策。在广泛开展调查研究的基础上，财政部参与制订了《关于文化体制改革试点中支持文化产业发展的若干经济政策》、《关于文化体制改革试点中经营性文化事业单位转制为企业的若干政策》等一系列改革文件。与税务总局联合制定了财税［2005］1号和财税［2005］2号文，进一步明确规定了涉及文化产业的税收政策，并根据中宣部制定的相关标准和推荐，发布了享受优惠政策试点企业名单。根据中央文化体制改革工作领导小组第一次会议纪要提出的“由财政部牵头，会同有关部门研究制定国有文化资产管理办法”要求，经过广泛调研和充分协商，在2007年，由财政部、中宣部、文化部、广电总局、新闻出版总署联合印发了《关于在文化体制改革中加强国有文化资产管理的通知》，明确财政部门对国有文化资产的监管职责和党委宣传部门、文化行政主管部门的相应职责，强化了部门间协调机制以加强对国有文化资产的监管及对文化产业涉及的国有资产管理中人员、事务和资产的通盘管理。

（2）为解决历史遗留问题提供必要的资金支持。根据文化体制改革试点工作要求，各级财政部门配合文化、广电、新闻出版等部门制定了相关系统的改革方案，从财政角度提出了修改和完善的建议。中央财政帮助国家图书馆、中国美术馆、中国对外文化集团公司、中国出版集团公司等中央级文化体制改革试点单位制定了具体改革方案。在改革的实施过程中，中央财政采取“花钱买机制”的办法，2005年至2007年共计为中央本级文化体制改革试点单位支付改革成本约9亿元，帮助试点单位解决改革中遇到的困难和问题。对公益性文化事业单位，重点加大财政经费保障力度，支持其改善服务条件和提高服务水平；对转企改制单位，帮助解决人员安置等问题，使其真正成为市场主体。

（3）扶持动漫产业积极推动文化产业发展。按照国务院的要求，财政部会同教育部、文化部等10个部门对我国动漫产业发展现状、面临形势和存在问题进行广泛调研，在充分论证的基础上，起草了《关于推动我国动漫产业发展的若干意见》稿，以“国办发［2006］32号”文予以转发。2007年，中央财政安排“扶持动漫产业发展专项资金”2亿元，重点支持了动漫市场监管、优秀动漫原创产品创作生产和动漫公共技术服务体系建设等关键环节。一些地方财政部门也积极加大了投入，支持动漫原创和打造动漫产业链。同时，部分省市还积极探索设立文化产业发展专项资金，通过贷款贴息、项目支持等方式支持地方文化产业中动漫行业的发展。

2. 加大农村文化建设的财政支持力度

按照党中央、国务院关于新增文化经费主要用于农村的要求，各级财政部门不断加大对农村文化建设投入力度，实施了广播电视“村村通”等农村文化重点工程，有效地丰富了农民群众的文化生活，农村公共文化服务能力明显提高。至2007年底，中央财政共安排农村中央广播电视节目无线覆盖专项资金30亿元、文化信息资源共享工程专项资金9.07亿元、农村电影放映专项资金2.68亿元、“送书下乡”专项资金1亿元、流动舞台车购置专项资金1.5亿元，并通过“以奖代补”的方式对农村文化投入力度大、工作成绩突出的省份给予了奖励。2007年，财政部会同有关部门启动实施了“农民体育健身工程”和“农家书屋”工程，进一步完善了农村公共文化服务体系建设。地方财政也积极加大投入，一方面按照分担比例落实应承担的资金；另一方面，主动开拓创新，安排资金支持发展地方特色农村文化，得到了广大农民群众普遍欢迎。

3. 优化财政支出结构，切实保障文化产业发展中的重点领域和重点项目的经费需求

在文化遗产保护方面，财政部门支持实施了一系列旨在保护优秀中华传统文化的重点项目，如国家重点文物保护、大遗址保护、文物普查、非物质文化遗产保护、古籍保护、清史纂修、昆曲和重点京剧院团保护等，赢得了专家学者及社会各界的广泛好评；2007年，中央财政共安排上述项目经费近12亿元。在文化传播方面，按照中央要求，重点支持实施了“西新工程”、“东南工程”、“东风工程”等，有力地加强了广播电视和报刊等新闻媒体的传播与覆盖，同时，支持了海外中国文化中心建设和中法文化年等对外文化交流活动，推动中华文化“走出去”。在文艺创作方面，重点支持了“国家舞台艺术精品工程”、“国家重大出版工程”、“国家重大历史题材美术创作工程”等，促进了社会主义先进文化的繁荣和发展。

（二）税收领域

1. 对相关行业进行税收减免

一是货物和劳务税优惠。图书、报纸、杂志销售适用13%低税率，较之正常税率17%下降4个百分点；对古旧图书的销售免征增值税；对纪念馆、博物馆、文化馆、文物保护单位管理机构、美术馆、展览馆、书画院、图书馆举办文化活动的门票收入，宗教场所举办文化、宗教活动的门票收入等免征营业税。二是个人所得税的减免政策。对个人的稿酬所得，按应纳个人所得税额减征30%；

对个人获得省级人民政府、国务院部委和中国人民解放军军以上单位以及外国组织、国际组织颁发的文化领域的奖金，免征个人所得税。三是各类图书、报纸、杂志发行单位之间以及发行单位与订阅单位或个人之间征订凭证，暂免征缴印花税。

2. 给予转制文化企业特定优惠支持

其一，经营性文化事业单位转制为企业时，自转制注册之日起免征 3 年企业所得税；对 2008 年 12 月 31 日前改制试点新办文化企业，免征企业所得税 3 年。其二，由财政部门拨付事业经费的文化单位转制为企业，自转制注册之日起对其自用房产免征房产税。其三，党报、党刊将其发行、印刷业务及相应的经营性资产剥离组建的文化企业，自注册之日起所取得的党报、党刊发行收入和印刷收入免征增值税。其四，对经营性文化事业单位转制中资产评估增值涉及的企业所得税，以及资产划转或转让涉及的增值税、营业税、城建税等给予适当优惠减免。

3. 对相关文化企业发展提供税收优惠

（1）经广播电影电视行政主管部门按职能权限批准从事电影制片、发行、放映的电影集团公司（含成员企业）、电影制片厂及其他电影企业取得的销售电影拷贝收入、转让电影版权收入、电影发行收入以及在农村取得的电影放映收入免征增值税和营业税。

（2）2010 年底前，广播电视运营服务企业按规定收取的有线数字电视基本收视维护费，经有关部门批准后可免征营业税，但总体期限不超过 3 年。

（3）出版、发行企业库存呆滞出版物，根据不同介质不同年限，可以作为财产损失在税前据实扣除。

（4）为生产重点文化产品而进口国内不能生产的自用设备及配套件、备件等，按现行税收政策有关规定，免征进口关税。

（5）支持文化产品和服务出口，图书、报纸、期刊、音像制品、电子出版物、电影和电视完成片按规定享受增值税出口退税政策。

（6）在文化产业支撑技术等领域内，依据相关规定认定的高新技术企业，减按 15% 的税率征收企业所得税。

（7）文化企业开发新技术、新产品、新工艺发生的研究开发费用，允许按国家税法规定，在计算应纳税时加计扣除。

（三）我国现行文化产业财税政策存在的问题

我国文化产业发展起步较晚，改革开放前文化事业与产业较多由政府包办，目前文化体制改革处于初步完成转型期，不少文化单位仍属“事业体制、企业化运作”模式，文化产业市场体系建设还需加强与完善。原有与文化建设相关的财税体系也在逐步改革之中，许多财税政策带有一定程度过渡性质，尚有不少问题需要解决：

（1）尚未建立系统的能够与文化管理体制改革、文化发展形势对接的财政管理体制和财政投入模式。近年来，尽管国家财政对文化领域的投入连年增长，支持力度不断加大，但由于现行财政管理体制、财政投入模式与文化管理体制改革和文化发展形势没有很好地对接，因此，与我国经济和社会发展水平相比，与人民群众的精神文化需求相比，财政对文化投入力度还很不足，精准性不强，财政在文化体制改革中发挥的作用还有巨大的潜力。

（2）对文化产品的货物和劳务税税率过高。从国际比较角度分析，一般报纸、刊物、书籍、电影等文化产品的增值税或者销售税税率很低，基本都是正常税率水平的一半，有的国家则免税。相比之下，我国文化产品的增值税和营业税税率过高。

（3）文化产业税收优惠政策公平性不够。目前，围绕鼓励经营性文化事业单位和财政部门拨付事业经费的文化单位转制为企业，制定了从增值税、企业所得税到房产税等的一系列优惠政策，同时，对党报和党刊也有相应的优惠政策。税收优惠政策的适用范围限制明显，并不适用所有文化企业，不利于文化产业公平竞争，也不利于鼓励社会资本投资文化产业。

（4）专门针对文化企业特点的税收优惠政策不足。一是文化产业属于智力密集型产业，类似软件企业，资产多为知识产权、品牌等，投入的成本多为人力资源，文化产品的成本也主要由这些构成，但对于缴纳增值税的文化企业来说，由于无形资产和人力成本的投入中所含的增值税款不能抵扣，税负水平相对较重。缴纳营业税的文化企业在购买相关文化产品知识产权时，也存在一定程度上的重复纳税问题。二是对认定为高新技术企业的文化企业给予高新技术企业所得税优惠政策，对文化企业开发新技术、新产品、新工艺发生的开发研究费用，允许按国家税法规定，在计算应纳税所得额时加计扣除，这些政策其实并非针对文化产业企业，针对性较为宽泛，对其他企业也都适用。

（5）对文化产业从业者税收优惠政策有待加强。文化产业的从业者包括大量作家、艺术家等创意者，他们的收入波动性较大，容易适用较高的边际税率，但中国还缺乏相应的鼓励措施，特别是缺乏文化产品的知识产权转让收入的相关税收优惠政策，目前较为人知的只有稿酬减征 30% 的规定。对文化产业从业人员的财税扶持将有助于引导高端人才向这个行业的转移。

（6）税收优惠措施单一。国外除直接税收减免外，一般采取税收抵扣等优惠政策。我国则多是定期减免，如对试点新办文化企业和转制企业免征 3 年企业所得税。但实际上，一些文化产品从创意到开发，一直到最终推向市场，3 年时间未必适用，该项政策的实际效果会打折扣。所以，应该增加财税优惠政策实施的非时间标准，加强其他客观标准的采用。

（7）应尝试建设享有财税优惠政策的文化产业特区。改革开放以来，全国各地先后建立了经济特区，采用以财税政策为主的各种优惠政策推进经济发展。在推进文化产业问题上，区域性、综合性文化产业特区尚处空白，应制定相应财税政策鼓励此类特区设立，尤其是自然资源和技术资金资源较为缺乏的经济不发达地区。

（8）财税政策对文化产业行业的引导应该更有侧重，重点清晰。从国际文化产业发展历史看，国际上其他国家通过文化产业税收优惠政策鼓励文化产业发展的侧重各不相同，但都具有较为鲜明的重点与特性，也都会维持相对的稳定期。

与之相较，我国文化产业税收优惠政策在引导产业特色上的作用还应进一步强化，以求尽快突出我国文化产业的核心竞争力。

（9）缺乏鼓励个人和企业投资文化产业基础设施的财税优惠政策。对个人和企业直接投资文化产业，尤其是文化产业基础设施建设的，应该设置行业投资的特殊税收优惠政策，进一步鼓励各种民间资金进入文化产业及文化产业投资领域，进一步强化文化产业中基础设施发展。

三、文化产业财政支持模式的国际经验比较

（一）美国对文化产业的财税支持政策

美国是当今世界上文化产业最发达的国家。剧院、博物馆、图书馆、演奏大厅、夜总会等文化场所数量繁多；戏剧、舞蹈、音乐、文学、影视等文化作品丰富多彩。美国的文化产业以其独具的魅力、巨大的经济价值，在美国乃至全世界的经济体系中占据着重要的地位。客观而言，美国文化产业的繁荣固然与其自身的客观条件密切相关，如完善的市场机制、巨大的消费市场、充裕的资金、先进的科技以及美国人独特的创新思维等，但从国家财政支持因素来看，美国文化产业发展与美国政府对其不遗余力的财税政策支持密不可分。具体而言，美国政府对文化产业的财税政策支持主要有以下几个方面：

1. 对影视业的税收优惠支持

美国有 27 个州通过了相关法律，给予电影和相关工业以税收优惠政策。在美国，许多州都鼓励在当地生产电影和电视，一般会提供其制作费用的 10% ~ 25% 的税收抵扣，有些州还对投资电影和电影基础产业，如录音棚等提供税收抵

扣优惠政策。电影和电视生产的税收抵扣通常分为生产开支税收抵扣、支付工资的税收抵扣和投资税收抵扣。

各州掀起的减税之风不仅针对电影电视业，多数还惠及其他文化产业，如密歇根州的一揽子方案包括电影、电视、游戏及其他数码媒体等娱乐业板块；路易斯安那州除对影视业（电影、电视、广告、MTV 等）给予 30% 的税收返还、雇佣本州居民给予 5% 的税收减免外，还对音乐唱片业、数码媒体及游戏业、各类艺术剧院剧团给予 25% 的税收减免。

美国对影视业的税收刺激方案卓有成效。根据安永会计师事务所测算，2005 年到 2010 年期间，美国对影视行业的州级别与市级别税收返还总额达到 6.9 亿美元，而同期业界产生了 270 亿美元的税收收入。

2. 对文化产业园区和艺术家的税收优惠支持

美国一些州规定，艺术家从事文化产业相关活动以及在特定的艺术文化产业区内进行与艺术有关的商业活动，可以享受税收优惠政策。这些税收优惠政策包括：对位于艺术区域历史建筑修缮与恢复可以获得税收抵扣，通常，艺术区均位于城区，与历史保护区有一定重叠。美国的许多州都采取税收优惠政策鼓励历史文化遗产所有者和开发者综合利用这些历史建筑，包括租给艺术家作为生活和工作场所。有些州还采取税收优惠政策鼓励个人艺术家修复一些工厂作为生活和工作场所。这种政策一般用于促进城市社区的复兴和促进文化产业的增长。

马里兰州是第一个将全州都作为文化艺术产业区并提供相应税收优惠的州。马里兰州为艺术家和艺术团体（营利和非营利）在指定区域内提供税收优惠政策。居住在马里兰州的艺术家来源于销售、出版、生产或者艺术作品表演的所有收入，都可获得所得税减免。把制造、商业和工业建筑修复或者建设成供艺术家和文化企业工作场所的发展商最多可以免征 10 年的财产税。在指定区域的艺术家和文化企业可以免征许可税和娱乐税。对认定的历史建筑，其修复费用的 30% 可用以抵扣所得税。

肯塔基州也将税收抵扣与艺术家的生活工作场所联系起来，该州规定，对于移居到该州特定地区（Paducah）和在该地购买修复建筑用于生活和工作的艺术家，只要投资超过 2 万美元，就可以获得 20% 的所得税税收抵扣，数额最高不超过 6 万美元。从 2000 年开始，这一计划已吸引美国其他地区的约 70 名艺术家移居此地。

马萨诸塞州对于用于修复经认定的建筑，其修复费用的 20% 可以用于抵扣所得税，修复建筑的费用最高可以为 2 000 万美元。该州是最早将工厂、库房当作艺术家生活和工作场所的州。

3. 对非营利文化机构的财政资金支持

（1）联邦政府对非营利文化机构的财政资金支持。美国联邦政府每年对主要的非营利文化机构，如国家艺术基金、国家人文基金、博物馆和图书馆学会、史密斯学会、肯尼迪中心等均会进行直接资助，资助金额在10亿美元到20亿美元不等。其中，国家艺术基金（NEA）成立于1965年，是联邦政府机构中唯一的专门负责对美国国内重要艺术团体和重要文化艺术项目所需资金进行审核和拨款的政府机构。每年获得约1亿美元的政府资助，同时衍生约7亿美元的其他资助。国家艺术基金在普及艺术活动，巩固艺术活动及培养观众等方面取得了巨大成功。同时，它在推动州政府以下的地方文化局（部）及各领域的非营利性艺术机构的设立、运营等方面也发挥着巨大的作用。1965至2000年，该基金会共资助了全国50个州和6个行政区的艺术组织和个人超过110万项，州级文化机构由5个增至56个，地方文化机构数量由400个增至4 000个，非营利剧院由56个增至340个，交响乐团增长近1倍，由980个增至1 800个，戏剧公司由27个发展到113个，舞蹈公司数量比1965年增长了18倍。

（2）州政府对非营利文化机构的财政资金支持。在美国，对非营利性文化机构的资助不仅仅依靠联邦政府，州财政也发挥着重要作用。美国50个州和6个行政区都有州级文化艺术机构，负责给文化艺术组织分配款项。州级文化艺术资助主要为州财政拨款，与国家艺术基金资助对象有较明显的区别。州级资助项目倾向于资助规模较小的地方组织和名不见经传的年轻艺术家，同时倾向于支持社区团体，以及资助在卫生、监狱管理和老年医学领域的申请等，而这些项目国家艺术基金一般不会给予支持。

（3）地方政府对非营利文化机构的财政资金支持。美国估计有4 000个规模不同的社区地方文化艺术机构，其中1/4约为市或县政府资助的公共文化机构，服务于美国80%的社区，行政经费每年7亿多美元。地方直接拨款、地方经营特许权税和建筑投资基金等每年为地方文化艺术提供大量资助。据美国艺术家协会（Americans for the Arts）估计，2003年市和地方一级的文化支出总额为7.7亿美元。美国城市艺术联盟仅由50家规模最大的地方艺术机构组成，2003年其成员机构的文化支出约为3.38亿美元。最大的城市文化资助机构为纽约市文化事务部，2004年该机构文化资助的水平为1.188亿美元。纽约市政府还通过多种方式获得文化艺术的资助资金，例如征收地方特别税用于文化设施建设；从地方财产税中拨出专项文化建设管理基金；市政府为某项文化建设发行专门债券；在某些管理事业收费中抽取文化税，如船舶靠港费、高尔夫球票费等；从大公司、银行的广告费中提取一定比例的文化建设事业费；举办文化节，将所有收入转拨给社区文化节和少数族裔文化节等。

（二）英国对文化产业的财税支持政策

英国政府不仅把发展文化产业作为提升经济发展水平的重要手段，而且把它作为增强综合国力和民族凝聚力的重要手段。英国政府为支持和发展文化创意产业，建立了包括税收政策和财政政策在内的良好政策框架以促进文化产业发展。

1. 系统的税收支持政策

其一，英国政府从未对图书、期刊、报纸征收过任何增值税，从而使图书与其他出版物始终处于零税状态。这种税收激励政策使英国跻身于世界出版大国之列。近年来，尽管英国政府在酝酿改变这种状况——出版社要承担执照税、所得税和增值税，但对图书依然不征税，对音乐出版物依然不征收增值税。

其二，英国政府对一些大学出版社，如牛津大学出版社和剑桥大学出版社的经营活动全部免税，以资助学术出版。如果英国公司向其他征收增值税的国家进口图书，所支付的税金可向有关部门索回，书、报刊还享有免征进口税的优惠。为了调节文化领域里不同行业的收入差距，英国政府对文化产业实行差别税率，这在某种意义上避免了税率优惠过度倾斜的弊端。

其三，从1950年开始，英国政府开始对电影门票根据其价格向影院征收伊迪税。政府将税款用来资助国家电影投资公司，资助英国电影、电视艺术学院以及英国电影学院制片委员会。20世纪50年代以后，伊迪税成为英国电影制作的主要资金来源，它促使美国公司组建英国子公司生产英国影片以符合取得伊迪税基金资助资格，引起了美资的进一步涌入。此外，英国于1947年开始实行的“抵换所得方案”（The Acceptance in Lies Scheme）规定，如果一个人把艺术品或别的有价值的物品捐献给国内收入局理事会，成为公共所有，他所应该交纳的遗产税、资本转移税或房产税可以获得部分或全额免除。所捐赠物品必须是具有民族、科学的、历史的或者是建筑学上的价值。仅在2004年，该方案就令英国政府获得了价值1 300万英镑的艺术品及具有历史价值的藏品。由于减免税对个体捐赠者有很大吸引力，英国财政部正在考虑出台更多的税收减免条款，促进个人对公共文化捐赠。

其四，英国政府十分支持游戏企业海外发展战略。如果英国游戏企业能和中国等国家展开海外合作，该企业将在英国获得最高50%的退税优惠。英国政府通过减税优惠和资源投资增强了英国游戏产业在全球市场的竞争力。

2. 大规模的财政支持方案

针对公共文化艺术的非营利性，英国政府采取直接财政拨款的方式予以资助，1998至1999财年，英国对共性文化艺术的拨款和赞助总额达54.85亿英镑，而到了 2005 至 2006 财年，英国政府的文化投入预算比 1998 至 1999 财年增加了 114%。

（1）中央政府财政拨款。英国中央政府对文化产业的拨款主要通过文化媒体体育部来实施。1998 至 1999 财年，中央政府拨款总额为 9.45 亿英镑，其中，英格兰由文化部直接拨款，总额为 7.68 亿英镑；苏格兰、威尔士和北爱尔兰由文化部驻三地办事处拨发，分别为 1.12 亿英镑、0.44 亿英镑、0.205 亿英镑。英国中央政府拨款主要流向与公众文化生活相关的重点文化单位，如 1997 至 1998 财年，英国文化媒体体育部为博物馆、画廊拨款 2.21 亿英镑；现代艺术拨款和表演艺术拨款 1.95 亿英镑；图书拨款 1.03 亿英镑；广播和媒体拨款 4 300 万英镑。其中针对戏剧演出，政府每年在艺术领域投入一定数额的指导性拨款，通过全英国 4 个地区艺术理事会对各种戏剧创作实施小额资助，下发资助款分别为：英格兰 1 亿英镑、苏格兰 12 880 万英镑、威尔士 640 万英镑、北爱尔兰 210 万英镑。这些资助是一种指导性拨款，对戏剧表演艺术的创作，特别是带有一定风险的尝试性创新，起鼓励和推动作用，很受业内人士的欢迎，被称为是英国戏剧艺术长盛不衰的动力源。

（2）地方政府财政拨款。1998 至 1999 财年，英国各地方政府对文化艺术的拨款总额为 12.6 英镑，其中英格兰各市、县、郡为 10.6 亿英镑，苏格兰为 1.2 亿英镑，威尔士为 0.5 亿英镑，北爱尔兰为 0.2 亿英镑。

（3）其他非文化部门拨款。除中央和地方政府文化部门外，英国国防部、教育技能部、外交部、卫生部等政府部门也向文化艺术产业拨款。国防部拨款主要用于军事博物馆和军乐团；教育技能部拨款用于同艺术相关的学术研究；外交部拨款 1.6 亿英镑，几乎全部用于英国广播公司制作的对外节目。这些款项和地方重振专项基金、欧盟对文化事业拨款的总额约为 4 亿英镑。

（4）用发行彩票收益投资文化。英国国家彩票发行业是英国一项特殊文化产业。英国政府通过发行国家彩票，为文化产业创造了大笔经费，有力地推动了英国文化产业的发展。1994 年 11 月 19 日，英国政府发行了第 1 期国家彩票，到 2001 年上半年，国家彩票累计发行总额已高达 314 亿英镑，其中超过 108 亿英镑被用于公益事业。截至 1999 年超过 1 000 个艺术项目从“彩票积极资本计划”中获得了 10 亿英镑以上的资助。英国彩票的主管部门是文化媒体体育部，由其负责彩票业的法律政策制定、彩票经营者的选择以及彩票收入分配和资金监督。英国国家彩票通过公开招标形式，向中标公司颁发经营许可，负责彩票发行及相关经营。彩票收入拨款方式是由文化媒体体育部把资金按一定比例划拨到全国 11 个地区、行业的文化公益主管部门，然后由个人或团体向这些部门提出申请，并由这些部门审定拨款额度。

（三）法国政府对文化产业的财税政策支持

法国文化产业的财政税收扶持政策堪称完善，从中央政府到地方政府、从图书出版业到艺术品产业，覆盖全面。法国文化产业得以全面发展，成为法国经济中举足轻重的一部分。

1. 对出版业的税收支持政策

法国国家图书中心的资金主要来自于政府对图书销售和图书复制的税收收入。图书产业有着特殊的税制，有两种税是由国家图书中心集中起来再回报给该产业的，它们分别是由出版人上缴的0.2%的图书营业额税和由出售复印机的商家上缴的3%的复印机营业额税。这两种税收占国家图书中心年度预算的80%。2003年，国家图书中心共有2 760万欧元的收入，其中82.2%来自税收。

2. 对电影产业的税收支持政策

法国国家电影中心（CNC）每年收入大部分来自税收，电影院卖出的每张票都要缴纳5.5%的增值税、11%的特殊附加税，每一部在电视上播放的电影都要上缴10%的播放权税。CNC还制定种种优惠政策，鼓励私人对法国电影制作进行投资。凡不能在普通电影院里放映、只能在特殊影院里放映且制片商没有权利接受国家资助的，其所得收入还要在正常纳税的基础上另外上缴20%的电影税；正常的电影票卖出后除了缴税，还要在电影制片商、发行商、放映商之间进行分红。

3. 对录像产业的税收扶持政策

从1993年开始，法国录像开始上缴一种特殊税——录像出售出租税。录像出售出租税按出版商对发行商批发价的2%进行征收。2003年，录像出售出租税为3 000万欧元，2004年上升到4 000万欧元。为了保护知识产权，法国1985年设立了私人复制版税。消费者购买的每一种空白能为音像作载体的产品（如电脑硬盘、CD、DVD、MP3等）价格中均包含着这种版税。这种版税因载体的不同而采用不同税率。例如，5.5G硬盘的版税为8欧元，40G硬盘的版税为15欧元，每张空白DVD的版税为1.27欧元。

4. 对艺术品产业的税收扶持政策

在法国，艺术品产业的增值税可享受特殊减税待遇。同时，根据欧盟规定，为保护欧洲各国艺术家在本国的竞争力，如果艺术品交易发生在欧盟境内，增值税则在艺术品出口国缴纳，法国的艺术家原作增值税为5.5%；如果艺术品出口到欧盟境外，则不用缴纳增值税。

5. 对文化产业的财政支持政策

法国文化预算的重要性世界公认。自 1959 年起，文化部的预算逐年增大，文化预算在国家总开支中所占的比例，从 1960 年的 0.38% 发展到今天稳定的 1% 。

（1）对公共文化事业单位和文化企业采取政府直接拨款。由于法国政府对文化艺术非常重视，因此对以戏剧、音乐、舞蹈、造型艺术、文化遗产等公共文化单位实行直接政府拨款。表演艺术，国家重点艺术院团的经费主要来自政府拨款，省市级的私营艺术团体也可以得到地方政府资助，例如，法国国家歌剧院，除了自身门票收入外，绝大多数运营费用来自中央政府的财政拨款。对造型艺术，主要是由文化部拨款筹建公用画室和雕塑室，同时也资助一些著名画家建立个人画室和雕塑室。法国历史悠久，文化遗产众多，如凡尔赛宫、罗浮宫、巴黎圣母院等。法国政府通过财政拨款，投入大量资金维护和修复建筑遗址、城堡等，同时加强博物馆、档案馆建设，一方面可以培养国人对祖国文化的自豪感，另一方面极大地促进了法国旅游产业的发展。电影是一个比较特殊的行业，它既有盈利价值，同时也具有公共文化特征。法国政府对电影产业的财政支持采取一种独特的方式——电影相关税收专用于电影产业的资金扶持。从 1948 年开始，法国财政法中便明确规定：法国电影工业享受电影扶植资金的支持。这笔资金不直接来源于国家预算，而是以税的方式从电影产业链（如电影门票、电视播放、音像制品等相关环节）征收，然后再返还给这些行业。据统计，上世纪 90 年代以来，法国的电影扶持资金总额一直保持在每年 12 亿 ~17 亿法郎之间，近年来这一数字一直保持在 4 亿 ~5 亿欧元之间（2003 年为 4.5 亿欧元）。此外，法国政府文化和交流部下设的图书与阅览司负责对出版业给予扶持和资助。资助对象非常广泛，包括作家、出版社、期刊、书店、图书馆、文化团体和文化活动等，均能得到政府资金支持。2004 年，法国政府对作者的资助达到 307 亿欧元，对出版商和书商的直接资助达到了 250 万欧元，对图书宣传活动的资助达到了 174 万欧元，用于发展公共借阅权而使图书馆额外购买图书的资金达到 150 万欧元，用于特殊主题的图书收藏的资金达到 550 万欧元。

（2）对重要文化活动的资助。法国政府不仅对公共文化事业单位给予充足财政拨款，而且积极对各项促进文化产业发展的活动给予资金支持。以电影产业为例，为扩大法国电影国际影响和加强域外电影交流，法国每年都要举办很多国际性电影节，其中较有代表性的如戛纳国际电影节。这项每年举办的电影节始创于 1946 年，是战后法国最重要的文化活动之一。戛纳电影节得到法国文化部、外交部和承办地省市的财政支持。目前，许多电影机构和大企业十分重视戛纳电影节的商业价值，也纷纷给予赞助。再如法国西部拉罗歇尔电影节，其组织者每年从中央政府、大区、省、市政府分别得到17%、13%、9%和22%的资金补助，再加上欧盟5%的赞助，应付电影节的一般活动已经绰绰有余，如果精心安排，企业赞助和门票收入理想，不仅可平衡44万欧元总预算，还会略有盈余。为加强法国文学与国际的交流，法国政府对书籍翻译进行资金支持。第一，法国设有各种政府计划项目（比如布里顿、卡特兰和考科斯）用于支持不同言语字间的翻译，这些项目由法国图书中心统一管理。翻译过3本书以上的译者可以申请6 600欧元、13 200欧元或26 400欧元的奖金。对于一本翻译难度较大作品的译者可以每月申请1 525欧元的补助，最多为期3个月。此外，法国中央政府资助各种全国性的图书展示与阅读活动。最重要的图书宣传活动是3月份的读歌节、10月份的部读节和11月份的友谊国际活动。随着法国各个地方政府拥有越来越大的财政自主权，在法国大多数地区，地方政府文化部门相继建立了地方文化中心，举办自己的图书和阅读活动。这些活动反映了法国全国各个机构和组织之间的协调与合作，当然也反映了它们之间的相互竞争的复杂关系。在大多数的情况下，法国鼓励全国和地方政府部门、非营利性组织和个人共同赞助文化活动，往往使很小的图书活动获得各方赞助，如卡希斯（Cassis，位于马赛的一个小镇）图书节的赞助方竟包括巴黎文化部门、普鲁旺斯省的艾克斯市的地方文化事务局以及地方委员会、卡希斯文化中心、卡希斯教区、当地学校、各种各样的基金会、银行、宾馆和葡萄园（该葡萄园赞助卡希斯节奖项）等各个方面。

（四）澳大利亚对文化产业的财税支持政策

自20世纪80年代以来，澳大利亚的文化产业发展速度惊人，文化市场日益繁荣。其中一个重要原因是澳大利亚政府积极创造有利于文化产业发展的税收环境，通过各种税收优惠政策使文化产业逐渐成为新的经济增长点。这些税收优惠政策主要表现在以下几方面：

1. 对电影产业投资进行税收鼓励

1981年，澳大利亚政府规定，投资电影业的纳税人在缴纳所得税时，可享受投资额150%的超额税收扣除，而其投资所得只有50%需要纳税。20世纪90年代初，澳大利亚政府又规定，合理的制片费用可享受100%的税收扣除。另外，对演职人员的所得也有许多税收优惠规定。2001年9月，澳大利亚政府宣布，对在澳拍摄大型电影及电视剧的制片商实行税收优惠，凡在澳拍摄费用超过5 000万澳元，或在澳拍摄费用在1 500万~5 000万澳元之间、该费用占全部拍摄费用70%以上的，制片商可获得在澳拍摄费用12.5%的税收抵免额度，纳税额不足抵免的可获退税。

2. 对从事文化产业的纳税人给予照顾

澳大利亚政府认为，某些职业先天存在年际间收入波动较大的问题，这些职业包括作家、发明家、运动员和需要运用艺术或创造天分的有关职业等等。对此，澳大利亚税法中有专门针对这类纳税人的处理方案，以免在他们取得较高收入年份适用较高的边际所得税率。

3. 提高小型文化企业税收起征点，允许按照年度分期支付其工薪税

为促进小型文化企业发展，澳大利亚政府从2007年7月1日起提高小型文化企业的起征点，凡年毛收入不足7.5万澳元的小型文化企业，不再要求进行商品与服务税注册，对非营利文化机构的商品与服务税注册的起征点提高到15万澳元。同时，从2008年7月1日起，澳大利亚允许小型文化企业按年分期支付其工薪税。

4. 给注册文艺团体提供赞助可享受税收减免

1991年3月，澳大利亚政府出台了文化组织登记制度，任何单位和个人向已登记注册的文化组织提供赞助，可免缴相应数额所得税。同时，为进一步鼓励企业和个人赞助文化产业，澳大利亚成立了隶属于通讯艺术部的文化团体注册局，专门审批各类文化团体是否可享受捐赠减免税待遇。这些措施大大激发了企业和个人向文化机构提供无偿捐赠或商业赞助的积极性。

5. 运用税收手段大力吸引国外尖端文艺人才

为减轻迁居入境者税负，降低工资成本，挽留外国尖端文艺人才，凡根据澳大利亚移民法获得入境临时签证的个人及其配偶，可只就以下所得纳税：来源于澳大利亚正常和法定所得，收受或涉及受雇的报酬所得，提供服务报酬的所得（不论在澳大利亚或外国提供），来自澳大利亚的财产的资本利得且该部分财产符合1997年澳大利亚政府颁布的《所得税评估法》第136条规定的与澳大利亚有关联的条件，来自雇员股份或权利产生的利得，根据雇员股份计划由雇主执行的任何股份或权利的折扣所得，这些内容大大降低了优秀人才入境迁居的税务负担。

（五）日本对文化产业的财税支持政策

日本的文化产业非常发达，是国民经济支柱产业。在注重市场作用的同时，日本文化产业也具有鲜明的政府主导特征，强有力的财税支持政策是其文化产业超速发展的重要原因。

1. 多渠道的财政资金支持

（1）日本中央政府对文化事业的财政资金支持。1990年日本文化厅的预算为423亿日元，到1997年已接近1990年的2倍，为828亿日元。1998年以后，

由于日本经济的长期不景气以及财政结构的改革，对文化事业的财政预算有一定影响，但是，2002 年日本文化厅的预算仍达到 985 亿日元。日本政府的资金投入主要用于公益性文化项目，如用于资助培养歌剧、芭蕾舞、电影创作等方面人才，创作优秀作品，资助儿童体验和相关文体艺术活动等，推进文化交流，建立国立博物馆、国家剧场和美术馆等文化设施，注重推进文化交流。值得我们关注借鉴的是，日本新建文化设施的选址，改变了以往远离市中心，不便于人们利用的局限，而是科学规划文化设施选址布局，在其周围配以商业设施，以便消费者抵达聚集，使该地区成为都市景观核心地区之一。政府还出资设立众多奖项、举办各种活动以及设立研究机构以鼓励企业开展文化活动，日本文化厅经常作为这些活动的举办方。2000 年，由日本数字内容振兴协会和经济产业省共同主办，已经连续举办了 15 届的“多媒体大奖”更名为“数字内容大奖”，并增加了奖项数量，以便给更多热情洋溢的创造者更多表现机会。此外，东京地方政府自 2002 年开始每年举办一届东京国际动画节，已经迅速形成规模。

（2）日本政府创立各种基金会引导民间资金共同资助文化产业。为充实艺术创作活动，日本政府对舞台艺术、电影等进行重点支持，培养世界水平的艺术家和艺术团体。为此，通过政府出资结合民间捐款，于 1990 年 3 月设立了文化艺术振兴基金，作为持续支持文化艺术活动的基础资金。艺术文化振兴基金约有运营资金 642 亿日元（其中国家出资 530 亿日元，民间捐款 112 亿日元），对各领域文化艺术活动进行资金支持，此后，每年筹集资金约在 14 亿日元左右。此外，在该基金支持下还成立了特殊法人日本艺术文化振兴会，利用基金设立了国立剧场，国立剧场和相应的管理机构管理基金运营。

（3）日本政府鼓励文化产业创业投资。一方面，文化产业作为新兴产业，可享有“研究投资和科学技术投资”所享有的优惠政策；另一方面，作为一种对国民投资的公益性事业，文化产业又享有“文化投资”特别经费。针对最有发展潜力的文化信息产业，日本政府采取“产、学、研”协作机制。这种将有限技术人员和研究经费集中起来，统一指导研究计划，围绕共同目标重拳出击的“官民”合作研究机制，是促进科技创新，加速科技成果转化和实现技术、创意产业化的有效途径，并对节约研究经费和宝贵时间具有十分重要意义，有力地促进了日本化信息产业国际竞争力。1986 年，日本政府制定了《研究交流促进法》，鼓励国立研究机构所配设施向民间企业研究人员开放，并接受他们参加协作研究项目等，这一举措将产、学、研三方的研究与合作推上一个新台阶，大大发展和借助了民间力量。仅仅在 1993 年，日本的产、学、研合作研究项目就达到 1 392 项，参与大学达 90 所。

2. 文化事业与产业税收支持格外突出

日本鼓励企业、个人和民间团体赞助文化事业，日本政府对高收入的个人和高盈利的企业课以重税，但对赞助文化事业则采取减免税收等优惠政策，有效地刺激了民间企业和个人对文化事业的捐款。社会各界赞助不仅使日本文化事业获得了重要的资金来源，同时也加强了文化与经济关系，使二者相互促进。与此同时，日本政府还十分重视高端文化产业发展，对于从事文化产业高端研发、生产、销售的企业给予十分具有吸引力的税收优惠支持政策。

（六）韩国政府对文化产业的财税支持政策

韩国文化产业崛起是发展国家应对全球文化产业竞争的一个成功范例。韩国文化产业的发展，离不开韩国政府强有力的政策支持。

1. 多种形式的税收优惠政策

（1）实施税收优惠政策鼓励文化产品市场推广。韩国对文化产品进入市场初期给予一定期限的税收减免：文化企业创立的前四年按应纳所得税额的10%征收，第五年为40%，第六年为70%，从第七年起全额征税，大大缓解了企业税务负担。

（2）对文化企业实施税收优惠支持政策。韩国对技术密集型文化产业领域的中小企业在创立初期特别给予一定期限的税收减免，并对首都圈内外的不同企业采取差别政策，鼓励文化产业在全国的均衡发展。首都圈以外的地区在创业后有收入年度起，6 年内减免所得税或法人税的50%；首都圈以内的地区在创业后有收入年度起，4 年内减免所得税或法人税的50%，之后 2 年内减免所得税或法人税的30%。

2. 系统的财政资金支持计划

（1）韩国政府采取一系列措施，按照“集中与选择”的原则，多渠道筹措文化产业发展资金，有目的、有重点地实施资金支持，在经费上确保文化产业的发展。2000 年，韩国政府对文化领域，包括非营利文化机构和营利性文化企业财政预算首次突破国家总预算的1%，2001 年更是达到了 1 万亿韩元。2005 年，这一数字达到了 15 856 亿韩元，占国家总预算的 1.18%。韩国政府还设立专项基金，扶持相关文化产业发展。如利用文艺振兴基金、文化产业振兴基金、信息化促进基金、广播发展基金、电影振兴基金和出版基金等运作“文化产业专门投资组合”。以动员社会资金为主结合国家力量，形成官民共同融资投资的运作方式。文化产业振兴院 2000 年到 2001 年两年期间，成功运作“投资组合”17 项，共融资 2 073 亿韩元，其中政府资金约 350 亿韩元，民间资金约 1 723 亿韩元。其后，每年计划通过“投资组合”至少融资 1 000 亿韩元。截至 2002 年，文化产业振兴院通过国家预算拨款、投资组合和专项基金共融资文化产业发展经费5 000亿韩元，为文化创造和基础设施建设、营销和出口、人才培养各投入1 700亿、1 870亿和1 430亿韩元。

（2）为规划全国范围的文化产业的发展布局，韩国对文化产业的发展做出了总体规划和安排，合理组建布局文化产业群，形成全国文化产业链，优化资源配置，发挥规模优势，提升研发生产能力和文化产业整体实力。韩国政府计划在2001年至2010年的10年期间，全国共建10多个文化产业园区，10个传统文化产业园区，1～2个综合文化产业园区。园区建设方针是以地方政府为主，中央政府支持、动员民间参与。国家为文化产业园区各支持200亿韩元（在2～3年内分期拨款），传统文化产业园区各支持50亿韩元，综合文化产业园区各支持300亿韩元。以忠清北道为例，忠清北道历史上就是韩国的文化、教育和交通中心，古文明遗址甚多，历史文化条件优越。目前，韩国正努力把忠清北道建设成韩国广播公司历史剧制作外景基地。为此，忠清北道地方政府已经投入10多亿美元，用于开发建设文化产业相应设施及配套。

（3）政府出资举办各种文化活动。以釜山为例，为了巩固和扩大韩国电影影响力，釜山市政府协同电影界人士从1996年开始兴办釜山电影节。目前，釜山电影节已经成为亚洲最重要的电影节之一。通过电影节这一桥梁，大批韩国电影走上了国际展台，极大地促进了韩国电影对于国际市场的开拓。此外，政府出资还设立了各种奖项，来激励文化创新。2002年，国家设立“出口奖”，由文化观光部和文化产业振兴院负责评选。近年来，韩国政府尤其加大了对音响、游戏、动画、音乐等重大文化产业的奖励力度。“国务总理奖”为最高奖项，奖金1 000万韩元；“文化观光部长官奖”奖金500万韩元；“特别奖”奖金300万韩元。2003年，韩国政府把“大奖”升格为“总统奖”，提升了奖项的权威性。

（4）投入巨资建设文化人才培养机制。韩国政府教育投资强度是世界上最高的国家之一，其教育投资一般占政府整个预算的1/5以上。文化产业是一个不断创新、不断与高科技紧密融合的产业，其成功的关键在于生产出丰富多彩、可满足各层次消费者需求的高质量文化产品，而在这个过程中，文化人才发挥着最为重要的作用，是主要创意的核心源泉。因此，人才储备是否充足关系到文化产业能否持续发展。韩国政府始终重视人才培养在文化产业发展中的重要作用，并采取了一系列措施，增加文化人才供给。第一，加强院校培养。近年来，新建汉城游戏学院、全州文化产业大学、清江文化产业大学、大邱文化开发中心、网络信息学院和传统文化学校等。在一些大学开设了文化产业相关专业共80余种，目前在校学生5 000多人。汉城游戏学院2000年招收的第一批48名游戏开发专业学生已于2002年毕业，在游戏产业中已经大显身手。另外，针对文化产业创作、企划、市场开发人才短缺这一紧迫问题，韩国政府2000～2005年共投入2 000多亿韩元，抓紧培养复合型人才。第二，利用网络及多类型教育机构培养相关人才。韩国政府不仅在正规院校专业设置上进行引导、支持，还注重利用现代技术和多种灵活教育方式来培养文化人才。自2003年，韩国开展文化产业网络教学，由文化产业研究开发中心负责，产、学、研联合办学培养特殊专业的教授级人才。此外，还发挥非高校教育机构作用，丰富补充教育培训工作，加强专业资格培训，如委托院校和企业开展文化产业从业人员资格培训等。例如，韩国政府在2003年新增了游戏专家资格培训，取得高级游戏专家资格证人员可以享受一定的便利和优惠。第三，加强国际人才交流与合作。由于文化产业具有多元性，因此文化产品出口到其他国家，必须充分了解该国文化背景与偏好。韩国文化产品主要出口国为美国、中国、日本等。因此，韩国政府出资选派相关人员到美国、中国、日本等国家进行实地学习交流。2002年，韩国分两批共派出180人出国学习，其中培养CEO、中层管理人员、业务人员各60名。政府为每人补贴6 100美元。第四，对学生的文化创作活动给予资金支持。韩国信息产业部投资3.9亿韩元，开展“支持大学游戏爱好者社团工程”，向33所大学的41个优秀游戏爱好者社团提供资金支持和技术指导。此外，为了帮助电影学院学生独立进行电影制作、导演，拍摄试验短片、纪录片和艺术电影，韩国政府通过电影振兴委员会向从事上述活动的学生提供辅助金，最高额度可达4亿韩元或制作费的30%，这些资金无任何附加条件，更无需归还。目的在于为年轻电影人创造成长条件。从实际效果看，电影辅助金制度对于韩国电影的良性发展起到了非常重要的作用，为青年才俊成长创造了条件。

（七）其他国家对文化产业发展的财税支持政策

除上述几个代表性国家外，爱尔兰、意大利、加拿大等国也十分注重扶植文化产业，均根据本国实际情况制定了相应的财税支持政策。

1. 爱尔兰对文化产业的相关税收支持政策概述

其一，爱尔兰政府规定，从事经过认定的有文化价值和艺术价值的创意性和原创性工作，每年收入低于25万爱尔兰镑的艺术家免税，当收入超过该数额时，总收入的50%享受免税。创意性和原创性工作被定义为通过创意者想象，首次把独立产品呈现出来。可以获得税收减免领域的基本范围是：包括非小说在内的书籍或者其他形式的写作、戏剧、音乐创作、绘画或其他图片和雕塑。解释性艺术家，如舞蹈者、演员、演奏者没有资格获得税收减免，从事广告创意的艺术家也没有资格获得税收减免。获得税收减免的艺术家，必须是爱尔兰居民或是长期居住在爱尔兰的艺术家。特例也可给予居住在国外的本国艺术家税收减免。其二，爱尔兰正常增值税税率为21%，但登记商人的销售艺术品收入和文化艺术展览门票收入则适用12.5%的增值税税率，并对书刊销售、展览出版物和戏剧演出免征增值税。此外，爱尔兰政府还规定，当给指定团体捐赠价值在约76 000爱尔兰镑到300万爱尔兰镑之间的艺术品时，捐赠人可以按其价值支付所得税、公司税和资本利得税。如果某艺术作品在公共场所展览7年以上，则可以免征该艺术品的销售税和遗产税。

2. 意大利对文化产业税收支持政策概述

1982年意大利立法规定，个人和企业在重建纪念碑、修复艺术作品和组织展览上的开支可以税前扣除，且无数额限制。1985年，规定对戏剧、音乐、电影生产等的捐款可予以税前扣除，限额是收入的20%。与此同时，为了鼓励文化产品生产，意大利规定如果期刊主要内容为文化领域，则可获得税收优惠——图书和报纸的增值税税率为4%，广播、电视及电影门票收入的增值税减半征收，而意大利正常增值税税率为20%。

3. 加拿大对文化产业税收支持政策概述

为了提高本国文化产业竞争力，加拿大很多省对从事文化产业的企业和个人提供大量税收优惠政策。例如，安大略省规定，由加拿大公司出版的书籍，每本书可以抵扣其出版费用的30%，税收抵扣的限额是3万元；加拿大居民公司从事电脑动画和数字视频业时，可获得其人工开支20%的税收抵扣；从事电影和电视业时，可获得其人工开支20%的税收抵扣；从事文化产业服务业时，可获得其人工开支11%的税收抵扣；从事音像制品业时，其生产、制作和销售费用的20%可以抵扣所得税。此外，加拿大魁北克省还有一项持续很久的税收优惠法案，即对作家、艺术家、电影艺术家、音乐家、演奏者及任何生产有版权产品的个人给予税收优惠：对这些人2万加元以下的收入，可以获得1.5万加元的免税额，超过2万加元部分，每一个加元可以获得1.5加元的免税额，最高总免税额可达3万加元；允许艺术家将其收入的一部分延迟纳税，获得认定的艺术家的收入最高可以在7年内平均以减轻相关税负。

四、完善我国文化产业财税政策的思路

（一）完善我国文化产业财政政策的思路

公共财政是政府履行职能的物质基础。保障、促进和繁荣文化发展是公共财政的重要职责。长期以来，我国各级财政部门积极贯彻中央精神，加大支持力度，为文化改革与发展提供了强有力的保障。但是，财政“缺位”现象依然客

观存在，投入效率不高问题仍有待解决，尽管缘由是多方面的，但其中重要原因之一就是现行财政管理体制、财政投入模式与文化管理体制改革和文化发展形势的对接尚未彻底磨合。因此，面对新的形势、新的目标、新的任务和新的要求，在文化财政管理上，需要加快更新投入观念，明确投入责任，创新投入方式，加大投入力度。

1. 强化适合文化发展规律的投入保障机制

一方面，要切实提高公益性文化事业经费保障水平。对于图书馆、博物馆、文化馆（站、室）等公益性文化设施，提高财政补助标准定额，保障人员开支和日常运转，逐步降低一般服务性收费；同时，要增加专项投入，支持公益性文化设施的内容建设、功能建设和公共服务平台建设，不断提高服务质量水平。对于承担政治性、公益性任务的新闻媒体和重点艺术院团，要加大扶持力度，建立和完善激励机制，通过政府购买服务等方式，推进其内容和形式创新，增强文化产品的吸引力和影响力。中央财政将切实加大对国家级图书馆、博物馆和文艺院团等投入，使之成为代表国家形象、体现国家气派、展示国家水准的文化主体。

另一方面，要加快推动经营性文化单位转制为企业。经营性文化单位转企改制是按照市场经济规律办事的正确选择，体现了中央重塑文化市场主体的要求，符合文化产业发展的方向。因此，我们需要继续落实国发 105 号文件等政策规定，进一步完善相关财政支持政策，有计划、有步骤地推动经营性文化单位转企改制。重点要在收入分配、社会保障和人员安置等方面做出具体规定，支持相关单位做好人员安置分流和他们的社会保障工作。要借鉴经济体制改革和科技体制改革的经验和做法，通过加大政府扶持力度，保障平稳过渡，将其培育成新的文化市场主体。同时，加强转制过程中国有文化资产管理，明确出资人职责，做好资产授权经营工作。

此外，要以农村为重点，完善城乡公共文化服务体系。具体而言，要继续安排农村中央广播电视节目无线覆盖专项资金、全国文化信息资源共享工程专项资金、农村电影放映场次补贴、农家书屋专项资金、农村文化建设奖励资金和新增安排乡镇文化站设备购置专项资金等，进一步加大投入力度，完善资金分配办法，加快推进农村公共文化服务体系建设，更好地满足农民群众公共文化的基本需求。要完善农村文化建设“以奖代补”资金分配办法，对农村人口多、面积大、财政投入力度大、工作成绩突出的地方给予重点补助，支持地方发展特色文化，不断丰富农民精神文化生活。

2. 进一步明确中央地方支出责任，建立财政分级投入新机制

分税制改革以来，中央财政不断加大对地方的一般性转移支付力度，但受地方财力困难、对文化发展重视程度不够等因素影响，其用于文化的支出比重普遍偏低。同时，部分专项性转移支付缺乏明确和严格的事权依据，中央和地方财政职责不清，专项资金支持重点不突出，使用效益不高。因此，必须根据文化发展的特点和规律，合理划分中央、地方财政投入责任，做到事权与财力相匹配、权力与责任相统一。例如，加强文化遗产保护、维护国家文化安全、促进中华文化走出去等涉及国家和民族全局性利益的事项，中央财政应切实承担起主要投入责任，要打破行政级次划分，按照文化遗产保护和传播的重要程度科学界定分级。中央财政要进一步加大投入力度，引导和带动地方财政相应增加投入。公共文化服务体系建设是满足人民群众基本文化服务需求的重要基础，要充分发挥中央政府的宏观调控作用。以中央为主导，合理确定中央、地方对重大公共文化服务体系建设的分担比例，支持建设覆盖全社会的公共文化设施支撑体系，健全公共文化服务网络。中央财政重点对中西部困难地区和农村地区予以补助，以促进文化产业区域发展均衡。支持发展地方特色文化则应由地方财政承担主要责任，中央财政可以通过“以奖代补”等方式，对投入力度大、工作取得明显成效的地方予以重点扶持。

3. 改变传统财政直投方式，建立多元化文化投入新模式

国家对于文化的资助方式应逐步由传统的财政直接资助向多元化的混合资助方式发展。由于政府支持无法满足文化发展的全部需要，因此，财政与其他相关政策应致力于创造文化艺术能够得到最大限度支持的环境。在财政资源有限而文化需求无限的情况下，财政投入文化的重点应用于保障国家治理需要、体现民族历史与文化记忆、满足人民群众基本文化权益的公共文化产品和服务需求。同时，借助财政资金引导，通过完善财税政策等建立起多渠道的社会投入机制，鼓励个体、企业和社会各界兴办文化事业和文化产业，引导和带动全社会共同支持文化改革与发展。为激发全民族的文化创造活力，推动文化创新和内容建设，必须逐步改变目前政府办文化、政府定项目，财政资金只能在文化系统“体制内”分配使用的单一模式，要借鉴国外经验和自然科学、社会科学基金制管理模式，条件成熟时，探索设立国家文化发展基金，面向全社会文化机构和个人，通过项目申报、专家评审和社会公示制度等，提高财政资金分配使用的透明度和覆盖面，并接受社会捐赠，为社会资金资助文化发展提供新的平台，以最大限度扩大整合资源的范围与力度。

（二）完善我国文化产业税收政策的思路

借鉴国际经验教训，我国完善文化产业税收政策基本思路应该包括：保持现有税收优惠政策，适当降低或减免文化产品的货物和劳务税，鼓励文化产业从业者的创新活动；鼓励文化产品知识产权转让；选择一些地区或者行业实行促进文化产业发展的特殊优惠税收政策，并根据文化产业发展特点，实现税收优惠方式多样化。

（1）适当减免文化产品货物和劳务税。包括：进一步降低图书、报纸、杂志、音像制品销售的增值税税率，或比照软件企业，按销售收入全额课征3%的增值税，以减轻人力资本和无形资产投入中所含增值税不能抵扣的问题；对涉及创意性文化作品的版权、使用权等知识产权转让收入免征营业税；对电影、广播、电视等行业收入的增值税和营业税减半征收。

（2）扩大转制企业享有优惠政策的适用范围，使其适用于社会所有文化企业，以体现社会公平，鼓励社会资本投资文化产业。建议对所有新办文化企业从获利年度算起，实行2年免税，3年减半征收。对于所有文化企业用于知识产权开发的费用可以在税前加计扣除，以起到促进文化产业发展的作用。

（3）对作家、画家、电影导演、编剧等文化产业从业者取得的收入，比照稿酬收入减征应纳个人所得税额的30%，允许此类文化从业者的收入在2年内平均。对于个人版权、使用权等知识产权转让收入免征营业税和个人所得税。

（4）建立文化产业园区，并对园区内文化企业、文化从业者减免企业所得税和个人所得税。一是选择一些文化沉淀较深、有一定文化基础的地区。在世界文化遗产所在地、传统文化区建立文化产业园区。二是在较大城市的周边，如北京附近、上海附近等有一定文化产业基础的地区建立文化产业园区。三是在一些大城市废弃的工业区，并且文化产业已经形成一定规模的区域，作为振兴区域经济发展的一种方式。同时，在批准的文化产业园区给地方政府地方税种减免权限，调动地方政府积极性，促进文化产业发展。

（5）重点扶持能提升国家形象、带动经济发展、提高全民文化素质的文化产业发展。建议将电影、电视制作、音乐、报纸、刊物和图书等产业直接按高新技术企业对待，适用15%的企业所得税税率，对于其固定资产投资可采取加计扣除的优惠政策，或是按投资额的20%进行税收抵扣。对于所有文化企业用于知识产权开发的费用可按150%税前加计扣除。对于上述文化产品出口企业除给予足额退税，还可考虑对出口部分的收入免征企业所得税。

（6）鼓励个人和企业投资文化基础设施和文化产业。对于个人和企业投资博物馆、展览馆、修复古建筑、电影、电视等，可以按投资额20%的比例给予税收抵扣。

第三章
文化创意产品国内消费需求及国外消费需求的研究

创意产业是人们需求结构从低层次向高层次发展，即从物质需求向精神需求转移过程中，从制造业与服务业中将服务于人们精神层面的产业分离、组合而形成的新型产业。由于产业的兴起较晚，因此，发展新兴产业对于发达国家和发展中国家都是具有挑战性的课题。

创意产业发展战略研究重要内容之一是产业发展战略重心和实现产业战略目标的基本路径。创意产业发展最终目标是“满足人民群众日益增长的精神文化需求”，文化创意产业属于典型的需求拉动的产业，其产品的消费具有典型的高收入弹性性质。无论国际，还是国内，消费者对创意产品的需求有其自身规律，受到收入水平、文化习俗、消费者偏好等各方面影响。在经济发展中，国内消费与国外消费是两个重要的因素，涉及国内国际两个市场。而文化创意产业发展同样需要国内、国际市场支撑，若缺乏强劲内需与外需，文化创意产业就缺乏存在的基础。

判断我国政府大力推动文化创意产业能否顺利进行，对需求问题的研究不可回避。需求研究是本报告研究其他问题的重要基础。报告下述部分将先就国内需求状况做概要分析，后从进出口角度对国外需求和我国居民对外国创意产品需求进行概要梳理，以求得出客观结论。

一、基于文化创意产品需求现状与变化的分析

文化产业发展取决于供给和消费的相互作用。自冷战结束以后，全球经济迅猛发展，经济全球化在客观上促进了全球各类资源的自由流动，极大地提高了全球资源配置效率。经济社会的不断发展使人们的福利水平有了显著提高。对我国而言，经济发展成就尤其显著，表现在：技术进步提高了社会整体生产效率，使人们享受的闲暇时间大大增加；收入水平的提高改变了大众的消费结构，消费需

求不断从满足人们物质消费转向满足人们的精神消费。上述变化使人们对文化创意产品与服务需求快速增加，不断带动了世界与我国文化创意产业的发展，形成消费驱动的经济发展模式。然而，我国居民目前对文化创意产品的需求究竟如何依然需要深入探讨。

本章将分析我国居民对文化创意产品的需求现状与发展趋势，主要以北京市为例研究在中国文化之都的北京市民对文化创意产品的需求如何，并选取大学生——中国文化创意产品未来消费的主力群体，对该人群消费意愿进行具体研究。

（一）我国居民对文化创意产品的需求现状

1. 总量分析

分析我国居民文化创意产品需求现状，主要从当前（2008 年）国内居民的消费总量和人均消费支出数据入手，分析数据援引《中国统计年鉴 2009》。表 3－1 是 2008 年我国城镇居民及农村家庭平均每人消费性支出和用于教育文化娱乐产品与服务方面的支出。由于统计数据口径原因，农村居民文化娱乐产品服务的支出放在与教育同一项下，对城镇居民文化娱乐消费则有分类数据，因此本文参照城镇居民文化娱乐消费占教育文化娱乐消费 54.19% 的比重，粗略估计农村居民文化娱乐消费占该项支出的 50%，由此计算得出 2008 年我国居民文化娱乐消费总量为 5 600.07 亿元，占当年全国消费总支出的 5.92%。城镇居民在文化娱乐产品与服务方面的支出是农村居民的近 4 倍。北京市城乡居民文化娱乐消费总量为 170.85 亿元，占当年消费支出总额的 8.49%。

表 3－1　2008 年我国城镇与农村消费性支出与文化娱乐产品服务家庭人均支出与总量

项　　目	城镇总平均数（元）	城镇总支出（亿）	农村总平均（元）	农村总支出（亿）	总计（2＋4）（亿）	北京市城乡居民总平均（元）	北京市城乡居民总支出（亿）
消费性支出	11 242.85	68 206.99	3 660.68	26 406.32	94 613.31	11 872.46	2 012.38
教育文化娱乐产品与服务	1 358.26	8 240.16	314.53	2 268.86	10 473.02	1 633.44	276.79
文化娱乐产品与服务	736.09	4 465.64	157.265	1 134.43	5 600.07	1 007.99	170.85

数据来源：根据 2009 年统计年鉴数据计算

2. 个人消费分析

从文化娱乐产品与服务居民个人消费情况看，城镇居民收入水平不同使消费者之间消费性支出和教育文化娱乐支出方面显示出不同的结构，显而易见的结果是随着家庭收入水平的提高，人们的消费性支出也在不断提高，而且教育文化娱乐支出占消费性支出的比例也在不断提高，最高收入户比最低收入户教育文化娱乐支出占消费性支出的比例高出5.31%（表3－2，图3－1）。

表3－2　2008年城镇居民家庭平均每人全年消费性支出及教育文化娱乐支出　单位：元

项　　目	总平均	最低收入户（10%）	低收入户（10%）	中等偏下户（20%）	中等收入户（20%）	中等偏上户（20%）	高收入户（10%）	最高收入户（10%）
消费性支出	11 242.85	4 532.88	6 195.32	7 993.67	10 344.7	13 316.63	17 888.18	26 982.13
教育文化娱乐	1 358.20	424.20	594.68	851.83	1 171.44	1 630.13	2 297.17	3 959.34

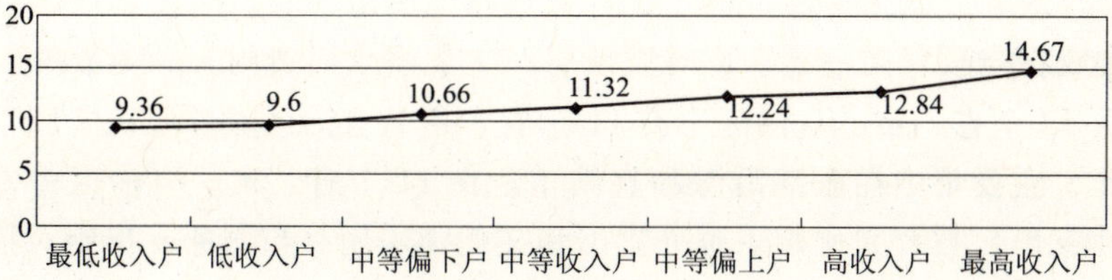

图3－1　2008年城镇居民家庭平均每人全年教育文化娱乐消费占总消费支出比重（%）

农村家庭消费性支出及在教育文化娱乐方面的支出与城镇居民相同的一点是随着收入水平的提高，两项支出都在不断提高，并且教育文化娱乐占消费性支出的比重也在提高。但是，有一现状非常值得重视，无论从绝对量还是相对量，农村居民消费都大大低于城镇居民，农村居民高收入户在文教娱乐方面的支出只略高于低收入城镇居民的支出，是城镇居民中最高收入家庭人均的18.42%（表3－3、图3－2）。这表明城乡之间差距依然巨大，经济发展不平衡现象十分突出。

此外，上述结果进一步证实文教娱乐用品与服务属于高收入弹性消费品，居民在满足了衣食住行需求后才去考虑其他需求，如教育文化娱乐需求。但从另一个角度讲，即使是最贫困的家庭也要有一定的精神文化消费需求，因此，需要进一步加大大众基本生活水平，而且提供不同价格和档次的文化娱乐产品，只有这样才能满足不同层次居民的需求，为文化产业相关市场的培育与发展起到促进作用。

表 3-3　2008 年农村居民家庭平均每人生活消费支出及教育文化娱乐用品与服务支出情况　单位：元

项　目	低收入户	中低收入户	中等收入户	中高收入户	高收入户
生活消费总支出	2 144.78	2 652.77	3 286.44	4 191.25	6 853.69
文教娱乐用品及服务支出	147.00	194.58	277.07	383.47	662.17

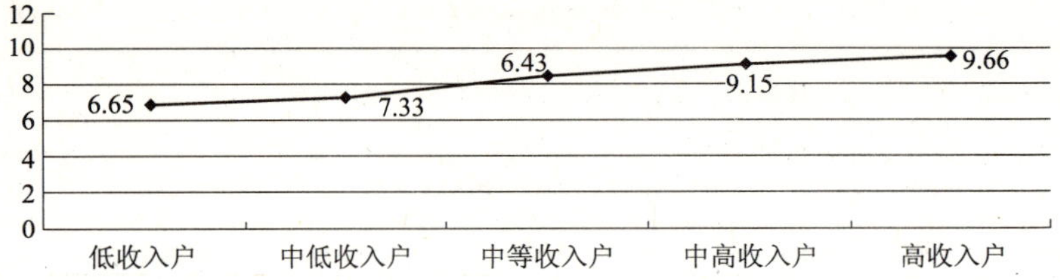

图 3-2　2008 年按收入五等份分统计农村居民家庭平均每人文教娱乐用品及服务占生活总消费支出比例（%）

3. 区域分析

我国 32 个省、市、自治区中有 11 个省、市、自治区城镇居民家庭平均消费超过万元，主要集中在东部沿海和直辖市。在 11 个省、市、自治区中，上海市在消费性支出、教育文化娱乐服务支出和文化娱乐用品与服务支出绝对值上都名列榜首，但是从文化娱乐用品与服务占消费性支出比重和文化娱乐用品与服务占教育文化娱乐比重两个相对量看，则北京名列前茅。大多数省市自治区文化娱乐用品与服务占消费性支出比重都在 6% ~8% 之间，而北京居民有近 10% 用于文化娱乐消费，辽宁最低为 4.23%。在教育和文化娱乐两项支出中，文化娱乐用品与服务占教育文化娱乐比重超过 50% 的省、市、自治区有 9 个，北京文化娱乐用品与服务占教育文化娱乐比重更是高达 66.05%，辽宁最低为 41.49%。

在表 3-4 中，江苏和内蒙古的消费性支出分别名列第 7 和第 11 位，但是他们文化娱乐用品与服务支出占消费性支出比例却分别名列第 3 和第 5 位，特别是内蒙古自治区在文化娱乐用品与服务占教育文化娱乐比重排名中位列第 4，超出许多发达省市，显示出地区、民族偏好对该地区消费的影响与作用。

表 3-4　2008 年城镇居民家庭平均每人全年消费性支出过万元省市的文化娱乐用品与服务支出情况

地　区	消费性支出	教育文化娱乐服务	文化娱乐用品与服务	文化娱乐用品与服务占消费性支出比重	文化娱乐用品与服务占教育文化娱乐比重
全国	11 242.85	1 358.26	736.09	6.55	54.19

续表

地　区	消费性支出	教育文化娱乐服务	文化娱乐用品与服务	文化娱乐用品与服务占消费性支出比重	文化娱乐用品与服务占教育文化娱乐比重
上海	19 397.89	2 874.54	1 708.58	8.81	59.44
北京	16 460.26	2 383.52	1 574.28	9.56	66.05
广东	15 527.97	1 936.38	1 215.80	7.83	62.79
浙江	15 158.30	2 195.58	1 017.03	6.71	46.32
天津	13 422.47	1 608.97	893.73	6.66	55.55
福建	12 501.12	1 453.18	766.83	6.13	52.77
江苏	11 977.55	1 799.75	1 048.78	8.75	58.27
辽宁	11 231.48	1 145.46	475.33	4.23	41.49
重庆	11 146.80	1 267.03	730.60	6.55	57.66
山东	11 006.61	1 277.43	697.33	6.34	54.59
内蒙古	10 828.62	1 383.53	815.18	7.53	58.92

表3－5是全国农村居民家庭人均生活消费支出排列前11位的省市自治区。表3－5上榜省市与表3－4基本趋同，仍以发达省市为主，但在文教娱乐用品及服务占生活消费支出比重排列上，黑龙江与辽宁分别名列第3和第5，这与表3－4的情况有所不同，较出乎意料的是广东农村居民的情况，它在这一项的比例排位最低，只有5.6%。从广东农村居民的支出结构看，他们用于食品方面的开支较大，占生活消费支出的49%，均高于表3－5中的省市，这些内容表明不同省份农村文化消费与全省整体发展水平并非完全一致，省内文化消费均衡状态不尽相同。

表3－5　2008年全国农村居民家庭平均每人生活消费支出前11位省市和文教娱乐用品和服务消费概况

地　区	生活消费支出合计	文教娱乐用品及服务	文教娱乐用品及服务占生活消费支出比重
全国	3 660.68	314.53	8.59
上海	9 119.67	855.30	9.38
浙江	7 534.09	747.00	9.91
北京	7 284.65	883.35	12.13
江苏	5 328.37	713.23	13.39

续表

地　　区	生活消费支出合计	文教娱乐用品及服务	文教娱乐用品及服务占生活消费支出比重
广东	4 872.46	272.87	5.60
福建	4 661.94	390.15	8.37
山东	4 077.05	417.27	10.23
黑龙江	3 844.73	437.57	11.38
天津	3 825.43	324.47	8.48
辽宁	3 814.03	387.97	10.17
湖南	3 804.97	278.67	7.32

从对我国居民文化娱乐消费现状的分析可以看出，文化娱乐消费在我国居民生活消费支出中所占比重较小，全国城镇居民平均为6.55%，即使在中国最高消费地区城镇居民平均也不过在7.19%。我国人均文化娱乐消费占2008年我国人均GDP的比重则更低，只有3.94%。

作为中国文化的中心，北京市在居民文化消费上的支出高于国内其他地区，重要原因之一是北京市居民收入水平处于全国前列，而且随着收入水平提高，北京市人均文化娱乐支出也在提高，见图3－3，此外也与北京市居民的文化素质，特别是与所拥有的丰富的文化资源有密切关系。

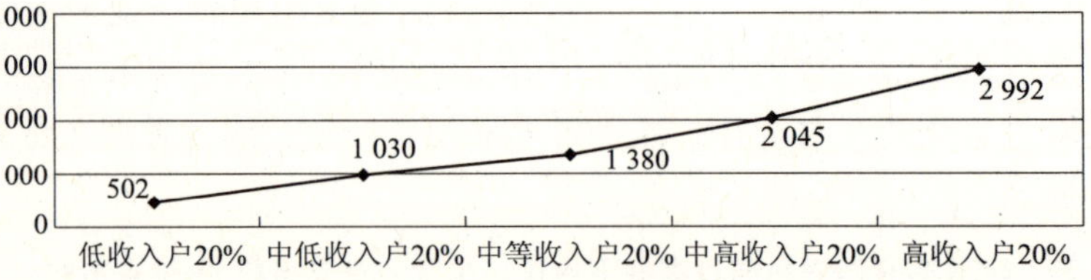

图3－3　2008年北京市5 000户城镇居民家庭平均每人年文化娱乐商品和服务支出（元）

（二）我国居民文化创意产品需求动态的趋势分析

分析我国居民文化创意产品需求，不仅涉及静态需求，而且需要研究其需求变化趋势，进而总结居民消费需求长期变化总体特征和特定时间段中人们需求取向趋势。在研究特定周期我国消费者对文化创意产品与服务的需求变化时，我国居民家庭恩格尔系数的变化研究不可或缺，是展开研究的基础数据。我国居民家庭恩格尔系数变化见图 3 －4。

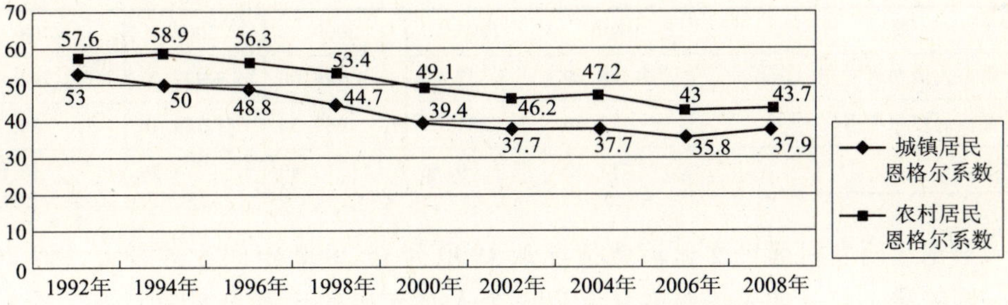

图 3 －4　我国居民家庭恩格尔系数变化趋势（%）

图 3 －4 我国居民恩格尔系数变化趋势表明，从 1990 年开始，我国城镇居民和农村居民的恩格尔系数都在稳步下降。2000 年，我国城镇居民来恩格尔系数出现突破，这一年城镇居民的恩格尔系数下降至 40% 以下，我国城镇居民消费结构达到根据联合国粮农组织提出的富裕国家标准（30% ～39%），农村居民的恩格尔系数在 2000 年下降至 50% 以下，达到小康标准（40% ～49%）。在此全国背景下，2008 年北京市恩格尔系数平均为 33.8，低于全国 4.1 个百分点。图 3 －5 显示 2008 年北京市城镇居民不同收入水平家庭恩格尔系数情况。

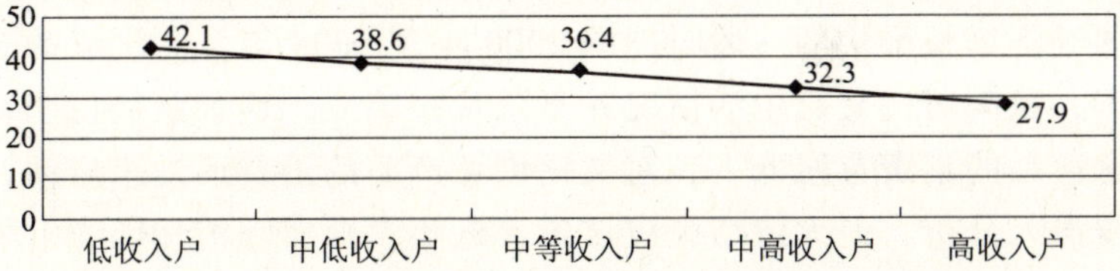

图 3 －5　2008 年北京市 5 000 户城镇居民家庭恩格尔系数（%）

城乡居民恩格尔系数分别达到富裕和小康水平，确认我国居民用于食品以外的其他消费逐步提高。国际研究统计认为，如果人均 GDP 达到 1 600 美元水平，恩格尔系数达到富裕标准，文化需求在个人消费中应占 20% 左右。

下面就我国具体情况做一简要分析。表 3 －6、表 3 －7 是我国城乡居民个人消费情况动态数据。两个表格中统计数据是教育与文化娱乐消费，较为突出的情况是城镇居民个人消费支出中，即使两项内容混合计算，所占比重都低于 20%，并且在过去 20 年间，城镇居民教育文化娱乐消费没有发生显著变化。参照前文统计，城镇居民文化娱乐消费占两项统计的 54.2% 计算，过去 20 年间城镇居民的文化娱乐消费比重从未超过 7.23%，同时近两年相关比例还在下降。

表 3-6　城镇居民平均每人消费性支出及教育文化娱乐服务占比变化趋势

项　目	1990	1995	2000	2007	2008
平均每人消费性支出（元）	1 278.89	3 537.57	4 998.00	9 997.47	11 242.85
教育文化娱乐服务	112.26	331.01	669.58	1 329.16	1 358.26
占比	11.12	9.36	13.40	13.29	12.08

数据表明农村居民文化消费情况从1990年至2000年间改善较大，但2000年，则停滞不前。如果按照教育支出占个人总支出的比例为50%计算，农村居民的文化娱乐消费在2000年以前不超过4%，2000年后不超过6%，显然需尽快改善。

表 3-7　农村居民家庭平均每人生活消费支出构成　单位：%

项　目	1990	1995	2000	2007	2008
生活消费总支出	100.00	100.00	100.00	100.00	100.00
文教娱乐用品及服务占比	5.37	7.81	11.18	11.56	9.48

以上分析得出结论如下：第一，相对于我国不断提高的人均消费水平和不断改善的恩格尔系数看，我国居民对于文化创意产品消费的比例仍然较低，亟需改善，在中国经济增长最快的一段时期的2000年到2008年，文化消费支出处于长期徘徊状态，我国居民文化生活情况并不乐观；第二，这种趋势说明，我国居民对文化创意产品的消费意愿低下，对文化创意产品的消费还远未启动，其中原因需要进一步深入分析，但大致结论应该包含近年大众实际消费能力下降与文化消费价格水平上升等原因。

北京市在文化娱乐消费总量上高于全国的水平，但从文化娱乐消费占GDP的比重看，北京市人均文化娱乐消费占GDP的比重却大大低于全国平均水平。具体看，2008年我国人均文化娱乐消费占人均GDP比重为3.94%，而文化娱乐消费只占人均GDP的1.6%。北京市人均消费大大低于全国水平，主要原因在于北京市的人均GDP虽然大大高于全国，但普通居民承受其他消费压力同样较大，同时，还有可能在于价格较高的文化消费产品与服务令大众难于接受，或者是对现有文化消费品与服务的认同度较低。总之，北京市居民文化创意产品消费情况并不理想，但仍有很大潜力。

以上研究结论主要源于对客观数据的分析，对于文化创意产品消费意愿低下的原因依然有待深入研究，特别是消费者对文化创意产品消费意愿的研究。未来这些研究应建立在抽样调查数据基础上。

（三）对我国居民文化创意产品消费意愿的实证研究——以大学生为样本

不同文化创意产品表达不同文化内涵，直接影响特定人群的消费意愿。同时，特定人群的消费意愿也可在一定程度上反映文化消费市场的发育程度。

下述研究就是以大学生为特定人群所进行的分析。整体而言，大学生群体接受教育程度较高，对文化创意产品认知度和欣赏能力较有潜质，消费能力处于快速上升的潜伏期，是未来文化创意产品消费的主流人群。

本研究首先选择图书为文化消费品调查品种。原因在于书籍是大学生最有支付能力，也是最常接触的文化消费品。同时本研究还选取服装和餐饮消费以作对比研究。研究数据通过在三省五所高校在校大学生开展问卷调查方式获取，调查时间为 2009 年。五所大学为杭州师范大学、杭州电子科技大学、浙江理工大学、河北理工大学和山东大学威海分校。共发放问卷 750 份，收回有效问卷 701 份，有效率为 93.5%。杭州师范大学有效回收问卷 47 份，杭州电子科技大学有效回收 308 份，浙江理工大学有效回收 104 份，河北理工大学有效回收 117 份，山东大学威海分校有效回收 125 份。

问卷结构包括选择题、排序题、填空题。内容涉及在校大学生月消费状况，对图书类、服装类、餐饮类消费的选择偏好，外出用餐的动因与选择的付款方式，影响图书与服装选择的因素。

1. 大学生月生活费需求与现状

在涉及调查的三省五校中，大学生月生活费基本在 500 ~ 1 000 元之间。浙江省三所高校——杭州师范大学、杭州电子科技大学、浙江理工大学问卷反馈数据基本一致，因此，本研究在进行分析时将浙江三所大学视为一个整体数据进行分析比较（如表 3 - 8、3 - 9 所示）。

表 3 - 8　　大学生月生活费用调查统计表

选项 学校	500 元以下	500 ~ 1 000 元	1 000 ~ 1 500 元	1 500 ~ 2 000 元	2 000 元以上	不定，需要时向父母要
浙江省三所高校	7.0%	67.8%	14.4%	2.0%	0.2%	8.7%
河北理工大学	27.4%	44.4%	16.2%	4.3%	4.3%	3.4%
山东大学威海分校	38.4%	53.6%	4.0%	0%	0%	4.0%
平均比例	16.0%	61.3%	12.8%	2.0%	0.9%	7.0%

注：表中数据为不同消费区间学生人数占本校调查总人数的比例。

表 3-9　　大学生期望月生活费用百分比分布表

学校＼选项	500 元以下	500~1 000 元	1 000~1 500 元	1 500~2 000 元	2 000 元以上
浙江省三所高校	6.1%	58.4%	21.1%	4.4%	10.0%
河北理工大学	14.5%	42.7%	17.1%	7.7%	17.9%
山东大学威海分校	29.6%	45.6%	9.6%	1.6%	13.6%
平均比例	11.7%	53.5%	18.4%	4.4%	12.0%

注：表中数据为不同期望区间人数占被调查总人数比例。

表 3-8 和表 3-9 数据表明，目前大学生月生活费基本集中在 500~1 000 元之间，多数学生基本接受消费水平，有接近 10% 的学生明确期望更高月生活费，三省五校间数据重要特点之一是浙江高校学生月消费 500 元以下比例最低，不到山东大学生相应比例的五分之一，在 1 000 元以上的消费档次中，浙江三校与河北理工所占的比例均高于山东大学。基本判断是浙江地区的在校大学生消费能力与消费意愿均高于其他两地。

2. 对图书、餐饮、服装三类消费的比较

为了了解当代大学生对于图书、餐饮、服装三类消费的支出状况，在调查问卷中将其归为排序题，让大学生按月支出金额数量由高到低依次排列三类消费。为便于统计，将排序第一位的项目记为“1”，排序第三位的项目记为“-1”，加总得到统计结果，如表 3-10 所示。

表 3-10　　大学生对图书、餐饮、服装三项消费额排序统计

选项＼学校	杭州师范大学	杭州电子科技大学	浙江理工大学	排序（浙江）	河北理工大学	排序	山东大学威海分校	排序
图书类	-30	-201	-66	第 3 位	-29	第 3 位	-76	第 3 位
餐饮类	36	226	91	第 1 位	83	第 1 位	106	第 1 位
服装类	-6	-25	-25	第 2 位	-4	第 2 位	-30	第 2 位
受调查人数	47	308	104	—	117	—	125	—

表 3-10 显示，五所高校的统计结果基本一致，在月生活费用途中，在校大学生对餐饮类消费的支出额最高，占据绝对优势。相反，对于图书类产品的消费份额最低。在问卷调查中笔者还了解到，半数以上的在校大学生月购书款为零。其原因既有高校内部图书资源不断改善的影响，也有学生消费意愿的影响，究竟

哪方因素影响较强仍需进一步研究。

3. 大学生购书偏好分析

从表3－10统计结果中发现，调查涉及大学生群体图书支出额极其有限，但这并不能完全确定大学生读书兴趣和购书意愿情况，下面对大学生购书现状及持有心态做一简要分析（见表3－11）。

表3－11　　　　大学生购书偏好调查表

选项＼学校	杭州师范大学	杭州电子科技大学	浙江理工大学	河北理工大学	山东大学威海分校	平均比例
教学参考书、考试用书	25.3%	39.2%	26.8%	21.5%	30.7%	32.9%
报刊杂志	22.8%	17.2%	16.8%	12.4%	20.5%	17.4%
网络图书、电子书	3.8%	4.2%	6.7%	6.2%	2.4%	4.5%
（其他）课外书籍	15.2%	10.7%	11.4%	20.9%	15.6%	13.4%
我一般只从图书馆借书	13.9%	17.2%	13.4%	20.3%	19.0%	17.3%
我几乎不买书	19.0%	11.4%	24.8%	18.6%	11.7%	14.6%

注：表中数据为购买不同书籍人数占调查人数百分比。

表3－11统计结果表明，30%左右的受调查学生把有限的图书消费投资在教学用书或考试用书上；图书零消费群体一般选择从图书馆借阅，平均有14.6%的学生选择了不购书，其中浙江理工大学的这一数据占到了24.8%。由此看出，大学生对图书的购买兴趣不强，该人群图书类消费意愿较低。

4. 大学生月餐饮类消费状况分析

从表3－11中了解到，目前在校大学生餐饮类消费占其月生活费较大份额。值得强调的是，本文调研统计的“餐饮类消费”是指基本伙食费以外发生的额外费用，主要包括外出聚餐、零食花销等。表3－12显示，目前大学生外出用餐主要意图集中在朋友往来。五所大学显示数据大致相同，情侣约会和家庭聚餐居次要地位。

表3－12　　　　大学生外出用餐动因调查表

选项＼学校	杭州师范大学	杭州电子科技大学	浙江理工大学	河北理工大学	山东大学威海分校	平均比例
家庭聚餐	9.6%	6.5%	2.6%	6.3%	3.2%	5.6%
好友庆生	22.9%	23.5%	26.1%	34.4%	26.8%	26.5%

续表

选项 \ 学校	杭州师范大学	杭州电子科技大学	浙江理工大学	河北理工大学	山东大学威海分校	平均比例
同学聚会	41.0%	50.1%	56.2%	39.8%	50.5%	48.4%
情侣约会	10.8%	12.0%	9.2%	14.0%	15.8%	12.6%
其他	15.7%	7.9%	5.9%	5.4%	3.7%	7.0%

注：表中数据为各类动因人数占调查人数比例。

5. 大学生消费选择偏好成因分析

消费偏好是指消费者对其所消费商品和劳务的爱好胜过其他商品或劳务的状态，又称“消费者嗜好”。它是消费者对商品或劳务优劣所产生的主观感觉或评价。偏好受文化因素、经济因素和社会因素等多种因素影响。偏好重要性在于偏好的有序化，即消费者对商品喜好程度是有顺序的，偏好有序化具有偏好公理中所规定的行为公理，直接影响人们的消费行为。本文通过大学生对餐饮类消费、服装类消费、图书类消费三项消费选择得出结论如下：

（1）重人际餐饮类消费，轻图书知识类消费。调查问卷中对图书类、餐饮类、服装类三项消费排序表明，大学生对额外饮食支出热情远高于购买图书热情。当代大学生普遍认同同学、朋友和师生交往以及恋爱等活动离不开必要的消费活动，首选有效、便捷和受欢迎较高的活动是聚餐聚会。

额外餐饮类支出普遍升高表明了餐饮在大学生交际手段中的重要地位与作用。作为最有活力的社会群体，大学生有强烈的交往、归属和爱的需要，如需要朋友，渴望与他人建立感情联系，希望在团体中有自己一席之地，积极寻求社会认同感、群体归属感等。这种需要促使当代大学生积极地通过物质和精神手段强化与外界联系，形成了大学生交际性消费。然而由于资源稀缺性，如果个人对交际需求增大，则留给读书看报的时间和费用就减少了，对图书的需求也会降温，因而也就出现了图书类开销占生活费比例较低的状况。当然，除此原因外，个人的性格特质、价值观，甚至是周围群体偏好也会影响消费者选择偏好。

调查发现，14.6%受调查大学生表明自己从来不买书，有的大学甚至高达25%。当然并不排除有些学生在图书馆借阅读书，但是图书类与餐饮类、服装类消费份额相比，差距悬殊。从学生购买图书的种类来说，多集中在教学参考书和考试用书，综合知识类图书并未得到重视。

初步分析当代大学生轻图书类消费情况，原因如下：一是高年级大学生更侧重使用学校图书馆等教育资源；二是掌上电脑、MP4、iPod、手机等电子产品越来越发达，直接造成网络书籍、电子杂志的普及；三是校园文化的多样化导致学生生活的复杂和分化，大部分学生都“没有多余精力”用于阅读。

（2）发展性服装类消费备受青睐。发展消费即指大学生用于自身成长，以发展为目的的支出，包括表现性消费和提升性消费，前者诸如追逐名牌等力图提高自身地位的消费，后者包括参加课外培训、考取证书等内容。当服装类消费需求超越维持自身基本需求，而是为了满足自我体现欲望时，服装类消费也就从基础消费范畴转移到发展性消费项目下。调查问卷显示有50%以上的女生在对图书、餐饮、服装三类消费排序题中将服装类消费列于首位。本次调查中，服装类消费仅次于餐饮类消费，在大学生月开支中占绝对份额。

（3）从众现象。大学生消费行为在群体引力下容易形成从众行为。从众是一种比较普遍的社会心理和行为现象。通俗地解释就是“人云亦云”和“随大流”。具体到对服装消费上，一方面，大学生容易受到群体中流行的穿着影响，盲目跟风；另一方面，商业广告宣传正是利用人们从众心理，炒热自己商品，从而达到营销目的。在其他发展性消费项目中，从众心理也常有所表现，比如“考证热”、“考研热”和“培训热”等。

二、我国文化创意产品的进出口格局与趋势

近几年，文化创意产品和服务国际贸易迅猛发展，人们逐步认识到创意产品国际贸易规模和内需市场极具潜力，在新世纪中文化创意产业将成为充满活力高速发展的行业。

根据联合国贸发会议（UNCTAD）统计，1996年文化创意产品和服务出口总值为2 274亿美元，2005年则达到4 244亿美元（不包含知识产权贸易部分），增长了86.63%，占2005年世界贸易总量的3.4%。在2000年到2005年间，创意产业以年均8.7%的速度增长，这一增长趋势随着全球需求增长可能会持续10年左右的时间。

我国学者研究文化创意产品国际贸易问题时基本形成共识，即我国文化创意产品贸易逆差巨大，国际竞争力低下。然而，根据2008年联合国贸发会议《全球文化创意产业国际贸易发展报告》，中国已成为世界头号文化创意产品出口大国，“2005年中国以19.6%的世界市场份额成为引领世界创意产品出口增长的国家，充分说明了中国在创意产品的生产和贸易上的惊人增长速度和在该领域国际竞争力的提升。”

国内外对于我国文化创意产品国际贸易研究结论的巨大差异，主要源于不同

学者对文化创意产业范畴和贸易产品类别划分的理解不同。此外，还源于国际国内文化创意产品国际贸易准确权威统计数据的缺乏。国内学者引用数据来自各种零散渠道情况较多，相互引用情况较多。比较缺乏全面可靠的国际范畴横向比较。

2008 年联合国贸发会议发布了《全球文化创意产业国际贸易发展报告》，根据各国政府官方统计数据，首次发表了有关文化创意产业贸易的权威统计数据，为科学研究全球及我国文化创意产业及其贸易规模提供了可靠的依据。

本报告将以 UNCTAD 的统计数据为依据，客观地分析我国文化创意产业国际贸易，从规模、优势和进口角度分析我国文化创意产品消费与其他国家情况的异同。本文研究结论表明，中国是一个文化创意产品出口大国，但与世界上其他文化创意产业大国相比，文化消费严重不足，是文化消费小国。

下面本文将依据 UNCTAD 的分类方法及统计数据①，从货物产品与服务产品两方面，分析全球主要国家以及我国文化创意产品的进出口贸易格局与趋势。

（一）全球文化创意产品贸易出口格局与趋势分析——中国与世界的比较

1. 货物贸易出口格局分析

全球文化创意产业货物产品的出口价值在 1996 到 2005 期间显著增长，到 2005 年出口总值已经达到 3 355 亿美元，10 年间年均增长率达到 6.1%。尽管发达国家产品仍然占据主要市场份额，但是发展中国家产品销量迅猛增长，从 1996 年 560 亿美元增长到 2005 年 1 360 亿美元，增速为 143%。发达国家 2005 年在全球文化产品出口贸易中的份额为 58.45%，应当说这一比重与发展中国家相比优势依然存在，但差距已明显缩小。在分项产品贸易中，在一些原创性强、高技术含量的行业中发达国家实力十分显著，例如，发达国家在音乐和视听产品的出口比重为 90%、出版和印刷为 80%、视觉艺术为 70%，发展中国家实力明显不足。

1996 年到 2005 年，中国文化创意产业货物产品的出口额增长幅度最为抢眼，从 184 亿美元增长至 614 亿美元，增速达 233.5%，从 1996 年占世界比重的 9.7% 大幅提升至 18.3%，占发展中国家的份额从 1996 年的 32.9% 提高到 45%，接近发展中国家整体接近一半份额（图 3 -6）。

表 3 -14 列出了全球文化创意产品主要出口大国。世界文化创意产业货物产品出口大国排名在 1996 至 2005 年 10 年间发生了一些变化，但名单前 10 位的国家没有实质性改变。表 3 -13 所显示的数据体现出以下几点：第一，发达国家依

① 统计数据以各国上报的贸易产品交易额计算。

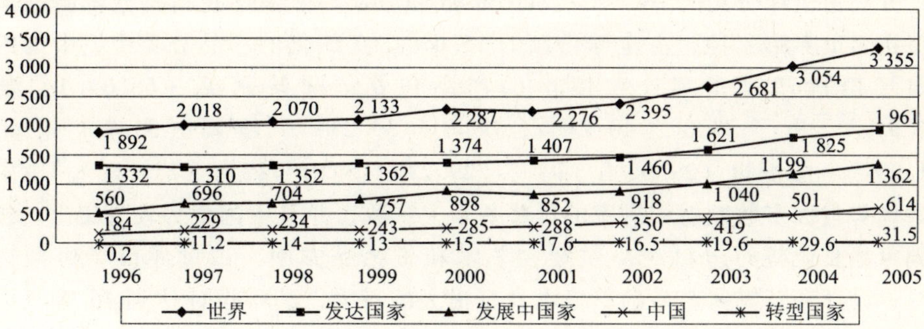

图 3－6 文化创意产业货物产品出口情况概要（亿美元）

数据来源：UNCTAD

然占据了大部分席位，显示主要发达国家在文化创意产业中的强势地位，其中德国发展最为迅速。第二，中国在 1996 年排名第三，而在 2005 年则以 18. 3% 的份额位居全球第一，是唯一市场份额和增长率超过两位数的国家。

表 3－13 1996 和 2005 年文化创意产业货物贸易出口前 10 位的国家和地区

2005 排名	出口国家和地区	出口额，百万美元		1996 年排名	市场份额 2005 年	增长率 2000－2005
		2005	1996			
1	中国	61 360	18 428	3	18. 3	17. 6
2	意大利	28 008	23 654	2	8. 3	5. 9
3	中国香港	27 677	24 391	1	8. 2	0. 8
4	美国	25 544	17 529	4	7. 6	3. 6
5	德国	24 763	13 976	5	7. 4	14. 2
6	英国	19 030	12 439	6	5. 7	9. 8
7	法国	17 706	12 368	7	5. 3	8. 6
8	加拿大	11 377	9 312	8	3. 4	1. 7
9	比利时	9 343	—	—	2. 8	—
10	西班牙	9 138	5 988	9	2. 7	8. 1

数据来源：UNCTAD 创意产业报告，2008

中国不仅在文化创意产业货物出口总量上表现出色，而且在多个产品分类中名列前茅。在 UNCTAD 总共 7 个大的产品分类中，中国在 4 项分类中占有绝对优势，其中艺术与工艺品、设计和新媒体三大产品 2005 年的出口都位居全球第一，分别占全球份额的 24.1%、21.6% 和 32.7%。中国还在视觉艺术产品类的出口排名世界第三位，占全球份额的 15.6%。在细化的产品分类中，中国的出口市场份额超过世界 1/5 以上的产品包括：柳条制品（68.6%）、雕塑（48.9%）、电子游戏（40.2%）、庆典（39.2%）、绘画（31.9%）、玩具（31.2%）、编织物（29.9%）、时尚（29.2%）和内部装饰（21.8%）。中国的出口优势与大多数发展中国家的优势基本上一致，并且中国优势较为突出。发展中国家最具优势的出口产品主要在艺术和工艺品方面，占世界市场份额达到 60%；设计和新媒体产品的出口也具有很大的潜力，其中设计达到 46.94%，新媒体也接近 47%。发展中国家总体份额的增长主要得益于设计行业出口的迅速增长，其出口总额从 1996 年的 429 亿美元提高到 2005 年的 1 024 亿美元，增幅为 138.7%。

在货物出口产品中，中国最不具竞争力的产品主要是电影视听、音乐和出版物。视听产品的统计目前只有电影一项，中国在 2005 年的出口为零；另外一项出口为零的产品是音乐项下的刻录产品。中国在古董一项上的出口额也很低，10 年间仅从 100 万美元增长到 200 万美元。古董出口成绩不佳的主要原因是政府控制，而此类产品出口大国英国、美国和法国则更多由大量拍卖他国文物而名列前茅。由表 3-14 得出的结论是，中国具有竞争力的文化创意产品主要集中在劳动密集型产品和需要一定的原创性但技术含量位于中、低端层次的产品上，而在原创性强、技术投入高的产品上，我国产品的竞争力的差距无论与自身相比，还是与海外文化产业强国相比都有很大差距。

表 3-14　2005 年文化创意货物产品出口：中国与世界的比较　单位：百万美元

产品分类	世界	中国	占比（%）	产品分类	世界	中国	占比（%）
艺术与工艺品	23 244	5 602	24.1	**设计**	218 173	47 078	21.6
地毯	4 071	378	9.28	绘画、雕刻	16 422	1 865	11.4
庆典	3 118	1 221	39.2	时尚	60 100	17 524	29.2
纸制品	62	3	4.84	玻璃制品	6 016	854	14.2
柳条制品	1 640	1 125	68.6	内部装饰	66 597	14 525	21.8
编织物	4 808	1 438	29.9	珠宝	38 612	2 819	7.3
其他	9 546	1 438	15.1	玩具	30 425	9 490	31.2
视听	664	0		**新媒体**	12 035	3 940	32.7
电影	664	0		数字录音	2 282	24	1.05
音乐（CD，磁带）	14 924	135	0.9	电子游戏	9 752	3 916	40.2

续表

产品分类	世界	中国	占比	产品分类	世界	中国	占比
录音	14 805	135	0.9	**视觉艺术**	22 149	3 459	15.6
刻录	119	0		绘画	955	305	31.9
出版物	44 304	1 146	2.57	摄影	1 494	139	9.3
图书	12 881	680	5.28	雕塑	6 078	2 972	48.9
报纸	15 324	18	0.12	古董	2 536	2	0.000 7
其他	16 099	447	2.78	其他	11 087	40	0.36

数据来源：UNCTAD

2. 服务贸易出口格局分析

全球文化创意产业服务产品的出口增长速度更为显著，从 1996 至 2005 年间出口总值从 380 亿美元猛增至 980 亿美元，年均增长率达到 8.8%，这一增长速度超过货物产品出口增长速度的 2.7 个百分点。服务出口增长迅猛，但服务出口占整个文化创意产品出口的份额只有 21%。我们判断数据出现这一现象的主要原因在于统计数据的不完整，一些发达国家也没有向联合国相关部门上报一些重要服务部门的数据，例如英国和美国的广告和建筑数据缺失。但也不排除贸易结构本身的原因。

从文化创意产业服务产品出口分类看，发达国家在服务贸易领域占据了 84.2% 的份额，处于绝对领先地位。在分类项目中，发达国家除在“其他个人、文化与休闲服务”一项上低于发展中国家外，在其他五项上均大大高于发展中国家，平均份额均超过 80% 以上。与中国货物产品出口优势形成鲜明对照的是，服务产品出口所占市场份额仅为 1.36%，全球排名处第 15 位。中国服务贸易总量低的另外一个原因是我国的统计数据在有些项目上的缺失，或统计口径的不一致。如果增加其他来源数据，估测我国文化创意产业服务贸易出口总量至少约为 59.79 亿美元，占相关服务贸易出口的世界比重可达到 5.2%。

联合国贸发会议有关文化创意产业贸易统计总量中，知识产权的贸易量未被计入，主要原因在于知识产权贸易中包括了相当一部分其他工业产权贸易在内，在统计上还很难将两者分开。如果简单将知识产权贸易计入文化创意产业服务贸易总额中，则总量增加 112.6%。即便如此，考察国际知识产权贸易情况发现，发达国家在知识产权的出口上具有绝对优势，其出口额占世界知识产权出口总量比重达 96.7%，而中国只占 0.13%。这一事实可以说明两点：第一，发达国家掌控着世界创意产业价值链中最有增值价值的环节，其绝对优势毋庸置疑，这一结论可从文化创意产业服务贸易分项中的 R&D（研发）服务统计中得到印证，在该项中，发达国家所占比重超过了 95%（见表 3－15）；第二，如果以国内部分学者所定义的文化创意产业为服务业或知识产权业，则中国文化创意产业贸易竞争力十分有限。同时，按照文化创意产业定义，文化创意产业现有规模极为有限，期望其短期对宏观经济产生巨大影响将面临不小困难。

表 3－15　　2005 年文化创意产业服务贸易出口情况表　　单位：百万美元

		总计（不含知识产权）	广告、市场调研、民意调查	建筑、工程和其他技术服务	视听和相关服务	R&D 服务	个人、文化与休闲服务	其他个人、文化与休闲服务	知识产权
发达国家	总额	92 633	12 418	23 081	16 499	17 097	22 838	700	119 714
	占比	84.2%	79.1%	83.26%	94.18%	95.04%	83%	19.7%	96.7%
发展中国家	总额	12 581	1 397	2 998	877	120	4 401	2 788	3 698
	占比	11.44%	8.9%	10.81%	5%	0.67%	15.99%	78.45%	2.97%
全球总计		110 005	15 704	27 722	17 518	17 990	27 517	3 554	123 842
中国		5 979	1 076	2 593	134	1 885（2003）	134	—	157

数据来源：2008 年 UNCTAD 文化创意产业报告，中国的 R&D 服务为 2003 年数据，建筑服务数据来自商务部，这两项数据均未加入到全球总计中，总计不包括转型国家。

（二）全球文化创意产品贸易进口格局与趋势分析——中国与世界的比较

1. 货物产品贸易进口格局分析

全球文化创意产业货物产品的进口如同出口一样保持了持续增长的势头。根据联合国贸发会议的统计，全球总进口量从 1996 年的 1 905 亿美元增加到 2005 年的 3 509 亿美元，年均增幅为 8.42%。发达国家依然是文化创意产品最主要的需求国家，虽然其进口份额 2005 年有所下降，但仍然占据了 80.5% 的比重，而发展中国家和转型国家份额合计不到总量的 1/5。

中国在文化创意产业货物产品的进口与出口上形成了截然不同的局面，见图 3－7。中国的进口在 1996 年至 2005 年间虽然稳步增长，但提升缓慢，与 2005 年 18.3% 的出口份额相比，差距甚大。此外，更能说明问题的是我国进口在世界进口总量中所占比重。与出口份额大幅上升的趋势相反，我国在世界进口市场的份额近年呈现出逐渐下降的趋势。1996 年我国进口占世界市场份额为 1.2%，而 2005 年则下降至 1.05%，占发展中国家的份额也从 1996 年的 8.5% 下降至 2005 年的 6.1%。

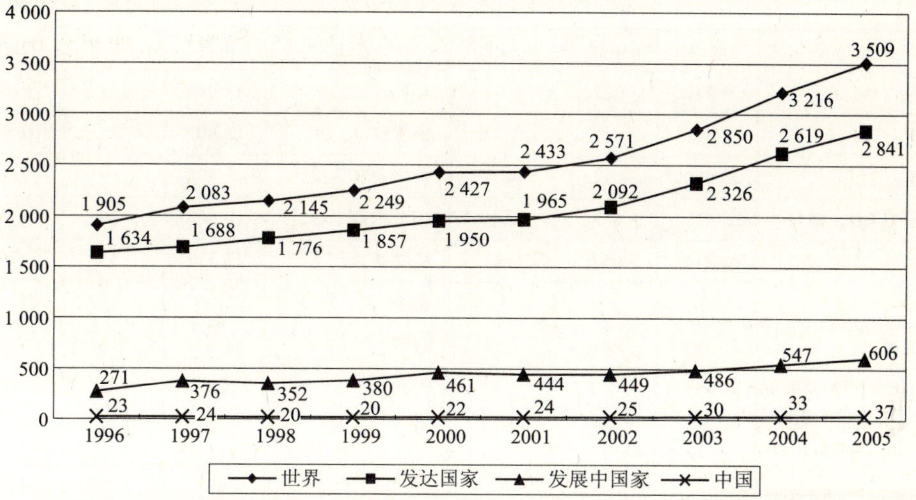

图 3－7 文化创意产业货物产品进口：中国与世界的比较（单位：亿美元）

数据来源：UNCTAD

上述内容对中国文化创意产业产品进口总量进行了描述。下面我们对中国文化创意产品分类进口情况做一简要汇总。表 3－16 是我国在世界进口市场上 7 类大项产品进口额及各分项产品进口金额占世界进口总额的比重。在大项产品中我国音乐和设计两项进入前 10 位，分别排第 4 和第 7 位，其他均未进入前 10 位。在分类产品进口中，中国进入前 10 位的只有其他艺术与工艺品和录音产品，分别排名第 8 和第 4 位。即使是按照发展中国家排名，中国排名多在前 10 位的第 5、第 6 位。从全球市场份额角度看，我国只有音乐进口超过 6% 以上，其余都在 1% 上下徘徊。

表 3－16 1996－2005 年文化创意货物产品进口：中国与世界的比较

单位：百万美元

产品分类	世界	中国	占比	产品分类	世界	中国	占比
艺术与工艺品	25 091	400	1.59	**设计**	228 428	1 642	0.72
地毯	4 033	10	0.25	绘画、雕刻	17 449	43	0.25
庆典	5 698	3	0.000 5	时尚	60 792	442	0.73
纸制品	118	2	1.69	玻璃制品	5 524	50	0.91
柳条制品	1 786	3	0.17	室内设计	70 345	567	0.81
编织	3 884	55	1.42	珠宝	31 254	268	0.86

续表

产品分类	世界	中国	占比	产品分类	世界	中国	占比
其他	9 572	327	3.42	玩具	43 064	271	0.63
视听	650	2	0.31	**新媒体**	13 402	57	0.43
电影	650	2	0.31	数字录音	2 436	9	0.37
音乐（CD，磁带）	16 419	1 052	6.41	电子游戏	10 966	49	0.45
录音	16 312	1 052	6.41	**视觉艺术**	21 111	35	0.17
刻录	107	0	0	绘画	963	0	0
出版物	45 783	488	1.06	摄影	1 674	6	0.36
图书	13 836	72	0.52	雕塑	5 691	25	0.44
报纸	17 081	192	1.12	古董	2 617	2	0.000 7
其他	14 866	224	1.51	其他	10 166	2	0.000 1

数据来源：UNCTAD

从各类大项产品进口增长情况看，进口增幅增长较大产品包括音乐、录音、其他出版物和珠宝设计等，而许多其他产品进口从1996年到2005年不但没有增长，反而下降，例如地毯、庆典、纸制品、报纸、绘画和雕刻、时尚、玩具、数字录音、绘画等都出现了进口下降趋势。

中国等发展中国家在进口方面所占有市场份额低下现象，理论上有几种可能性：可能说明发展中国家消费能力低下有下降趋势；可能其国内制造实现了进口替代，也可能近年其国内消费者消费偏好发生变化。分析上述可能性，我们发现，经济全球化进一步导致了文化全球化，发展中国家与发达国家消费偏好跟随、趋同现象较为普遍。因此，我们基本判断文化消费产品进口下降主要原因并非发展中国家国内消费者消费偏好变化所致。对于经济发展较快的发展中国家，贫富极度分化导致内需不足有可能是主要原因。对于经济发展不太理想的发展中国家，整体消费能力较低制约了消费意愿有可能是主要因素。文化创意产品属于高收入弹性产品，与国民收入息息相关。联合国教科文组织数量分析得出结果证实，国民收入与文化产品消费量有密切正相关关系，文化产品消费需求低下反映了一个国家居民的真实收入水平，也真实反映了一个国家居民生活质量。世界银行2003年研究报告得出结论，9 386美元以上高收入国家，往往是文化产品出口大国，也是世界上文化产品主要消费国。这些国家文化产业竞争力也普遍较强。近年数据表明，我国总体上还是一个潜力很大的文化创意产品消费小国。

2. 服务产品贸易进口格局与分析

世界各经济体文化创意产业服务和产品进口比重近年没有实质变化，发达国家依然是服务进口市场主宰，占总额的83.96%。发达国家除在其他个人、文化与休闲项目上所占比重低于发展中国家外，其他项目均高于76%，特别在R&D服务项目上则高达98.2%，考虑到发达国家占有出口市场份额的95%以上，发达国家几乎垄断了该行业全部市场，文化创意产业领域的产品服务贸易主要发生在发达国家。知识产权贸易也说明了这一点，发达国家占据了出口份额的96.7%，占据了进口份额的77.38%，基本上全面占领文化创意产业链高端环节。上述数据中，知识产权进口未计入到文化创意产业服务贸易进口总量。

中国文化创意产业服务产品进口总量统计与出口统计一样存在问题，数据不全，统计质量不高。依据其他渠道数据，进口总量应当达到60.93亿美元，占全球比例达到5.49%（表3－17）。虽然中国知识产权进口金额是出口的近34倍，但是5.1%的全球比重还是大大低于发展中国家20.7%的比重。

表3－17　　2005年发达国家、发展中国家和转型国家文化创意服务产品进口额和比重　　单位：百万美元

	总计（不含知识产权）	广告、市场调研、民意调查	建筑、工程和其他技术服务	视听和相关服务	R&D服务	个人、文化与休闲服务	其他个人、文化与休闲服务	知识产权
发达国家	88 050	14 791	17 939	14 702	19 386	20 462	770	104 114
	83.96%	87.24%	76.85%	89.69%	98.18%	79.85%	27.38%	77.38%
发展中国家	10 985	1 057	2 233	1 256	58	4 390	1 991	27 901
	10.47%	6.23%	9.57%	7.66%	0.29%	17.13%	70.8%	20.74%
总计	104 873	16 954	23 344	16 392	19 745	25 629	2 812	134 548
中国	6 093	715	1 620	154	3 450	154	—	5 321

数据来源：UNCTAD，中国的R&D服务为2003年数据，建筑服务数据来自商务部，这两项数据均未加入到全球总计中。总计不包括转型国家。

分析文化创意产业服务产品进口排名前20位国家，有助于我们了解各主要大国对文化创意产品的消费情况。排名前20位国家中发达国家有14个，占据了大多数，说明服务产品的主要消费者为发达国家，这点与货物产品的消费情况一致。德国不仅引领服务产品的出口，占据了23%以上的出口市场，同时还是最大的服务产品消费国，占据了近1/4的进口市场。美国在服务产品出口市场上排名第3位，占据了7.94%的份额，但其服务产品消费水平却远不如出口，排名

20而且市场份额也只有1.07%，与其发达的大国身份不相称。中国服务产品进口由2000年的排名第13下降到第21位，市场份额也只有1.01%，这与中国在服务产品出口市场情况类似（出口占1.36%）。在文化创意服务产品进口分类中，中国在广告、市场调研和民意调查一项上在全球排名第8位，在视听和相关服务一项上排名第15位，而在其他项目上均未进入前20位。

分析文化创意产业国际贸易情况，可以得出以下结论：

第一，中国是文化创意产品贸易大国，是世界头号创意产业货物产品供给者，特别是在具有一定原创性的中低端技术含量产品出口上具有强大比较优势。

第二，我国是一个消费小国，即使是在发展中国家中也非消费大国。我国是最大文化创意产业货物产品供给商，但与我国庞大出口相比，我国文化创意产品消费能力与意愿十分低下，文化创意产品和服务需求低下的现实与我国巨大出口能力和人均GDP水平都不相称，出口与进口相比极度失衡，生产与消费极度失衡。

第三，中国文化创意产业货物产品出口与服务出口巨大差异是国内产业结构失衡的表现。在中国文化创意产品国际贸易中，货物产品出口表现出强大竞争力，服务产品表现相对落后，这一局面与中国国内整体产业结构格局基本吻合。我国劳动力资源相对丰富，制造业规模庞大，支持了文化创意产业发展，但同时我国服务产业相对落后，文化创意产业服务贸易上的落后局面与国内的产业格局互为因果，相互制约。

第四，文化创意产品消费具有巨大潜力。近年，伴随世界经济形势深刻变化，国内需求对经济增长作用凸显。文化创意产品属于高收入弹性消费品，是典型需求拉动发展产业，一个消费者收入水平和消费偏好决定了一项文化产品是否具有市场潜力。

我国对文化创意产品需求低下，一方面说明我国居民对文化创意产品消费能力有待提高，另一方面说明我国居民对文化创意产品的消费偏好也有待培养。在我国人均收入不断提高的同时，改变人们的消费行为则涉及文化习俗、社会影响、教育导向、个人兴趣爱好等多方面因素，这些都需要政府、社会和个人共同做出努力，可能需要一个更为长期的过程。

（三）促进我国文化创意产业发展的几点思考

1. 改善民生是基础

无论物质需求，还是文化需求，一定的物质条件不可或缺。没有消费能力，仅靠消费意愿，就无法形成有效需求。就我国经济发展总量来看，目前实力有目共睹，但消费对经济的拉动作用，远低于出口与投资。主要原因在于，社会财富分配的不均衡，不同阶层人群收入和拥有财富差异巨大，财富过度集中于少数人手中，致使大多数公民消费能力低下。文化创意产业如果缺乏大众消费支撑就不可能具有长期稳定的市场，也不会真正具有广阔的发展空间。微观上，将会影响一个行业的健康发展；宏观上，国家民族软实力就不会有根本性提高。目前，一般人群消费能力不足问题已经严重制约文化创意产业发展，因此，在未来相当长一段历史时期，保障民生，切实解决收入差距过大问题，是发展文化创意产业的关键环节，也是增强民族软实力无法回避的重大焦点。

2. 充分开发产业链各环节，满足不同消费偏好和消费水平需求

文化创意产业需要广阔市场支撑，我国人均 GDP 提高不可简单视为对文化产品消费和消费需求的提高。不同消费人群在文化创意产品与服务的需求偏好各不相同，同时，由于消费能力的差异，不同消费人群都需要找到自己乐于接受而又有能力支付的文化产品与服务。否则，潜在有效需求就无法真正发挥作用。根据中国社科院 2007 年《文化产业蓝皮书》的统计，2006 年我国文化消费的总量是 4 685 亿元，而根据国际经验测算，人均 GDP 达到 1 600 美元时，对文化产品的消费应占总收入的 20%，而我国目前对文化产品的消费满足度不到 1/4。这个数据表明，我国文化消费不仅受制于一般民众消费能力不足的问题，而且表面消费潜能也尚未充分开发。从供给角度看，文化创意产品往往过于追求豪华高价，致使相当一部人群难于承受，无奈被排斥在文化消费之外；从需求角度来看，即使处于同样消费水平，不同消费者也会对不同文化消费模式具有不同偏好，这就要求文化产品供给者能提供不同形式的文化产品与服务，充分开发文化产业链上的各个环节，从不同角度和环节满足差异化需求。海外文化创意产业在这方面积累了一定经验，值得汲取。例如，英国作家 J · K 罗琳用她一只魔笔在著作《哈里 · 波特》中塑造了哈里 · 波特，激发了各类消费者经久不衰的兴趣，借助高技术投入和成功的商业运作，使《哈里 · 波特》的开发成为了一个丰富多彩的“产业”，衍生出各种产品，价值链中各种产品如小说、电影、DVD、录像带、电视片、唱片、游戏等能够满足不同层次消费者的审美需求和支付能力，因而创造出了 60 亿美元的商业价值。

3. 转变国民消费观念

从需求角度来说，在总体消费能力相对稳定条件下，消费结构取决于消费偏好，消费偏好在某种意义上取决于消费观念。例如，在聚餐、观看演出和电影、参观博物馆和美术展等项不同消费项目中，经过统计我们发现人们更乐于选择聚餐这项消费活动。从统计数据表明，我国居民与社会团体用于餐饮的支出增速大大高于其他文化娱乐消费。以北京市为例，从 2004 年到 2007 年，北京市居民人

均在外餐饮支出的增长率分别为27.6%、8.4%、15.1%和12.6%。全国餐饮业零售额2004年为7 486亿元，2005年为8 886.8亿元，2006年突破1万亿元大关，达到10 345.5亿元，而2007年预计可达到1.2万亿元，实现了连续16年的两位数高速增长，从行业规模与发展速度来看都是其他许多行业所不及的。餐饮业的快速扩张是人们生活水平提高的一个直接证据，但它也同时说明人们倾向于将所增加的消费支出中很大比例投入到聚餐上，这样的消费行为应当说是具有中国特色的文化行为。相比而言，在发达国家人们的选择则更倾向于具有较高文化内涵的文化娱乐消费，为此，因势利导，引导人们消费向高文化内涵倾斜非常必要。

此外，下面简要分析一下图书消费现状与趋势，同样可以说明类似问题。一般而言，图书价格分布较为分散，可以满足不同消费能力的消费者需求；同时，阅读图书也是最传统方便和低廉文化消费方式。比较图书销售额和增长率与餐饮业销售额和增长率，可以从另一个侧面说明中国消费者的消费偏好。（见表3-18）

表3-18 中国图书销售总额、人均购书量和人均购书额（1999-2007年）

项目 / 年份	人均购书量		人均购书额		图书销售总额	
	数量（册）	增长率（%）	金额（元）	增长率（%）	金额（亿元）	增长率（%）
1999	5.82	-5.67	28.2	1.26	825.31	10.36
2000	5.55	-4.64	29.77	5.57	847.88	2.74
2001	5.43	-2.16	32.01	7.52	920.93	8.61
2002	5.47	0.74	33.86	5.78	993.93	7.93
2003	5.26	-3.84	35.72	5.49	1 070.2	7.67
2004	5.16	-1.9	37.39	4.67	1 090.76	1.92
2005	4.85	-6	37.72	0.88	1 176.71	7.88
2006	4.92	1.44	38.37	1.72	1 236.09	5.05
2007	4.78	-2.85	38.8	1.12	1 305.04	5.58

注：（1）图书销售总额数据来源：新闻出版总署《全国新闻出版业基本情况》（1999-2007）；

（2）图书销售总额为发行销售总额，而非纯销售总额；

（3）人均购书数据是根据新闻出版总署公布的每年图书销售数据和国家统计局公布的每年末全国人口数据计算得出。

表3-18中数据给我们带来两点发现：一是在9年中图书销售总额、人均购买图书数量和金额都处于较低水平，例如人均购书支出金额一直在30元上下徘

徊；二是不仅从静态角度看，图书消费水平较低，从动态角度看，上述 3 项指标增长率亦呈现下降趋势，（参见图 3－8）其中人均购书额增长率基本是负数。图书销量的下降自然有网络图书、电子图书等其他替代产品开发的影响，然而与快速增长的餐饮消费相比，图书消费的长期停滞徘徊也说明了我国消费者的选择偏好。

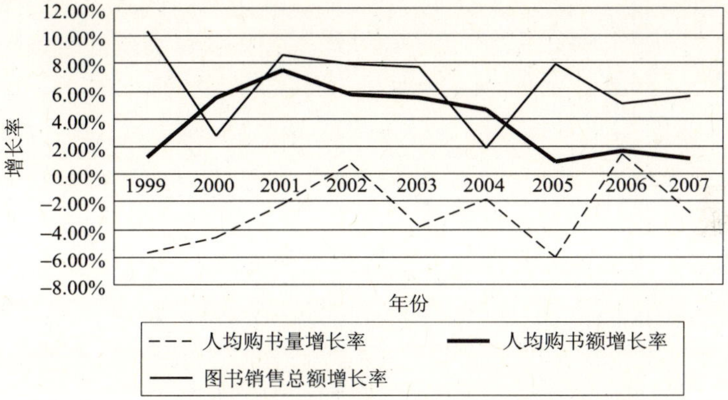

图 3－8 中国图书销售总额、人均购书量和人均购书额趋势图（1999－2007）

以上分析说明培养消费者多样化消费观念，提高人们文化产品欣赏水平是促进我国文化创意产业发展的重要前提。一般而言，消费者转变消费观念，转移消费偏好是一个大规模干预引导和修正消费者行为的活动，甚至涉及价值观念塑造，这项大工程必须通过政府、学校、社会和家庭各个方面的努力才能逐步实现，而且可以肯定，需要一定周期才可完成。措施上包括：不同层次学校可以增加文化艺术类选修课程，提高学生艺术鉴赏能力，鼓励有影响的艺术家进入大学课堂授课讲演。例如，20 世纪 80 年代，李德伦先生曾经进入大学讲解交响乐，为掀起高校交响乐热做出了重要贡献。又如，政府在建设文化娱乐设施时应重点考虑普及性设施建设，免费开放博物馆和展览馆等公共设施，并适当补贴高水平文艺演出和艺术活动，增加相应供给，以使此类消费的价格更能为一般消费者接受。此外，家庭是开展文化活动重要单元，因此应采取措施，引导住宅小区文化建设，加强环境渲染等宣传方式，倡导高层次文化进入家庭，依托提高家庭文化水平和意识促进整个社会提高文化鉴赏力，进而提高大众对文化产品的需求。

第四章 文化创意产业国际直接投资的现状与趋势

一、文化创意产业国际直接投资的内涵

2003年9月4日中国文化部发布的《关于支持和促进文化产业发展的若干意见》中界定，“文化产业是指从事文化产品生产和提供文化服务的经营性行业。文化产业是与文化事业相对应的概念，两者都是社会主义文化建设的重要组成部分。文化产业是社会生产力发展的必然产物，是随着中国社会主义市场经济的逐步完善和现代生产方式的不断进步而发展起来的新兴产业。”

本文以上述界定为基本参照标准和基础，并基于国际直接投资概念，来界定文化创意产业直接投资为：意在获得文化创意产业投资长期投资效益，并拥有公司控制权和企业经营管理权而进行的、在国外直接建立企业或公司的投资活动。

文化产业国际直接投资涉及的内容十分广泛，在此主要介绍四大产业类型：纸质传媒产业，包括图书、报纸、期刊，以及其他纸质媒出版和发行业；广播影视产业，包括电影、电视、广播、音像等的制作、出版和发行业；广告产业，包括广告传媒业和广告经济业等；艺术产业，包括展览产业、博物馆业和艺术品业等。

本报告先从总量上对我国文化产业吸引外资的概况进行分析，之后将分产业类别对文化产业国际直接投资的发展情况进行具体分析。将对中国（除特殊说明，以下所述中国涵义仅限于中国内地，不包括港澳台地区）文化教育国际直接投资的情况进行具体的分类讨论和分析。

二、中国文化创意产业吸引外资情况（2005－2009）

（一）总量分析

目前，我国对外商在我国文化产业投资情况没有单独统计数据，是将文化娱

乐业和体育产业作为一个统计项目，因此我国吸引外商投资情况包括文化、体育与娱乐业。从图 4 - 1 和表 4 - 1 可以看出，外商在我国文体娱业的投资总量较小，投资增幅较为平缓。在 2006 年至 2009 年，外商在文体娱业直接投资呈现锯齿形发展态势，2007 年快速增长和 2009 年快速恢复显然得益于奥运会和上海世博会等大型体育会展活动建设运营影响。例如，建设鸟巢、国家大剧院和各种体育场馆等现代化设施需要具有国际先进水平文化体育娱乐设施供应商、设计商和承包商借助国际投资合作完成。因此，外商直接投资实现了较大幅度增长。2008 年后，金融危机爆发直接影响了外商对中国文体娱业直接投资，出现 42.77% 的下降幅度，随着 2009 年的经济复苏，文体娱业外商直接投资又出现了回暖，增长了 23.94% 。

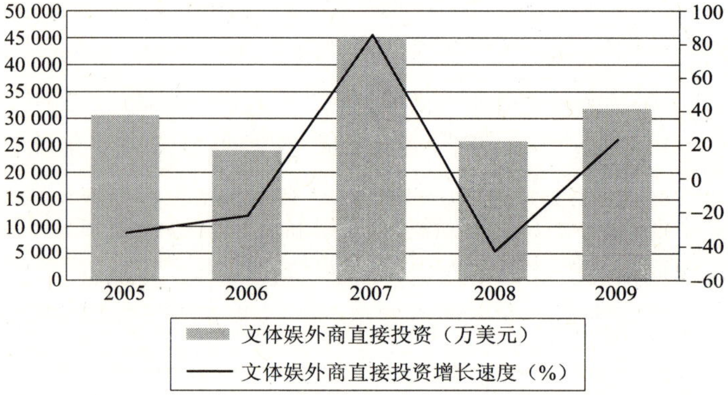

图 4 - 1　2005 - 2009 年文体娱业外商直接投资及增长速度

数据来源：《国家统计局统计公报 2010》

表 4 - 1　2005 - 2009 年文体娱外商对中国直接投资情况

分项 年份	文体娱外商直接投资（万美元）	文体娱外商直接投资增长速度（%）	文体娱外商直接投资占总外商投资实际使用额的比例（%）
2005	30 543	-31.79	0.506 3
2006	24 136	-20.98	0.383
2007	45 109	86.9	0.603 3
2008	25 818	-42.77	0.279 4
2009	32 000	23.94	0.355 4

数据来源：《国家统计局统计公报 2010》

在2007和2009年，外商在中国文体娱乐业投资增长幅度较大，然而其投资总额在外商对中国直接投资总额中的比例却很小，除2007年外，其他年份基本不超过0.5%，与外商在中国制造业领域巨额投资相比实在微不足道。

在外商对中国文化创意产业直接投资总量如此局面下，我们梳理一下文化创意产业分行业吸纳外商投资情况。

（二）纸质传媒产业

1. 纸质传媒发行业外资直接投资情况

在中国尚未正式向外资开放纸质传媒发行领域时，外资就已开始试探性进入中国纸质传媒市场，其中最有影响力企业是德国贝塔斯曼集团，该集团于1995年以建立读者俱乐部形式进入中国图书零售业。20世纪90年代末，一些国外资本以风险投资方式参与到一些民营网络书店与实体书店中来。外资涌入带动了国内企业的投资，使中国纸质传媒发行业获得了快速发展。

总体看，中国纸质传媒出版业吸纳国际直接投资发展较晚，1995年之前鲜有该领域的直接投资。1995年6月，国家计划委员会、国家经济贸易委员会和对外经济贸易部联合发布了《外商投资产业指导目录》（以下简称《目录》），根据《目录》，出版发行业不允许外商独资经营。

20世纪90年代末，在1995年《目录》出台前后，一些国外资本以未作限制的投资方式，如风险投资方式参与到一些民营网络书店与实体书店中来，如前述德国贝塔斯曼集团的读者俱乐部，又如新加坡泛太平洋股份有限公司与云南省新华书店在1995年共同投资兴建云南图书大厦。与此同时，一种新型对外合作出版方式在中国出版业开展起来，即由中外双方共同投资完成出版项目，一些国外出版机构，如著名的西蒙·舒斯特、威利父子、培生、时代华纳、牛津、剑桥和微软等都与中国出版机构以合作方式共同出书。外资涌入带动了国内企业的直接投资，使中国印刷技术升级速度明显加快，纸质传媒出版业获得了快速发展。民营发行力量在迅速发展中逐渐向出版渗透，形成了一批兼具编辑策划能力和发行渠道的文化公司，而出版发行集团改革也提高了中国出版业的集中度。

中国在纸质传媒出版业投资方面的开放程度逐步提高。在入世谈判中，中国承诺在入世一年内开放北京、上海、天津、广州、大连、青岛和5个特区的书、报刊零售市场；第二年，开放重庆、宁波及所有省会城市书、报刊零售市场；第三年，开放所有城市的书、报刊批发和零售市场，并取消对外资分销企业在数量、地域、股权方面的限制。1998年重新修订《目录》，在限制类中规定，印刷、出版发行业务应中方控股或占主导地位。

2001 年，中国正式加入 WTO，出版发行分销领域成为中国率先对外开放的文化领域。2002 年重新修订《目录》，《目录》规定外商不能从事“图书、报纸、期刊的出版、总发行和进口业务”①。

2002 年，中国已批准少数外资公司进入北京、上海等 6 个城市及 5 个经济特区的书、报刊零售市场。同年，香港 TOM 公司与北京三联书店合作成立合资公司，这是中国入世后，香港企业首次与内地大型出版社合作。双方合作期限不少于 20 年，新成立的合资公司总投资额为 5 000 万元，注册资本为 4 000 万元，TOM 公司出资 2 450 万元人民币，拥有 49% 的股权。该合资公司在国内经营期刊广告和销售发行业务、编译和国内外版权合作业务以及发展图书连锁店业务等，首次涉及编译领域。2002 年底，已有 60 多家外资企业在中国设办事机构，拟申请投资设立书、报刊分销企业。中国遵循国际惯例，将出版物编辑业务和分销发行分开，约定限制外资进入编辑业务。到 2003 年，已经有包括中国港台资本、德国资本等在内的 15 家外资企业在北京、福建等地建立了合资、合作的图书零售企业，还有一些外资企业提交了进入中国市场的申请。

2003 年，中国颁布实施《出版物市场管理规定》，对外资进入书、报刊分销市场作出规定，同时进一步开放重庆、宁波及所有省会城市书、报刊零售市场。这一年，新闻出版总署批准了 4 家合资的出版物分销企业，分别是福建省外文书店与台湾图书出版事业协会建立的福建闽台图书有限公司（注册资本 551.4 万元）、南京师范大学出版社与台湾信谊控股建立的江苏宁谊文化实业有限公司（注册资本 60 万美元）、北京二十一世纪锦绣图书发行公司与贝塔斯曼集团合建的北京二十一世纪图书连锁有限公司（注册资本 339.6 万欧元）、《电脑报》与 TOM 网站合建的重庆电脑报经营有限公司（注册资本 3 000 万元人民币）。②

但在这段时期，外资企业在中国图书市场上所占份额还不是很大，对图书原有的分销格局没有产生实质的影响，没有出现中国入世前人们预期的外资大量涌入的局面。其原因是多方面的，一方面，中国开放的仅是图书的零售市场，而要在两年的时间里建立起零售的渠道也是有相当的难度的；另一方面，中国市场的出版物管理还处在规范的过程中，盗版及非法出版对市场的影响很大，进入市场

① 张晓明，胡惠林，章建刚.2009 年中国文化产业发展报告［W］. 北京：社会科学文献出版社，2009.

② 中国投资指南.2003 年出版业利用外资现状［EB/OL］. http://www.fdi.gov.cn/pub/FDI/zgjj/hyzk/fwy/cb/t20060419_24196.htm.

的风险相对较高，外商处在观望、等待之中。

2004 年 4 月，图书总发行权对民营资本放开。按照我国加入 WTO 时的相关承诺，2004 年底，中国图书发行向外资放开，开放内容主要是出版物贸易、分销服务和版权保护涉及的相关内容，国内行业遇到的较大挑战是出版物分销服务开放，对国内企业的发展影响较大。其主要内容包括：入世一年后开放部分城市分销市场，三年后零售领域全部放开；第三年，出版物批发也要放开；五年后，对出版物的分销企业在数量、范围、股权方面不再限制。

根据本国国情，为履行上述承诺，中国新闻出版总署在纸质传媒发行领域出台了相关政策。

一是制定相应政策。中国于 2002 年底颁布制订了外资进入出版物分销发行领域的“暂行规定”，包括有计划地允许外资进入中国出版物分销市场，明确国有主渠道与其他投资主体的关系和外资准入办法。

二是推行外资试点。前期，中国已允许国内各种资本进入出版物发行领域，截至 2002 年底，中国已有 5.7 万多个个体私营的书店和音像店，是国有店的 4 倍还多。目前则加快外资进入该领域试点工作，首先会允许我国港澳台资本进入上述领域，凡是外资享受政策，将首先向我国的港澳台资本推行。

三是实施该行业的对外开放。在入世 5 年内这段时期，中国发行主要渠道还是由国有资本控股，其他类型国有企业也有控股该类企业的情况。原则上，出版物编辑业务和经营业务彼此分开，外资不准进入编辑业务。全世界 140 多个世贸成员中，也只有 7 个国家承诺开放出版物编辑业务，但发行市场基本放开，我国也结合自身实际，遵循此类基本原则。

2004 年 12 月 11 日，中国入世第三年，按照中国加入世贸的承诺，在书、报刊分销领域的过渡期结束，外资进入书、报刊领域的限制基本取消，外资不仅可以从事纸质传媒的零售业务，也可以从事批发业务，还可以从事佣金代理服务和特许经营。外资从事书报刊分销服务取消了地域、数量、股权的限制。可以说外资在书报刊的分销领域取得了与国内企业同样的待遇。因此预计接下来的几年内，外商进入的步伐会加快，外资可以在更广阔的空间，用更自由灵活的方式，开展分销服务。

随着书报刊批发市场全面向外资开放，2004 年全年外商投资图书、报纸、期刊分销企业 13 家，8 种杂志达成中外期刊合作项目，外商投资印刷企业 55 家，投资总额达到 1.33 亿美元。在将国外资金、经营模式引进来的同时，新闻出版业积极实施走出去战略，进一步扩大了中华民族文化的世界影响力。以“书籍与和平”为主题的第十一届北京国际图书博览会成功召开，吸引了 42 个国家和地区的500余家国际出版商参展，参观人数约10万人，共达成版权贸易合同和意向8 250项。中国作为主宾国参加中法文化年法国图书沙龙活动被世界瞩目。①

可以肯定，外国资本和品牌进入我国会对民族纸质传媒产业产生多方面影响，既带来积极因素，也会带来消极因素，因势利导就会最大限度利用各类因素发展自我。各类因素表现在：一是会丰富中国书业业态，一些中国所不熟悉的分销手段会逐渐引进国内；二是对出版物市场规范起到积极作用，对盗版和市场分割会形成新的制衡力量，对形成统一、开放、竞争和有序的市场产生积极力量；三是对中国相关行业管理水平提高和管理理念转变产生促进作用。对于外商进入图书编辑领域，由于多方因素，目前仍处于积极探索之中。

2. 纸质传媒出版业利用外资统计

如图4－2所示，据商务部统计，依据国家统计局《国民经济行业分类（GB/T 4754－2202)》中的出版业行业代码为R882为准，2004年中国出版业利用外资项目2个；实际利用外资金额约44万美元。2005年出版业利用外资项目2个，增幅与上年持平；实际利用外资金额约63万美元，同比增长43.18%。② 2006年出版业利用外资项目1个，比去年同期减少50%；实际利用外资金额约304万美元，同比上升382.54%。③ 2007年出版业利用外资项目2个，增幅与上年持平；实际使用外资金额157万美元，同比下降48.36%。④ 2008年出版业新设立外商投资项目1个，同比下降100%；实际利用外资金额没有统计。

其中，2007年，欧盟对华实际使用外资金额157万美元，实际使用外资金额占全国同期吸收外资总量的比重为100%。2008年，亚洲十国或地区⑤对华投资新设立企业1家，新设立企业数占全国同期吸收外资总量的比重为100%。

从资金投向区域看，2008年东部地区出版业新设外商投资企业1家，从利用外资方式看是外商独资项目，占全国同期吸收外资总量的100%。东部地区实

① 中国投资指南．2004年出版业利用外资现状［EB/OL］. http：//www.fdi.gov.cn/pub/FDI/zgjj/hyzk/fwy/cb/t20060419_24199.htm.

② 中国投资指南．2005年出版业利用外资现状［EB/OL］. http：//www.fdi.gov.cn/pub/FDI/zgjj/hyzk/fwy/cb/t20071121_87380.htm.

③ 中国投资指南．2006年出版业利用外资现状［EB/OL］. http：//www.fdi.gov.cn/pub/FDI/zgjj/hyzk/fwy/cb/t20071121_87393.htm.

④ 中国投资指南．2007年出版业利用外资现状［EB/OL］. http：//www.fdi.gov.cn/pub/FDI/zgjj/hyzk/fwy/cb/t20081029_98625.htm.

⑤ 中国香港、中国澳门、中国台湾、日本、菲律宾、泰国、马来西亚、新加坡、印尼、韩国。

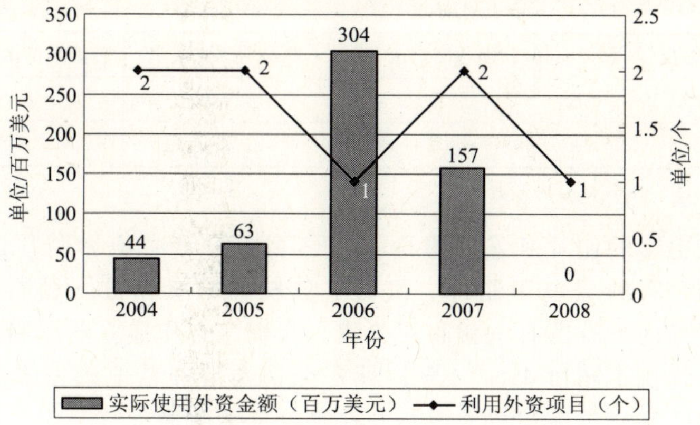

图 4－2 2004－2008 年中国出版业利用外资情况

数据来源：中华人民共和国商务部

际使用外资金额名列前位的省是广东省，新设外商投资企业为 1 家。①

（三）广播影视产业

广播影视产业，即广播、电视、电影和音像业，是指对广播、电视、电影、录音、录像内容的制作、编导、主持、播出、放映等活动，其中不包括广播电视信号的传输和接收活动。国际直接投资以电影业和音像业为主，因此本部分主要介绍电影业和音像业外资投资情况。

1. 电影产业投资发展

如表 4－2 所示，涉及电影产业的是表格中的前两栏，分别是“电影和录像的制作和分销”和“电影放映”，而发展中国家在这两项上承诺居多数。作为一个发展中国家，中国不但在世贸组织的框架下做出了承诺，也根据自己的国情对于电影产业的国际直接投资出台了具体法律法规。

表 4－2 WTO 不同类型成员对广播影视产业开放承诺情况 单位：个

广播影视	发达国家成员	发展中国家成员	转型经济国家成员	总计
电影和录像的制作和分销	3	10	0	13
电影放映	3	3	0	6
广播和电视	2	1	0	3

① 中国投资指南．2008 年出版业利用外资现状［EB/OL］．http：//www.fdi.gov.cn/pub/FDI/zgjj/hyzk/fwy/cb/t20091027_113491.htm.

续表

广播影视	发达国家成员	发展中国家成员	转型经济国家成员	总计
广播和电视传输	2	4	0	6
录音	2	2	0	4

数据来源：中华人民共和国商务部

第一，在电影的制片和发行方面。在《目录》中，电影制片、发行属于限制类，但最新公布的《电影制片、发行、放映经营资格准入暂行规定》明确，允许外资参股境内现有国有电影制片单位，合资、合作成立电影制片公司，外资在注册资本中比例不超过49%。允许外资公司参股经营电影技术公司，改造电影制片、放映等基础设施和技术设备，在经批准的省市外资公司可以控股经营此项业务。该项规定自2003年12月1日施行。

第二，在电影院建设和经营方面。在《目录》中，电影院的建设、经营属于限制类。《外商投资电影院暂行规定》规定，不允许外商独资设立电影院。外商投资电影院应当符合以下条件：注册资本不少于1 000万元人民币；中外合资、合作电影院不得冠以境外影视（媒体）、院线名称；中外合资电影院，合营中方在注册资本中的投资比例不得低于51%；中外合作电影院，合营中方应拥有经营主导权；合资、合作期限不超过30年。2004年1月17日，美国华纳兄弟国际影院公司总裁米勒·奥克斯与大连万达集团董事长王健林正式签署全面合作协议，双方欲在3年内将其定名为华纳万达的国际影院开进全国30个城市。首批进驻城市中包括天津、大连、沈阳、杭州、武汉等。

第三，在电影院的审批程序方面。中外合资、合作电影院的设立报商务部会国家广电总局、文化部审批。① 2004年10月中旬，经过审批，华纳与中影集团、浙江横店集团合资成立了中国首家中外合资影业公司——中影华纳横店影视公司。

2. 音像产业投资发展

音像业是指专门从事音像制品生产和流通的行业，主要包括音像制品的制作、出版、复制、进出口、批发、零售、出租和放映等。从更为具体的专业来分，“音”是指唱片业，载体主要有唱片（L）、卡式录音带（AT）、激光唱盘（CD）等；“像”是指录像业，主要是后电影制品、后电视剧制品、后演出制品和录像教材等等，载体主要有录像带（VT）、激光视盘（LD、VCD、SCVD、

① 中国投资指南.2003年音像业利用外资现状［EB/OL］. http://www.fdi.gov.cn/pub/FDI/zgjj/hyzk/fwy/yx/t20060419_24078.htm.

DVD）等。

国际上限制音像产业投资的措施主要分为两类：一是由于各国对知识产权保护程度不同，导致原产国音像制品及服务市场准入困难和竞争扭曲；一是政府基于政治等原因制定各种政策和法律法规，阻碍外国音像制品市场准入或市场竞争，包括限制准入商品数量和内容、限制本地工作、限制进口许可、限制股权、限制播放（如播放的时段和地点等）、对外国音像制品的歧视性税收、对本国音像业的税收优惠、要求参与权即出版权的特殊化以及政府垄断，包括代表政府的国有企业垄断性经营等。

对上述限制，中国入世承诺，音像产业投资领域“在不损害中国政府审查音像制品内容的情况下，允许外国服务提供者与中方伙伴设立合作企业（电影除外），从事音像制品的分销业务。设立中外合作音像制品分销企业，外资比例不超过49%，合作期限不超过15年”,[①] 为履行承诺，中国根据自己的国情颁布了具体法律法规。

第一，在合作音像方面。中国文化部、外经贸部于2001年12月10日颁布了《中外合作音像制品分销企业管理办法》（下称《办法》），并于2002年1月10日起施行。中外合作音像制品分销企业属于契约式合营企业，即中外双方按照合作企业合同的约定分配收益、分担风险，其中，中方合作者在合作企业中所拥有权益不得低于51%，合作期限不超过15年。中外合作音像制品分销单位必须经销依中国法律出版或引进的合法音像制品，不允许经营走私盗版音像制品。

第二，在分销服务方面。在《目录》中，音像制品分销属于限制类。《办法》规定，外国合作者可在中国境内与中国企业合作设立从事音像制品批发、零售、出租业务的企业。外资合作方不能控股，且合作期限不超过15年。

第三，在审批程序方面。根据《关于建立更紧密经贸关系的安排》，即CEPA（Closer Economic Partnership Arrangement）相关规定，针对中国港澳地区，中外合作音像制品分销企业报文化部立项，合同、章程由商务部审批。

2002年2月，文化部批准美国索尼音乐有限公司与上海新汇光盘集团和上海精文投资有限公司合作建立上海新索音乐有限公司（简称SEMO），从事音像

---

① 中国投资指南音像业加入WTO的相关承诺［EB/OL］. http://www.fdi.gov.cn/pub/FDI/zgjj/hyzk/fwy/yx/t20060419_24073.htm.

制品分销业务，这是中国入世后第一家获得政府批准的中外合作音像分销企业。[①]

2003年12月8日，中国文化部、商务部联合发布《办法》（文化部、商务部令第28号），并于2004年1月1日施行，原《办法》同时废止。这标志着中国向外资开放音像产业投资市场进一步迈出实质性步伐。从实施之日起，我国开始放宽香港企业到内地从事音像分销业务、影院建设和经营限制。

2004年11月28日，《中外合资、合作广播电视节目制作经营企业管理暂行规定》开始实施。按照入世有关规定，该年年底，中国的音像产品分销业务彻底对外开放。尽管当时只批准了中录华纳、上海新索、广东鸿翔三家中外合作企业开展音像分销业务，且在中外双方的股权比例上有严格的限制，但可以预见的是，一旦这种保护性措施取消，外资将迅速进入。

2009年9月28日，中国商务部、新闻出版总署联合印发关于《办法》的补充规定，允许香港、澳门服务提供者在内地以独资形式提供音像制品（含后电影产品）的分销服务，并于2009年10月1日起施行。[②] 随着合资公司业务的不断拓展以及更多国外公司的进入，中外合资对中国音像产业的影响逐渐显现。

首先，国有音像企业优先发展。

中录、中唱等大型国有企业在中国音像业界拥有巨大资源，优势特殊，尤其在与政府交流呼应方面十分默契，会成为国外公司合作对象首选。例如中录华纳优势就比较突出，自2004年2月25日公司正式成立以来，中录华纳发行的新片已以百计数，同时也在不断拓展发行渠道。在内地与香港合作方面，由香港英皇娱乐集团与内地最具影响力的老牌劲旅——中国唱片总公司合资成立的中唱英皇，行事低调，但业务拓展早已如火如荼。

其次，外资依赖并影响资本市场。

大多外资企业与资本市场息息相关，一旦在境内直接投资或合资成立企业，其在资本市场的融资便利和财富效应，将使其资本实力加速膨胀，而国内民族音像业与外资企业竞争的弱势也趋明显。此外，外资企业资本实力雄厚，必然直接或间接地主导节目制作、分销等领域话语权，优先获取版权资源或掌握销售终

① 中国投资指南.2002年音像业利用外资现状［EB/OL］. http://www.fdi.gov.cn/pub/FDI/zgjj/hyzk/fwy/yx/t20060419_24076.htm.

② 中华人民共和国中央人民政府.关于《中外合作音像制品分销企业管理办法》的补充规定［EB/OL］. http://www.gov.cn/flfg/2009-09/28/content_1428713.htm.

端。这对我国国内音像市场影响不可小觑。[①] 同时，可以预见的是对我国国内资本市场的发展产生不小的影响，不排除在资本市场上形成对我国相关上市公司的挤压与兼并。

最后，中国音像产业改革日趋紧迫。

随着中国入世，中国音像产业将面对国际化与现代化潮流的洗礼，既有更多锻炼、施展、提升与发展机遇，也面临不小的风险、压力与挑战。从短期判断，入世对中国音像产业带来了很多压力与挑战，但从长远的眼光看，不走向世界，我国音像产业就不可能发展成世界先进水平，就无法利用海外资源与海外市场，就不可能尽快适应国际规则，引导国际规则。要想使我国音响产业适应新趋势，改革创新几乎成为唯一出路。改革创新才会使国际化有利于中国音像产业的改造，提升音像产业的经营规模与管理水平，有利于提高企业的竞争力，使中国音像产业走向国际市场，创造巨大的经济效益与文化影响力。

3. 跨国音像公司在华投资

一般来说，跨国音像公司投资音像业主要分三个步骤：首先是开展版权贸易。跨国音像公司在接受投资国寻找合作或代理伙伴，赋予其作品发行权，借此来培育接受投资国的消费市场。其次是建立合资机制。跨国音像公司与当地音像公司进行合资，通过合资公司宣传和树立自己品牌，进一步拓展接受投资国的消费市场。最后是成立全资子公司。在完成上述前两步骤后，跨国公司在我国国内已经基本完成市场运营体系建设工作。为进一步强化市场控制力，增加自身利润，跨国公司会适时建立自己子公司，来彻底占领市场。

改革开放前，中国仅有两家音像企业接受海外投资，分别是东方百代唱片公司和大中华唱片厂。前者由法国商人于 1908 年在上海建立，主要从事唱片和唱机的销售，1915 年前后，该公司在上海购地建厂，中国从此有了唱片制造业[②]，这是中国音像产业最早意义上的外资进入；后者由中日双方于 1917 年合资成立，但该厂于 1927 年改由民族资本独立经营。在此之后的 50 多年里，由于受计划经济等各种因素的影响，中国音像产业投资发展十分缓慢。

改革开放后，中国音像业对外资开放较晚，在此大背景下，外资投资国内音像市场主要有两个目的：一是挖掘国内音乐资源，进一步强化自身竞争力；二是

① 中国投资指南．2004 年音像业利用外资现状［EB/OL］．http：//www. fdi. gov. cn/pub/FDI/zgjj/hyzk/fwy/yx/t20060419_24079. htm.

② 新华网．我国音像业简史与现状［EB/OL］．http：//news. xinhuanet. com/zhengfu/20010528/595046. htm.

建立销售网为后续引进节目提前占领市场。音像市场的迅猛发展吸引了越来越多的投资者和经营者，使国内音像市场经营主体多元化趋势愈演愈烈，同时也越来越清晰地体现出前文所述“三个步骤”顺序性。比如前面所提到的SEMO，尽管目前为止还停留前两步骤，但是我们知道索尼音乐在全球80多家核心企业毫无例外都是独资子企业，在中国SEMO也不会满足现状，第三个步骤的实施仅仅是时间问题。

4. 音像产业利用外资统计

如图4－3所示，据商务部统计，2004年外商投资音像领域的项目数为15个，合同外资金额为3 313万美元，比去年同期增加838.53%，实际使用外资额107万美元，比去年增加13.83%。2005年，音像业利用外资项目1个，实际使用外资额没有统计。[①] 2006年音像业利用外资项目2个，实际利用外资金额约3万美元。[②] 2007年起，音像对应于国家统计局《国民经济行业分类（GB/T 4754－2202)》中的音像制作（行业代码为R894），属于禁止类外商投资项目，因此该行业无利用外资数据。[③] 以上数据依据来源清晰，但我们依然认为相关数据准确和全面程度有待进一步探讨。

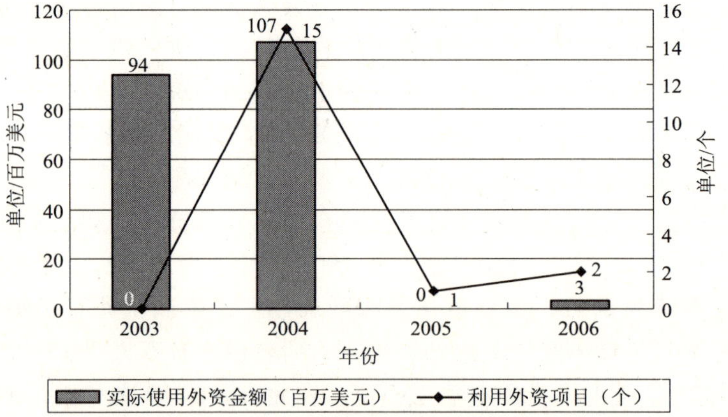

图4－3　2003－2006年中国音像业利用外资情况

数据来源：中华人民共和国商务部

① 中国投资指南.2005年音像业利用外资现状［EB/OL］. http://www.fdi.gov.cn/pub/FDI/zgjj/hyzk/fwy/yx/t20071121_87379.htm.

② 中国投资指南.2006年音像业利用外资现状［EB/OL］. http://www.fdi.gov.cn/pub/FDI/zgjj/hyzk/fwy/yx/t20071121_87399.htm.

③ 中国投资指南.2007年音像业利用外资现状［EB/OL］. http://www.fdi.gov.cn/pub/FDI/zgjj/hyzk/fwy/yx/t20081029_98642.htm.

（四）广告产业

1. 广告产业外资企业发展

1994年11月，国家工商行政管理局、对外贸易经济合作部联合发布了《关于设立外商投资广告企业的若干规定》。《规定》第二条指出，本规定所称外商投资广告企业，是指中外合资、合作经营广告业务的企业。由此可知中国在入世前还不允许设立外商独资的广告公司。本文所述广告产业，对应于国家统计局《国民经济行业分类（GB/T 4754－2202）》中的广告产业，行业代码为L744。

中国入世后，为履行入世承诺，2002年3月《目录》颁布，并于同年4月1日起正式实施。《目录》明确规定，广告服务仅限于通过在中国注册的、有权提供外国广告服务的广告代理。允许外国服务提供者以合资企业形式在中国设立的广告企业，外资比例不超过49%；不迟于2003年12月11日允许外方控股；不迟于2005年12月11日允许外方独资。①

表4－3　2001年中国广告产业外商投资企业项目经营额　单位：万元

项　目	金　额	排　名
化妆品	145 711	1
食品	136 700	2
酒类	50 456	3
家用电器	37 522	4
汽车制造	29 064	5
房地产	18 863	6
服饰	11 775	7
医疗器械	7 886	8
药品	6 662	9
旅游	5 671	10
医疗服务	5 314	11
烟草	1 906	12
其他	178 263	

数据来源：中华人民共和国商务部

① 中国投资指南．2002年广告业利用外资现状［EB/OL］. http：//www.fdi.gov.cn/pub/FDI/zgjj/hyzk/fwy/gg/t20060419_23987.htm.

经过多年发展，中国广告产业外资企业呈现出自身一些特点。

第一，广告涉及领域广泛。

截至2001年底，中国广告产业外商投资企业经营单位有329户，从业人员8 600人。2001年外商投资广告企业经营额74.4亿元，如表4-3所示，广告涉及三大产业几乎所有项目，其中化妆品位列当年外商投资企业经营单位广告经营额的第一位。

第二，一线城市发展较快。

北京、上海、广州等中国一线城市外资广告公司发展较快。中国广告产业外商投资企业2001年营业额排名显示，位居前列的盛世长城国际广告有限公司、麦肯·光明广告有限公司、智威汤逊·中乔广告有限公司、上海奥美广告有限公司、精信广告有限公司、上海灵狮广告有限公司和北京电通广告有限公司等都在一线城市。以上海为例，截至2001年底，上海已有外商投资广告企业60家，占全市广告经营单位2 656家的2.3%。2001年上海广告经营额在1亿元以上的外商投资广告企业有14家，占全市20家的70%。同年上海外商投资广告企业广告经营额达23.4亿元，占全市的18%，占全国的31.5%。

第三，企业实力相对雄厚。

总体看，在广告行业中，外资企业规模较大，客户质量较高，文化创意和科技创新水平较强，综合实力较为雄厚。例如，上海大型合资广告企业上海奥美广告有限公司由国际奥美集团（Ogilvy）与上海广告公司于1991年10月合资设立，国际奥美集团隶属于总部在伦敦的全球知名WPP集团，实力非常雄厚。多年来，上海奥美广告有限公司为许多大型企业如上海大众、联合利华、肯德基、科达、西门子、IBM、摩托罗拉、中国移动通信等代理广告业务。再如盛世长城国际广告有限公司，是由中国长城工业公司、中国天马旅游事业公司和英国盛世国际广告公司合资创办，是一家经营国内外各类广告设计、制作、发布及全面代理的中外合资广告公司，年营业额已超过20亿元，其推出的西安杨森、飘柔、海飞丝、强生、TCL等众多品牌的产品广告取得了巨大成功。

第四，对本行业影响兼有利弊。

一方面，部分外资广告公司促进了本土广告产业的发展。广告产业虽然投资相对较小，但通过吸收外商直接投资，可以引进先进技术、现代管理经验和优秀广告行业人才，促进中国广告产业总体水平的提高；另一方面，这些企业逐渐开始本土化进程，整合广告资源，成为本土广告产业的强大竞争对手。截至到

2004 年底，中国广告市场份额的 1/5 已被外资广告公司占据。[①]

2. 跨国广告公司在华投资情况

伴随中国改革开放和经济飞速发展，跨国广告公司不断加快拓展中国市场脚步，全球前 10 大广告公司已全部在中国设立了合资公司，全球前 20 大广告公司也都通过各种途径进入了中国市场。但由于中国对第三产业开放实施保护性政策，外资广告行业品牌与资本扩张都是相对平缓和温和的。[②] 经过多年发展，跨国广告公司介入的合资企业与中国独资广告企业相比，外资企业呈现出不同的特点，概括如下：

第一，合资双方均为大型企业，强强联合趋势显著。

比如 2002 年，中国首家大型综合性国际服务贸易集团——东浩集团与英国 WPP 集团、日本株式会社博报堂签约合资，将旗下上海广告有限公司改制成中外合资企业。上海广告有限公司有 40 年历史，在中国广告公司的综合实力排行榜上多次名列第一，是中国国有广告公司的标志性企业；英国 WPP 集团为世界 500 强，是全球最大传播服务集团之一，拥有多家全球标志性广告公司；日本株式会社博报堂是一家有 100 多年历史的国际广告公司，营业额排名亚洲第二、全球第九。三家企业的合作可谓强强联合。

第二，以京沪穗为中心，积极向二线城市扩张。

早期，跨国广告公司进入中国市场后，普遍以京、沪、穗三地为据点向全国市场辐射，这种拓展方式使初期进入中国市场的跨国广告公司可以较好服务在中国的国际客户和国内一流企业。2003 年以后，跨国广告公司已经逐渐不满足于此，进而积极向中国二线城市扩张。例如，奥美与福建当地最大广告企业奥华广告成立合资广告公司后，智威汤逊广告（JWT）在广州洽购旭日因赛，精信广告（Grey）分别与南京卓越广告和浙江奇正结成战略联盟。与早期进入中国市场的外资广告企业不同，上述企业进军中国市场后，并不是急于成立合资公司，而是选择与有发展潜质的本土广告公司进行区域结盟，直接实施并购，以较低成本快速进入二线城市。

第三，中央和地方政策扶持，外资进入中国呈现加速态势。

2004 年以来，中央和地方陆续出台一些规定，进一步吸引外资广告企业在

① 中国投资指南．2004 年广告业利用外资现状［EB/OL］．http：//www.fdi.gov.cn/pub/FDI/zgjj/hyzk/fwy/gg/t20060708_53767.htm.

② 中国投资指南．2003 年广告业利用外资现状［EB/OL］．http：//www.fdi.gov.cn/pub/FDI/zgjj/hyzk/fwy/gg/t20060419_23979.htm.

华投资。根据中国国家工商总局和商务部联合颁布的《外商投资广告企业管理规定》，从2004年3月起，外资即可控股中国广告企业，其最高持股比例由49%上调至70%；2005年12月10日以后，允许建立外资独资广告公司。此外，各地工商行政管理部门也纷纷出台各种规定，简化外资广告企业审批手续。如北京市工商局取消了沿用多年的广告经营许可证，专业性广告公司经营采用被企业登记制度；上海市工商局取消“临时广告的代理、发布资格审批”等。这些措施都促进了外资广告企业对华投资。

第四，企业派系划分明显，中方投资人有限参与经营决策。

中国市场最强势跨国广告公司整体可以分为两大派系：欧美系和日系。前者中方往往不参与任何经营，外方虽不控股，但在合作中较为强势。如美国精信集团是世界第七大传播集团，进入中国之初，与国安集团合资成立精信广告公司，合资期15年，公司成立后经营决策和日常管理基本上由外方控制，中方仅仅作为股东出席每年股东大会，并不介入日常的经营管理。在后一派系，中方往往会派遣部分人员在合资公司中担任人事、行政和财务相关职务，但通常不介入专业服务和经营决策。

第五，CEPA为外资设立独资子公司提供便利。

2004年，中国广告市场上最显著特征是多家跨国广告公司通过CEPA相关条例，抢先设立外资独资广告公司。2004年7月，总部位于中国香港的星空传媒，由于具备“在港从事实质性商业经营3年以上”这一准入条件，被获批在上海成立首家外资独资广告子公司。同年8月，具有证券市场背景且是全球最重要商业及金融信息出版商之一的道琼斯公司，获准在中国成立独资广告公司，成为第一个位于上海的平面媒体外国独资广告公司。此后越来越多的跨国广告公司借助CEPA这条通道在中国设立外资独资广告公司。

3. 广告产业利用外资分析

（1）总量分析。如图4－4所示，据商务部统计，2005年广告产业利用外资项目44个，比上年同期增长51.74%；实际利用外资金额约2 400万美元，同比上升120.63%。2006年，广告产业利用外资项目62个，较上年同期增加40.91%；实际利用外资金额约5 000万美元，同比增长109.93%。2007年广告产业新设立外商投资项目68个，比上年同期增加6个；实际使用外资金额7 793万美元，同比上升54.93%。新设立企业数和实际使用外资金额占全国同期吸收外资总量的比重分别为0.18%和0.1%。2008年广告产业新设立外商投资项目60个，比上年同期减少8个；实际使用外资金额8 481万美元，同比上升8.83%。新设立企业数和实际使用外资金额占全国同期吸收外资总量的比重分别为 0.22% 和 0.09% 。

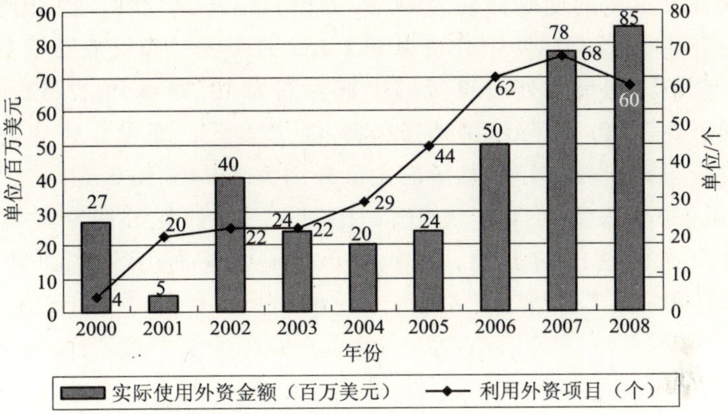

图 4－4　2000－2008 年中国广告产业利用外资情况

数据来源：中华人民共和国商务部

（2）来源地分析。从外资来源看，以实际使用外资金额计算，2005 年广告产业的外资主要来源于亚洲、大洋洲和北美洲。来自于中国香港、澳大利亚、日本、韩国和美国的资金分别占到广告产业实际利用外资的 83% 、13% 、3% 、0.6% 和 0.4% 。2006 年广告产业的外资主要来源于亚洲地区，其中来自中国香港的资金占到实际利用外资金额的 90% 以上。

2007 年，中国香港、德国、英属维尔京群岛、意大利、韩国等国家或地区位居广告产业吸收外资来源地的前五位，分别占该行业实际使用外资总额的 65.3% 、18.84% 、5.76% 、3.55% 、2.22% （见图 4－5）。

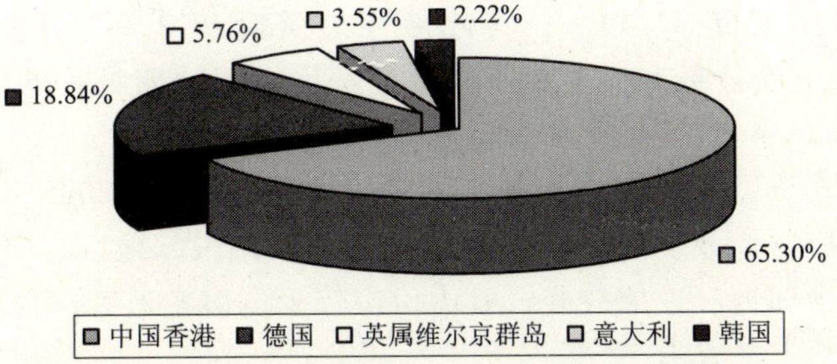

图 4－5　2007 年广告产业外商直接投资主要来源地

数据来源：中华人民共和国商务部

同年，亚洲十国/地区对华投资新设立企业 53 家，实际使用外资金额 5 542

万美元，同比分别增长6%和10.18%；新设立企业数和实际使用外资金额占全国同期吸收外资总量的比重分别为77.94%和71.12%。欧盟对华投资新设企业9家，同比上升50%；实际使用外资金额1 755万美元；新设立企业数和实际使用外资金额占全国同期吸收外资总量的比重分别为13.24%和22.52%。美国对华投资新设立企业2家；实际使用外资金额47万美元；新设立企业数和实际投入外资金额占全国同期吸收外资总量的比重分别为2.94%和0.6%。

2008年，中国香港、日本、英国、德国、马来西亚等国家或地区位居广告产业吸收外资来源地的前五位，分别占该行业实际使用外资总额的49.05%、23.61%、22.99%、2.87%、0.48%。（见图4-6）

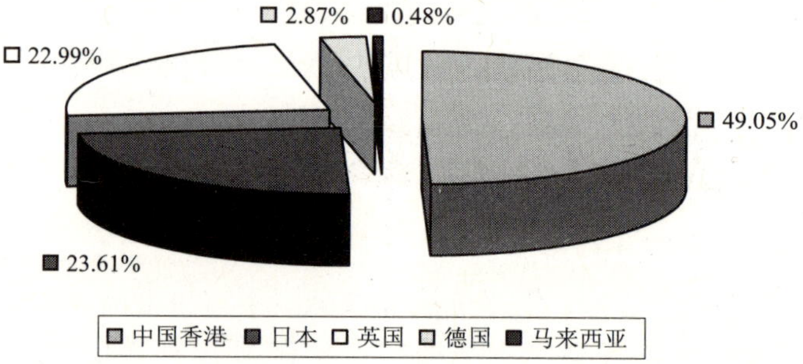

图4-6　2008年广告产业外商直接投资主要来源地

数据来源：中华人民共和国商务部

同年，亚洲十国或地区对华投资新设立企业49家，实际使用外资金额6 240万美元，同比分别增长-7.55%和12.59%；新设立企业数和实际使用外资金额占全国同期吸收外资总量的比重分别为81.67%和73.58%。欧盟对华投资新设企业5家，同比下降44.44%；实际使用外资金额2 242万美元，同比增长27.75%；新设立企业数和实际使用外资金额占全国同期吸收外资总量的比重分别为8.33%和26.44%。

（3）地区分布。从广告产业吸引外资的地区分布看，2005年至2008年，总的趋势是中国广告产业实际利用外资均主要分布在东部地区，且主要集中在京、沪、穗三地；中部地区发展较晚，且占份额较少。但各地区广告产业实际利用外资情况在大趋势下又略有不同。

2005年实际利用外资全部集中在东部地区，分布在上海、北京、江苏、广东和福建，实际利用外资金额分别占总计的47%、25%、15%、12%和1%（见图4-7）。

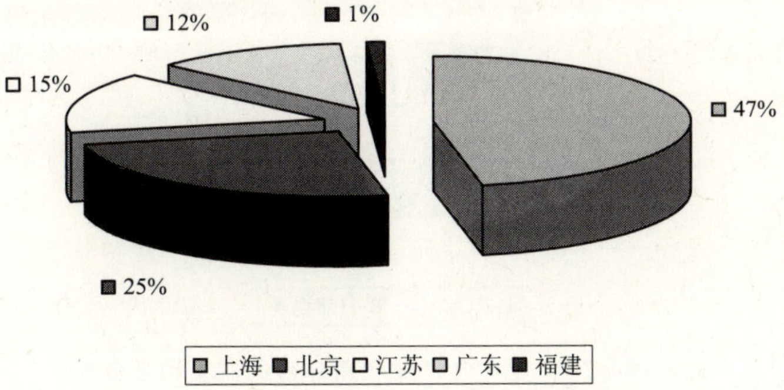

图 4－7　2005 年广告产业利用外资的主要地区分布

数据来源：中华人民共和国商务部

2006 年实际利用外资全部集中在东部地区，分布于广东、北京、上海、江苏和福建，实际利用外资金额分别约占总计的 40%、32%、24%、3% 和 1%（见图 4－8）。

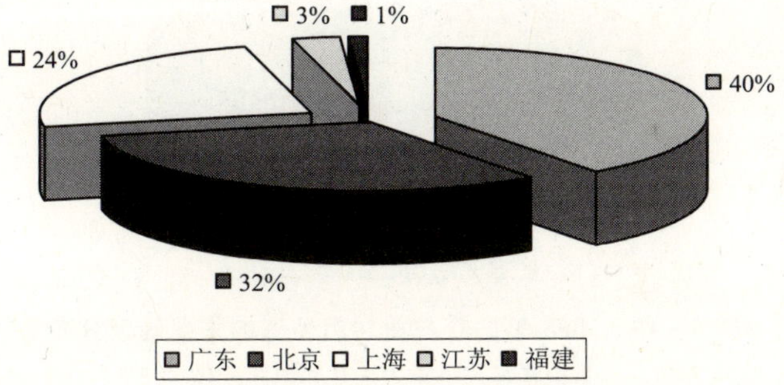

图 4－8　2006 年广告产业利用外资的主要地区分布

数据来源：中华人民共和国商务部

如图 4－9 所示，2007 年实际利用外资依然主要集中在东部地区，但是中部地区已经有了明显的起色。

东部地区新设外商投资企业 63 家，实际使用外资金额 7 093 万美元，分别占全国同期吸收外资总量的 92.65% 和 91.02%。东部地区实际使用外资金额排前三位的地区是上海、北京和广东，实际使用外资金额分别为 3 920 万美元、2 118 万美元和 587 万美元，分别占东部地区实际使用外资总量的 50.3%、27.18% 和 7.53%，新设外商投资企业分别为 27 家、23 家和 5 家。

中部地区新设外商投资企业 1 家，实际使用外资金额 700 万美元，分别占全

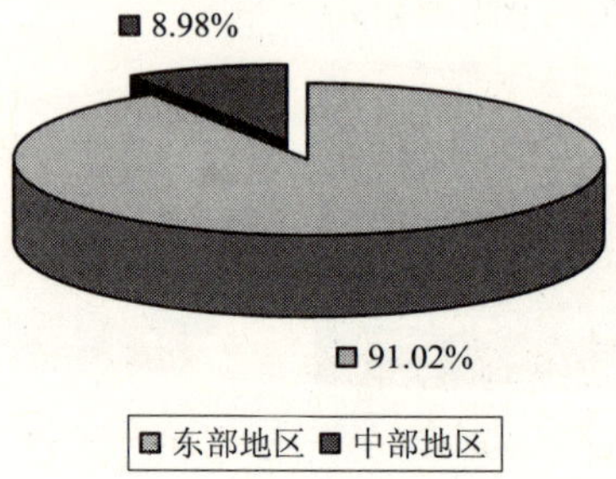

图 4-9　2007 年广告产业利用外资的主要地区分布

数据来源：中华人民共和国商务部

国实际使用外资金额的 1.47% 和 8.98% 。该企业位于湖北省。

如图 4-10 所示，2008 年实际利用外资几乎全部集中在东部地区，中部地区有了明显的下降。

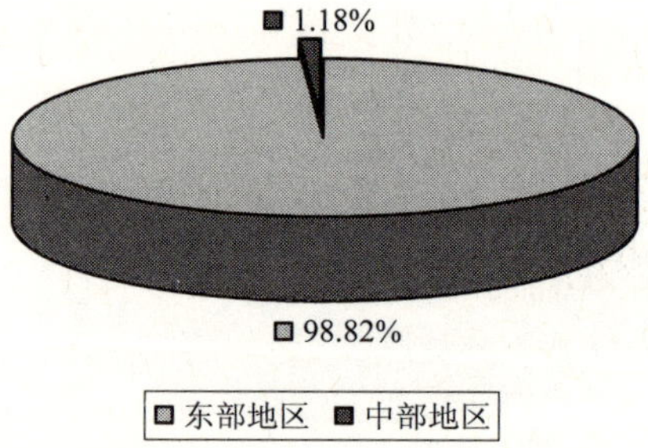

图 4-10　2008 年广告产业利用外资的主要地区分布

数据来源：中华人民共和国商务部

东部地区新设外商投资企业 56 家，实际使用外资金额 8 381 万美元，分别占全国同期吸收外资总量的 93.33% 和 98.82% 。东部地区实际使用外资金额排前三位的地区是北京、广东和上海，实际使用外资金额分别为 6 399 万美元、1 430 万美元和 378 万美元，分别占东部地区实际使用外资总量的 75.45% 、16.86% 和 4.46% ，新设外商投资企业分别为 20 家、10 家和 20 家。

中部地区新设外商投资企业 1 家，实际使用外资金额 100 万美元，分别占全国新设外商投资企业和实际使用外资金额的 1.67% 和 1.18% 。该企业位于湖北省。

（4）广告产业利用外资方式。从中国广告产业利用外资方式看，2005 年至 2008 年，中外合资和外商独资是中国广告产业利用外资的主要方式，2005 年后由于中央和地方的政策放宽，外商独资项目成为中国广告产业利用外资的最为主要的方式。

2005 年广告产业中外合资项目 20 个，外商独资项目 19 个，分别占广告产业利用外资项目个数的 45.45% 和 43.18%；实际利用外资金额分别为 800 万美元和 1 100 万美元。而同年中外合作企业项目仅为 5 个。

2006 年广告产业外商独资项目 42 个，占广告产业利用外资项目个数的 67.74%；实际利用外资金额 2 500 万美元。中外合资和中外合作企业项目分别为 17 个和 3 个。

2007 年广告产业新设外商独资项目 54 个，占广告产业利用外资项目个数的 79.41%；实际使用外资金额 5 389 万美元，分别是中外合资和中外合作企业项目的 2.39 倍和 34.99 倍。中外合资和中外合作企业项目分别为 10 个和 4 个。①

2008 年广告产业新设外商独资项目 44 个，占广告产业利用外资项目个数的 73.33%；实际使用外资金额分别为 7 935 万美元，分别是中外合资和中外合作企业项目的 17.14 倍和 95.60 倍。中外合资和中外合作企业项目分别为 14 个和 2 个。②

另外，2005 年，广告产业外商投资额超过 100 万美元的项目 3 个，合计投资总额 4 100 万美元；投资者主要来自于我国香港地区，项目分布于北京和上海两地。③

2006 年，广告产业外商投资额超过 100 万美元的项目 10 个，合计投资总额 4 200 万美元；投资者主要来自于中国香港、德国、日本等国家和地区，项目分布于北京、浙江和广东等地。④

（五）展览产业

1. 展览产业外资企业发展

艺术产业范围很广，包括展览产业、博物馆业和艺术品业等等。本文中，展览产业是指对应于国家统计局《国民经济行业分类（GB/T 4754 - 2202)》中的

---

① 中国投资指南 . 2007 年广告业利用外资现状 [EB/OL]. http: //www. fdi. gov. cn/pub/FDI/zgjj/hyzk/fwy/gg/t20090212_101626. htm.

② 中国投资指南 . 2008 年广告业利用外资现状 [EB/OL]. http: //www. fdi. gov. cn/pub/FDI/zgjj/hyzk/fwy/gg/t20091026_113438. htm.

③ 中国投资指南 . 2005 年广告业利用外资现状 [EB/OL]. http: //www. fdi. gov. cn/pub/FDI/zgjj/hyzk/fwy/gg/t20071121_87339. htm.

④ 中国投资指南 . 2006 年广告业利用外资现状 [EB/OL]. http: //www. fdi. gov. cn/pub/FDI/zgjj/hyzk/fwy/gg/t20071121_87403. htm.

会议及展览服务（行业代码为 L7491）。以展览业为例，国外展览产业在改革开放初期开始进入中国，中外合资和外商独资建设现代化展览馆是投资方进入他国的最直接方式，也是近几年国际展览产业的显著趋势。经过多年发展，展览行业的外资企业已在中国市场形成自己特点：

第一，大量参与国际专业展会并承担主要角色。

截至 2002 年底，经中国外经贸部批准，有资格主、承办来华展览的展览公司已有 197 家，这些国外展览公司通过与中国有关单位合作，例如和国内一些权威行业协会或机构合作举办国际展览会，已在国内展览产业占有重要地位。据不完全统计，国内举办的国际专业展览中，约有 40% 的活动有中国香港或海外公司参与，且往往作为海外招展的总组织者。在运输、施工和旅游等行业展览中成为主要承包商。他们推进自身展览项目，力图占据在中国国内垄断地位，对中国现有展览行业品牌和展览构成不小影响。

第二，中外合资展览企业主要集中在中国一线城市。

中外合资展览企业多集中在京、沪等一线城市。以上海为例，德国三大展览公司，汉诺威、慕尼黑和杜塞尔多夫与上海浦东土地发展公司合资建造了上海新国际博览中心，双方各投资 50%，总建筑面积为 20 万平方米；英国 Miller Freeman 公司控股合资了上海一家较有影响的民营展览公司；荷兰皇家展览公司兼并了上海一家私人展览公司；香港雅式展览公司也在上海建立了自己的第一家合资企业。①

第三，政府出台法律法规鼓励外资展览企业发展。

虽然中国入世的服务贸易条款对会展业没有明确规定开放时间，但是对会展业隶属的商业服务业开放时间做出了规定，因此中国展览产业的开放势在必行并有相应的时间约束。为履行承诺和“为鼓励外国公司、企业和其他经济组织（外国投资者）在中国境内设立外商投资会议展览公司，举办具有国际规模和影响的对外经济技术展览会和会议”，2004 年 1 月 13 日，中国商务部出台了《设立外商投资会议展览公司暂行规定》，该规定明确指出，“国家鼓励引进国际上先进的组织会议展览和专业交流方面的专有技术，设立外商投资会议展览公司，促进中国会展业的发展，创造良好的社会和经济效益。外商投资会议展览公司在中国境内的正当经营活动和合法权益受中国法律的保护。”按照规定，经批准设立的外商投资会议展览公司可在中国境内主办、承办各类经济技术展览会和会

① 中国投资指南 .2002 年展览业利用外资现状［EB/OL］. http：//www.fdi.gov.cn/pub/FDI/zgjj/hyzk/fwy/zl/t20060419_24080.htm.

议；在中国境外举办会议。

2. 跨国展览公司在华投资情况

入世后，展览产业对外开放的要求使得中国对于展览产业投资的限制逐渐减少。2004 年 12 月 11 日中国服务业对外全面开放，这当中也包括对展览产业的开放，越来越多的跨国展览公司入股中国市场。在有更多外资注入的同时，经验丰富的跨国展览管理人员也会来到中国市场，对其独资、合资项目进行管理或开发更多的展览项目。经过长期发展，跨国展览公司在华投资呈现出以下特点：

第一，跨国展览公司利用 CEPA 等政策通道实施投资中国计划。

通过对中国会展市场的观察，特别是 2004 年 CEPA 的实施和 2006 年入世承诺的全面实施，跨国展览公司积极开拓中国会展这个全球最具潜力的市场。2004 年后，许多跨国公司在中国快速发展，展示出他们在中国会展市场日趋成熟；4 月，CMP 亚洲公司全面实施扩张战略，将广州办事处升格为分公司；年底，其下属的上海博华展览公司与爱洛尼亚公司组建博建展览有限公司，在上海运作建筑及陶瓷类品牌展会；德国柏林国际展览公司、德国美沙集团、德国美习会展服务公司、新加坡环球展览公司和日本 TCS 会展服务公司等跨国展览公司也都一改以往观望之势，部署各自在中国投资的计划和项目。①

第二，跨国展览公司积极向中国一线城市转移和复制国际品牌展会。

2004 年以来，跨国展览公司相继把其成功的国际展会移植到中国部分一线城市。以上海为例，德国汉诺威展览公司拥有著名的汉诺威工业博览会（Hannover Messe）和世界最大的展览会汉诺威信息及通信技术博览会（CeBIT Hannover），其中，前者的传动技术、物料搬运和能源电气等专题展会已被移植到上海，后者已经以亚洲信息及通信技术博览会（CeBIT Asia）名称在上海举行。德国汉诺威展览公司是最先把德国品牌展览会向中国上海转移的企业。

慕尼黑展览公司拥有著名的国际工程机械、矿山机械、建材机械、工业车辆及零部件博览会（BAUMA）、环保展览会、物流展览会和房地产展览会等，且均已转移复制到了上海。其中通过转移复制 BAUMA，形成了亚洲工程机械第一展——中国国际工程机械、建材机械、工程车辆及设备博览会（BAUMA China）。

杜塞尔多夫展览公司则是先后将仪器仪表展览会、线材与管材展览会和印刷机械展览会等项目从杜塞尔多夫转移复制到了上海。

除德国以外，其他国家和地区的跨国展览公司也纷纷努力开展与中国政府、

① 中国投资指南 . 2003 年展览业利用外资现状 [EB/OL]. http://www.fdi.gov.cn/pub/FDI/zgjj/hyzk/fwy/zl/t20060419_24082.htm.

行业协会和业界同行的合作，积极向中国一线城市转移复制其旗下的品牌国际展会。

第三，跨国展览公司提高了展览水准，规范了市场竞争，实现了优胜劣汰。

展览产业全面开放，不仅吸引了跨国展览公司进入中国市场，同时营造了一个国际化的经营环境和透明的法制环境，促进了国内外资本在更高水平的展览行业开展公平自由的竞争与合作。在优胜劣汰中，使中国展览产业优化了资源配置，打造了一批资质水平高、影响范围广的国际品牌展览会和一批国际竞争力强、现代企业制度健全的国际会展企业集团。跨国展览公司投资中国市场推进了中国展览产业市场化、产业化的进程，使内展和外展两种资源相互融合，相互促进。①

3. 展览产业利用外资统计

如图 4－11 所示，据商务部统计，2005 年展览产业利用外资项目 38 个，较上年同期增长了 5.56%；实际利用外资金额约 0.04 亿美元，同比增长 26.57%。2006 年展览产业利用外资项目 47 个，比上年同期增长 23.68%；实际利用外资金额约 0.06 亿美元，同比上升 67.96%。2007 年展览产业新设立外商投资项目 30 个，比上年同期减少 17 个；实际使用外资金额 1 035 万美元，同比上升 70.23%。新设立企业数和实际使用外资金额占全国同期吸收外资总量的比重分别为 0.08% 和 0.01%。2008 年展览产业新设立外商投资项目 32 个，比上年同期

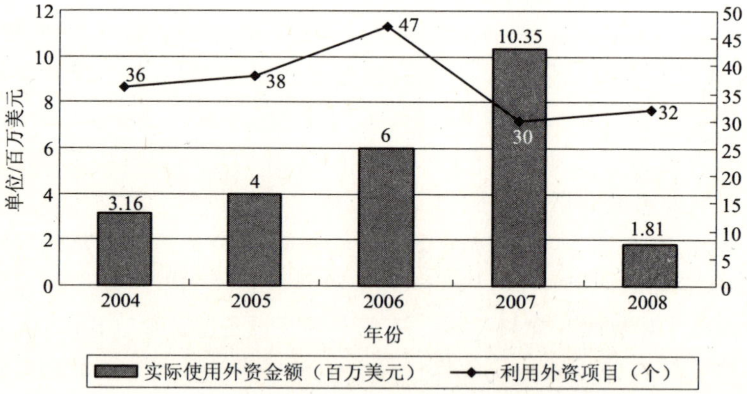

图 4－11　2004－2008 年展览产业利用外资情况

数据来源：中华人民共和国商务部

① 中国投资指南.2004 年展览业利用外资现状［EB/OL］. http://www.fdi.gov.cn/pub/FDI/zgjj/hyzk/fwy/zl/t20060709_53782.htm.

和地区排在展览产业吸收外资来源地的前5位，分别占该行业实际使用外资总额的49.72%、13.81%、13.26%、5.52%和5.52%。

同年，亚洲十国或地区对华投资新设立企业23家，实际使用外资金额131万美元，同比分别增长15%和减少85.7%；新设立企业数和实际使用外资金额占全国同期吸收外资总量的比重分别为71.88%和72.38%。欧盟对华投资新设企业7家，同比上升133.33%；实际使用外资金额40万美元，同比减少63.64%；新设立企业数和实际使用外资金额占全国同期吸收外资总量的比重分别为21.88%和22.1%。

5. 展览产业利用外资地区分布分析

从展览产业吸引外资的地区分布看，2005年至2008年，总的趋势是中国展览产业实际利用外资均主要分布在东部地区，且主要集中在京、沪、穗三地；由于展览产业的地域特性，与广告产业不同的是，中部地区鲜有外资进入，反而是西部地区位居东部地区之后居次席位置。

如图4－16所示，2005年，东部地区实际利用外资金额300万美元，占全部展览产业实际利用外资金额的90.33%；西部地区实际利用外资金额35万美元，占总计的9.67%。具体来说，广东、上海、四川、天津、北京和辽宁分别占据展览产业实际利用外资金额的前6位，实际利用外资金额分别约占总计的45%、33%、10%、7%、3%和2%。

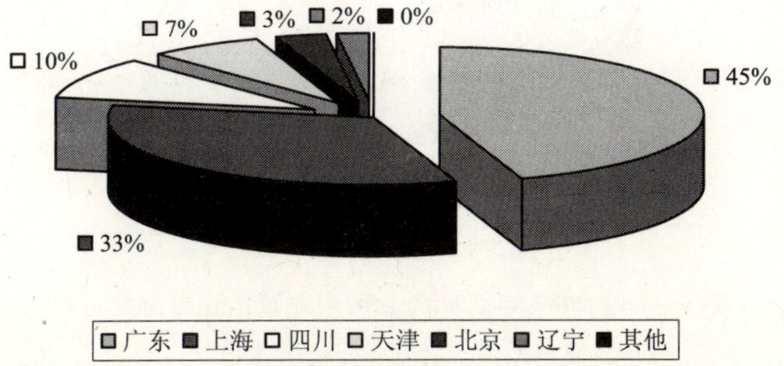

图4－16　2005年展览产业利用外资的主要地区分布

数据来源：中华人民共和国商务部

如图4－17所示，2006年，东部地区实际利用外资金额400万美元，占全部展览产业实际利用外资金额的78.45%；西部地区实际利用外资金额100万美元，占总计的21.55%。具体来说，广东、重庆、上海、北京、山东和四川分别占据展览产业实际利用外资金额的前6位，实际利用外资金额分别约占总计的

41%、14%、14%、9%、7%和6%。

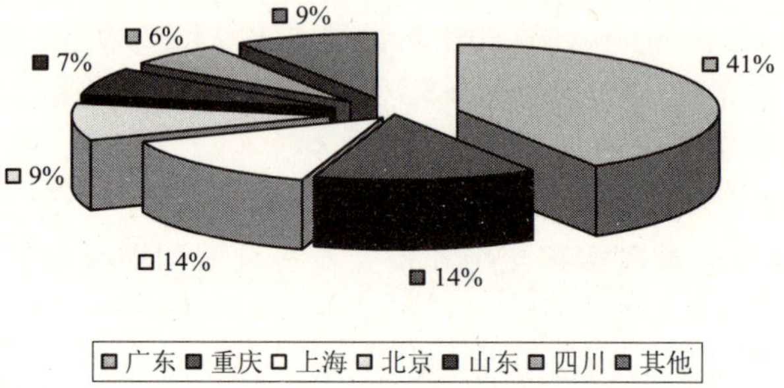

图4－17　2006年展览产业利用外资主要地区分布

数据来源：中华人民共和国商务部

如图4－18所示，2007年，东部地区新设外商投资企业26家，实际使用外资金额839万美元，分别占全国同期吸收外资总量的86.67%和81.06%。东部地区实际使用外资金额名列前位的地区是广东、上海和北京，新设外商投资企业分别为7家、10家和4家；实际使用外资金额分别为415万美元、302万美元和82万美元，分别占东部地区实际使用外资总量的40.1%、29.18%和7.92%。

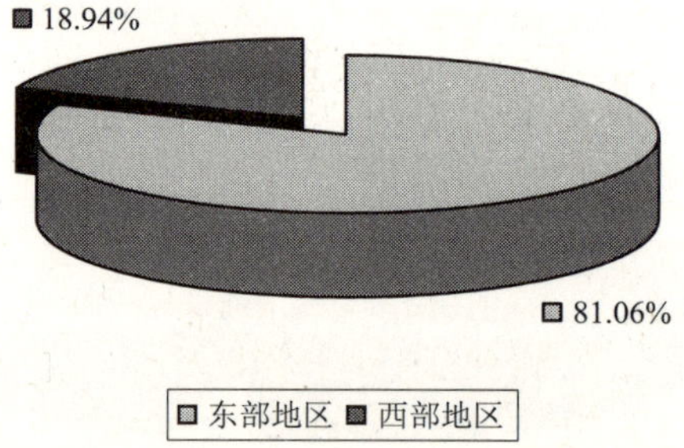

图4－18　2007年展览产业利用外资的主要地区分布

数据来源：中华人民共和国商务部

西部地区新设外商投资企业4家，实际使用外资金额196万美元，分别占全国实际使用外资金额的13.33%和18.94%。实际使用外资金额名列前位的地区是陕西、四川和重庆。前两者实际使用外资金额分别为184万美元和12万美元，分别占西部地区实际使用外资总量的17.78%和1.16%；后两者分别新设外商投资企业2家。

如图4－19所示，2008年，东部地区新设外商投资企业25家，实际使用外资金额 167 万美元，分别占全国同期吸收外资总量的 78.13% 和 92.27%。东部地区实际使用外资金额名列前位的地区是上海和北京，新设外商投资企业分别为 7 家和 5 家，实际使用外资金额分别为 124 万美元和 43 万美元，分别占东部地区实际使用外资总量的 68.51% 和 23.76%。天津新设外商投资企业为 1 家。

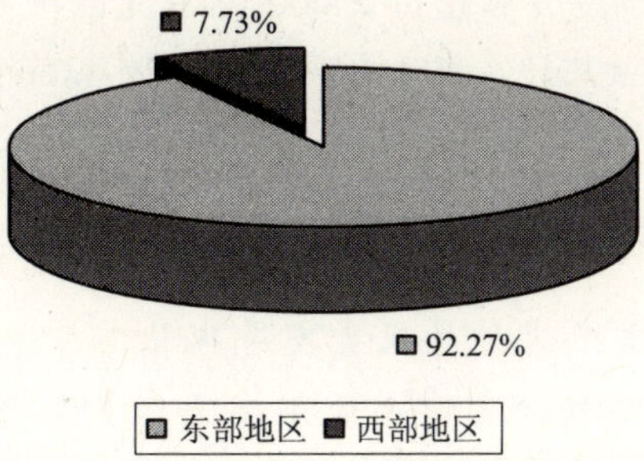

图 4－19　2008 年展览产业利用外资的主要地区分布

数据来源：中华人民共和国商务部

西部地区新设外商投资企业 6 家，实际使用外资金额 14 万美元，分别占全国新设外商投资企业和实际使用外资金额的 18.75% 和 7.73%。实际使用外资金额名列前位的地区是四川、重庆和云南，新设外商投资企业分别为 1 家、2 家和 1 家，实际使用外资金额分别为 7 万美元、6 万美元和 1 万美元，分别占西部地区实际使用外资总量的 3.87%、3.31% 和 0.55%。

6. 展览产业利用外资方式

从展览产业利用外资方式看，2005 年至 2008 年，外商独资和中外合资是展览产业利用外资的主要方式。

2005 年展览产业外商独资和中外合资项目各 17 个，均占展览产业利用外资项目个数的 44.74%；实际利用外资金额分别为 300 万美元和 90 万美元。而同年展览产业中外合作企业项目仅为 4 个。①

2006 年展览产业外商独资项目达到 37 个，占展览产业利用外资项目个数的 78.72%；实际利用外资金额 200 万美元。同年展览产业中外合资和中外合作企业项目分别为 7 个和 3 个。②

① 中国投资指南. 2005 年展览业利用外资现状 [EB/OL]. http://www.fdi.gov.cn/pub/FDI/zgjj/hyzk/fwy/zl/t20071121_87374.htm.

② 中国投资指南. 2006 年展览业利用外资现状 [EB/OL]. http://www.fdi.gov.cn/pub/FDI/zgjj/hyzk/fwy/zl/t20071121_87397.htm.

2007 年展览产业新设外商独资项目 25 个、中外合资项目 5 个，中外合作项目未作统计；实际使用外资金额分别为 552、249 和 234 万美元。[①]

2008 年展览产业新设外商独资项目 21 个、中外合资项目 11 个，实际使用外资金额分别为 172 万美元和 9 万美元。[②]

此外，展览产业外商投资额超过 2 000 万美元的项目方面，2005 年有 1 个；2006 年有 7 个，投资总额共计 4 300 万美元，主要来自于中国香港、意大利、英属维尔京群岛等国家和地区，项目分布于广东、山东、江苏等地。

三、中国文化创意产业对外投资发展现状与趋势

（一）中国文化创意产业对外投资发展现状

文化创意产业迅速发展，文化企业走出去成为对外投资新亮点。2006 年，商务部首次发布《中国对外投资统计公报》，在中国对外投资行业存量与流量分布中，将文化、体育和娱乐业对外投资情况作为一个单列项目，

虽然该统计公报将体育与文化娱乐归为一类统计，但也使人们对我国文化产业对外投资规模有了基本数量概念。根据《2009 年中国对外投资统计公报》显示，我国文化企业对外投资无论在存量和流量上都有较大发展，从存量角度看，文体娱对外投资存量逐年增长，2009 年文化企业对外投资占我国对外投资存量比例上升到 5.52%，而 2004 年相关数据仅为 1.32%，2007 年最高值曾达 7.82%（表 4－4）。

表 4－4　我国文体娱对外直接投资存量与占比

项目 年份	文体娱对外直接投资（万美元）	总对外直接投资（万美元）	文体娱对外直接投资占总对外直接投资的比例（%）
2004	592	4 477 726	1.32
2005	538	5 720 562	9.4
2006	2614	9 063 091	2.88
2007	9220	11 791 050	7.82
2008	10 733	18 397 071	5.83
2009	13 565	24 575 538	5.52

数据来源：《2009 年中国对外投资统计公报》

① 中国投资指南．2007 年展览业利用外资现状［EB/OL］．http://www.fdi.gov.cn/pub/FDI/zgjj/hyzk/fwy/zl/t20090212_101630.htm.

② 中国投资指南．2008 年展览业利用外资现状［EB/OL］．http://www.fdi.gov.cn/pub/FDI/zgjj/hyzk/fwy/zl/t20091027_113481.htm.

虽然，与其他行业相比，中国文化体育娱乐业对外投资规模仍然较小，但其发展势头良好，显示了巨大潜力（见图4－20、表4－5）。

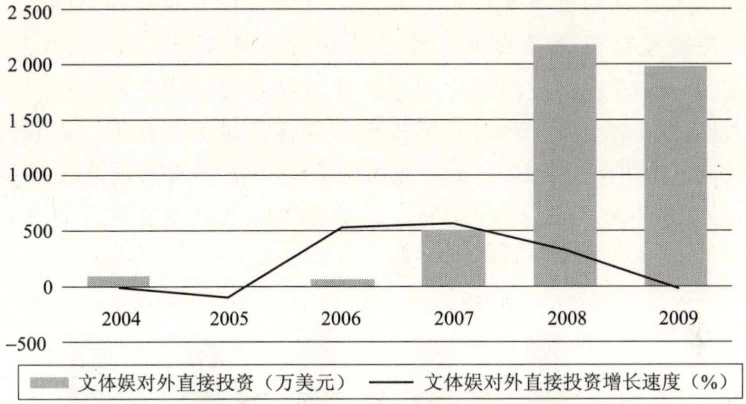

图4－20 中国文化体育娱乐业对外直接投资流量及其增长速度

数据来源：《2009年中国对外投资统计公报》

表4－5 中国文化体育娱乐业对外直接投资和总投资额及相关占比

项目 年份	文体娱对外直接投资（万美元）	总对外直接投资（万美元）	文体娱对外直接投资占总对外直接投资的比例（%）
2004	98	549 799	0.017 8
2005	12	1 226 117	0.001 0
2006	76	2 116 396	0.003 6
2007	510	2 650 609	0.019 2
2008	2 180	5 590 717	0.039
2009	1 976	5 653 000	0.035

数据来源：《2009年度中国对外投资统计公报》

图4－20显示，尽管我国文体娱业对外直接投资规模不大，在跨国投资总额中占比一直很小，即使最高年份，如表4－5所示，也未超过0.04%，但自2006年开始增速可观，在2006－2008年间，平均增幅超过477%，其增长速度是同期中国总对外直接投资增速的3～20多倍。2009年，受金融危机影响我国文体娱业对外直接投资增幅有所回落，但总投资额仍接近2 000万。自2006年，中国文化加快走出去步伐，特别是2008后，得益于中国经济在全球地位进一步巩固，中国文化企业对外投资增长和影响力快速提升，国际舆论或新闻炒作将中国现象视作“神话”或“威胁”，诱发越来越多国家人民了解中国文化的愿望与实

际需求。同时，中国大力调整经济结构，提升发展质量，注重文化软实力发展，重视和鼓励文化输出，强化文化的对外贸易与投资。随着全球经济不断复苏和世界各国对中国文化认知度不断加强，我国文化创意产业对外投资前景广阔。

（二）我国文化创意产业吸收直接投资与海外投资

分析图 4－21 发现，我国文化创意产业直接投资的流入和流出金额存在不小差距，但差距不断缩小，外商对我国投资长期保持较平稳状态，而我国对外投资平均增速较高，参见图 4－22。我国文体娱业对外投资增速远高于外商对我国投资增速，特别是 2006 年到 2008 年间，在外商增幅下降情况下，我国对外投资则高速增长，大大缩小了内外资数量差距。

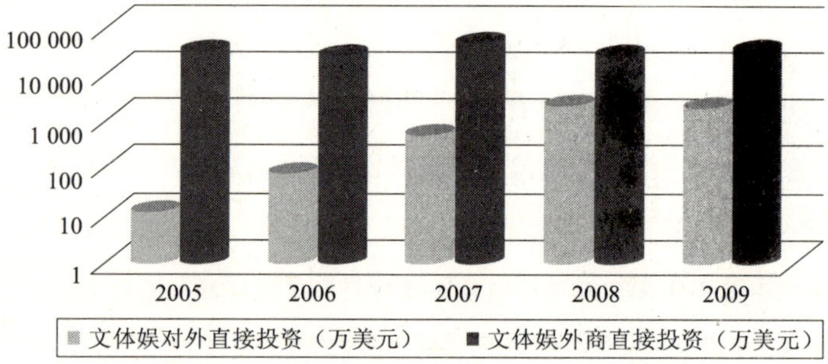

图 4－21　文体娱对外直接投资流入与流出量对比

数据来源：《国家统计年鉴》、《中国对外投资统计公报》

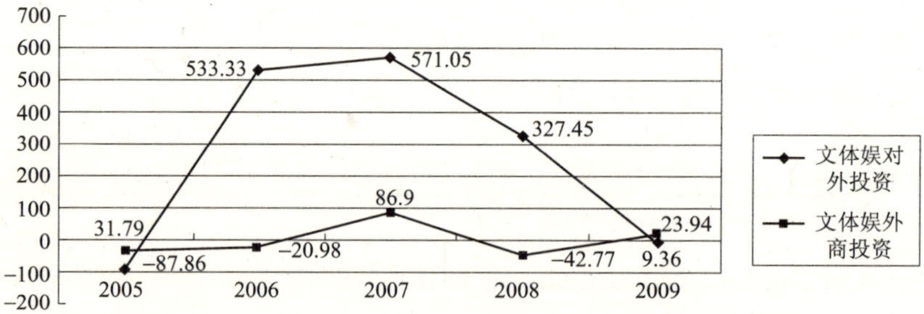

图 4－22　文体娱对外直接投资流入与流出增长速度对比

数据来源：《国家统计年鉴》、《中国对外投资统计公报》

可见，我国对外投资和吸引外资数量差距将进一步缩小，特别在 2008 年金融危机后，我国经济实力和国际地位进一步增强，国际形势发展迫切需要我国政府加速提高我国文化软实力，提高中华文化在国际上影响力，可以推断我国文体娱业对外投资总量仍会加速发展，未来将超过外商对我国文体娱业投资总量。

第五章
电影与动漫产业发展报告

回顾2009年，在全球金融危机的大环境下，中国电影产业与动漫产业呈现飞跃式发展态势。在电影和动画片领域，无论制作、票房、相关投资与融资，还是院线建设和相关电视频道建设等方面都取得了长足进步。总体上看，中国电影产业已进入高速发展时代，动漫产业发展也不断完善，成长迅速。

一、电影产业的相关情况

近年，中国电影产业不断改革发展，发展速度超出人们想象。2009年，11部国产影片票房过亿元，多位导演相继跨入亿元票房俱乐部。进口影片优势依然明显，但国产电影也占据了一定市场，具有品牌和资本市场核心优势的电影企业逐渐增多。各方面数据表明，中国电影逐渐从生产大国向产业强国迈进。

（一）电影产业的供给情况

1. 影片生产

国家广电总局数据显示，2009年国产故事片产量达到456部，同比增长12.31%，见图5-1，仅次于印度、美国，位列世界第三。除故事片外，还有动画片27部，纪录片19部，科教片52部，电影频道节目中心供电视播映的数字电影有110部。

从图5-1看出，自2001年来，中国国产故事片产量逐年增加，2009年达到456部，史无前例。从2002年开始，中国国产故事片产量以超过20%的增幅连续高速增长，2004年增速达到高峰，此后有所下降。2008年受金融危机影响，电影产量增幅出现大幅度下降。2009年快速反弹，充分体现电影产业巨大发展潜力。

2. 影片放映

尽管电影产量持续走高，但院线上映影片数量却并未随之提高，大多数影片依然无法进入影院上映。据统计，2009年院线放映国产影片约130部，没有在

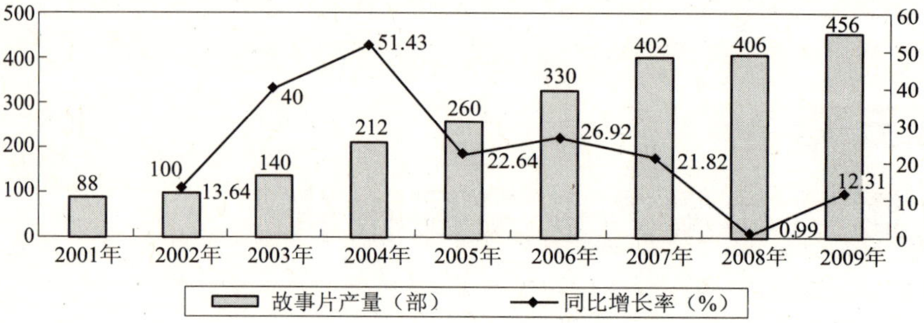

图 5－1　2001－2009 年国产电影故事片产量

数据来源：国家广电总局

影院放映影片约 326 部。① 这表明电影产量与上映数量存在较大矛盾，但同时，近几年中国院线与影院建设正在快速发展（见图 5－2），一定程度缓解了上述矛盾。

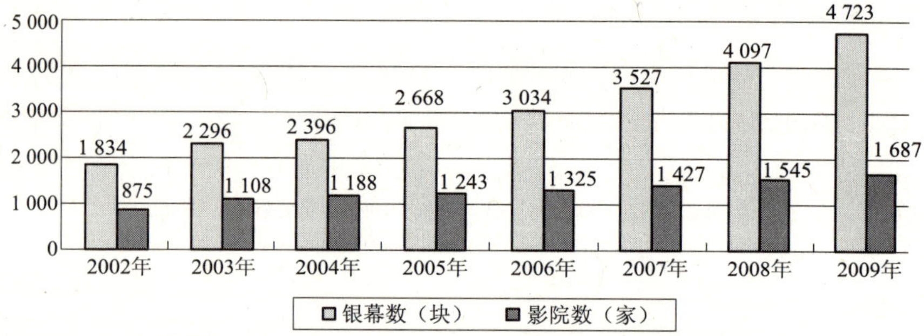

图 5－2　2002－2009 年全国银幕数和影院数增长情况

数据来源：艺恩②《2009－2010 年中国电影产业研究报告》

图 5－2 显示，2009 年全年新增影院 142 家，总数达到 1 687 家。据统计，在新增影院中，数字影厅有 500 多个，约占新增影厅总数 80%，部分影院实现了全数字化放映。2009 年新增银幕 626 块，全国银幕总数达到 4 723 块。而 2004 年，全国只有 2 396 块银幕，相当于 2009 年的一半。到了 2006 年，全国银幕总数是 3 034 块，2007 年是 3 527 块，2008 年更上升到 4 097 块，也就是说，2007－2009 连续三年分别增加了 493 块、570 块和 623 块，年增长率均超过

① 数据来源：《艺恩 2009－2010 年中国电影产业研究报告》。

② 艺恩咨询是中国领先的娱乐产业研究咨询机构，是凯盈集团旗下子公司之一，艺恩咨询提供包括市场调查、行业研究咨询、媒体会务等服务，在娱乐行业内重点服务于电影、游戏、动漫、音乐等客户。

13%。尽管仍有大量国产电影无法进入影院放映，但是影院数量、银幕数量的快速增长，无疑为更多的国产电影进入影院提供了更多机会。

3. 影片发行

近年来中国电影产业的快速发展与电影发行模式改革密不可分。2002 年中国电影市场实行院线制改革，形成以发行公司、院线和影院为主体的三级发行模式，少数情况下由制片商交给院线直接发行，取代了按行政区域层级供片的传统发行模式，从而大大激活了中国电影市场活力。

2009 年，中国国有及民营电影发行企业表现不俗。中国电影集团发行放映分公司（以下简称中影）及华夏电影发行有限公司（以下简称华影）垄断了进口分账片，2009 年二者共引进国外电影 60 部，其中进口分账片 20 部。凭借对进口分账片的垄断发行权、强大的电影发行能力以及广泛的院线资源，中影市场份额达到 38.4%；华夏电影发行有限责任公司凭借进口分账片的垄断发行权以及对国产片的发行，市场份额也占到了 20.7%。保利博纳则依靠《十月围城》、《窃听风云》、《倔强萝卜》、《金钱帝国》等影片以 9.6% 的市场份额领先于其他民营发行企业；华谊兄弟凭借《游龙戏凤》、《风声》、《拉贝日记》、《追影》及《非诚勿扰》的发行，市场份额占到 7%；中影集团数字电影发展有限公司则借助 2009 年 3D 电影热潮，通过发行 3D 影片取得了 5.8% 的市场份额；光线影业在 2009 年发行了《气喘吁吁》、《阿童木》、《家有喜事 2009》、《东邪西毒终极版》、《证人》、《斗牛》等影片，虽然发行量不低，但是票房并不理想，市场份额为 3.1%；北京新画面与华影联合发行《三枪拍案惊奇》，其市场份额只有 2.1%（见图 5-3）。由此可以看出，2009 年中国电影集团发行放映分公司依然处于领跑地位，在中国电影发行市场中，国有电影发行企业具有绝对优势。

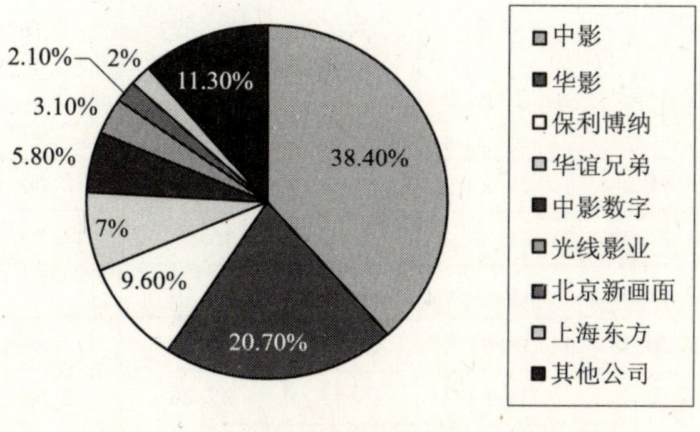

图 5-3　2009 年电影发行企业市场份额

数据来源：艺恩《2009-2010 年中国电影产业研究报告》

4. 电影从业人员

近年，中国电影产业的持续快速增长，与中国电影产业拥有一支分工明确的电影从业人员队伍密不可分。发展电影产业需要高级科技人才、管理人才和艺术创作人才等各类专业人士的综合支撑。在20世纪80年代，电影是最为普及的娱乐项目之一，那一时期，我国有电影从业人员50多万人。此后，中国电影进入10年左右低谷时期，2006年，电影业在编人员也降至27万，其中电影制片单位约有近2万人，发行放映单位约有25万余人。

随着电影业快速发展，电影人才队伍积累的诸多问题也逐渐显现，如电影从业人员总量不足、结构不合理、专业人才缺乏和人才成长激励机制亟待建立完善等等。具体而言，当前电影人才队伍存在以下几个方面：一是缺乏适应电影产业发展的经营管理人才，特别是了解电影特点，同时又懂市场、会经营的管理人才。二是缺乏推动电影行业科技发展的带头人，以及掌握电影新技术的人才。三是缺乏既懂艺术又懂技术的高素质复合型人才。因此，培养大量电影人才是目前促进中国电影产业发展的关键。

（二）电影产业的需求情况

2009年，在金融危机不利影响下，全国城市电影票房收入依然高达62.06亿元人民币，同比增幅达到42.96%（见表5－1），而2009年，全球电影市场平均增幅只有8%左右。国家广电总局公布统计数据显示，2010年1月－9月，全国城市电影票房收入就已经达到75.8亿元，超过2009年全年城市电影票房收入。

表5－1　　2003－2009年中国电影收入

年度	国内总票房（亿元）	增长（%）	国产电影票房（亿元）	进口电影票房（亿元）	海外销售及票房收入（亿元）	电影频道广告收入（亿元）	总收入（亿元）	增长（%）
2003	9.50				5.50	7.00	22.00	
2004	15.70	65.26	8.30	6.70	11.00	10.00	36.00	63.64
2005	20.00	27.39	11.00	9.00	16.50	11.50	48.00	33.33
2006	26.20	31.00	14.40	11.80	19.10	12.00	57.30	19.37
2007	33.27	26.98	18.01	15.26	20.20	13.79	67.26	17.38
2008	43.41	30.48	26.89	16.52	25.28	15.64	84.33	25.38
2009	62.06	42.96	35.12	26.94	27.70	16.89	106.65	26.47

数据来源：艺恩《2009－2010年中国电影产业研究报告》

1. 国内需求情况

在国产电影方面，2002 年，第一部国产影片票房过亿，到 2009 年，票房过亿的国产影片不断增加。2009 年全国影院票房过亿影片达 18 部（见图 5－4），其中国产影片有 11 部。2010 年国产电影票房依然发展迅猛，有多部电影票房过亿，2010 年 7 月 22 日上映的《唐山大地震》，其票房更一路上涨，截至 9 月 10 日零时，全国票房已达 6.6 亿元，成为有史以来最卖座的国产电影（见表 5－2）。

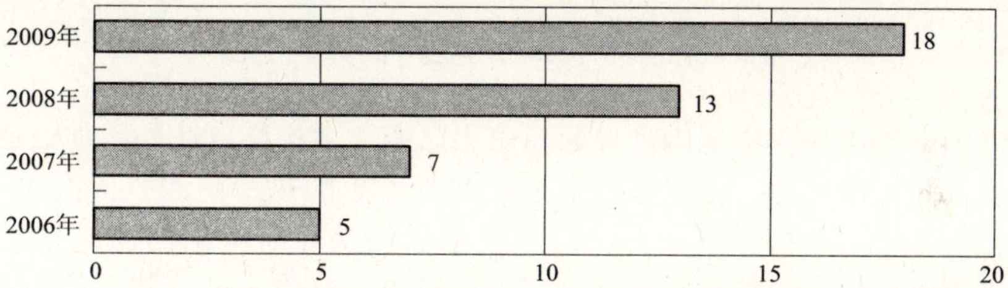

图 5－4　2006－2009 年全国影院票房过亿电影数量（部）

数据来源：《2008 年中国电影产业报告》，艺恩《2009－2010 年中国电影产业研究报告》

表 5－2　2010 年 1－9 月院线公司票房收入前 10 名国产影片　单位：万元

序号	片　　名	票　　房
1	《唐山大地震》	66 505
2	《叶问 2 宗师传奇》	23 248
3	《大兵小将》	16 090
4	《锦衣卫》	14 389
5	《全城热恋》	13 183
6	《越光宝盒》	13 179
7	《杜拉拉升职记》	12 882
8	《枪王之王》	12 818
9	《喜羊羊与灰太狼之虎虎生威》	12 703
10	《山楂树之》恋	10 440

数据来源：国家广电总局

近几年，尽管国内影院和银幕数量不断增加，但各新型多厅影院观众人次和票房效益却未因竞争者加入而降低，相反，影院观众人次明显增长，全国平均票价也呈上升趋势（见图 5－5）。

由以上表 5－1、图 5－4 及表 5－2 的数据可以看出，在国内市场上，票房

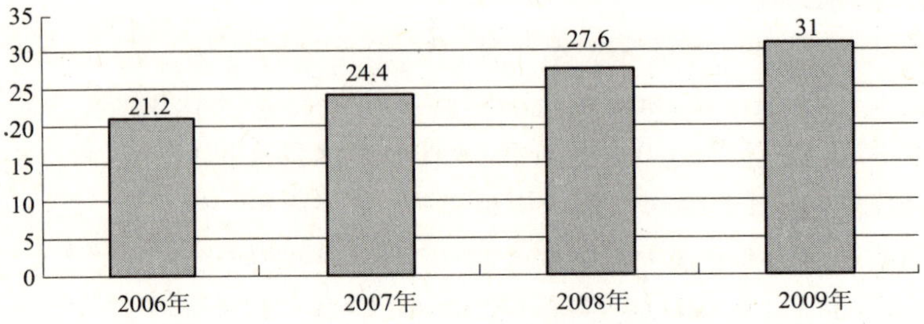

图 5－5　2006－2009 年中国平均票价（元）

过亿的电影逐年增加，中国国产电影竞争力已有显著提高。此外，加之近几年来电影大片数量不断增加，消费者到电影院观看电影的热情高涨，由图 5－5 也可以看到，近几年来票价逐渐上升，这也反映出消费者对电影的需求是逐渐增加的，为观看电影的消费需求和电影市场繁荣提供了保障。

在进口电影方面，2009 年进口分账影片发行达 49 部，比 2008 年增加了 11 部，其中，2 部影片票房突破 4 亿，夺取年度票房冠、亚军。进口影片前 15 位的票房均超过 4 000 万，共创造 20 多亿票房，占有全国 1/3 的市场份额（见表 5－3）。

表 5－3　　2009 年全国票房排名前 10 位的进口影片

排名	影　片　名	票房（亿元）
1	《2012》	4.606
2	《变形金刚 2》	4.550
3	《冰川时代 3》	1.569
4	《哈利波特 6》	1.563 5
5	《特种部队》	1.305
6	《博物馆奇妙夜 2》	1.213 2
7	《终结者 2018》	1.123 2
8	《飞屋环游记》	0.907
9	《金刚狼》	0.871
10	《星际迷航》	0.588 5

由以上数据可以看出，尽管中国电影飞速发展，国产电影票房纪录不断翻新，但是仍要面对国外电影，尤其是好莱坞电影的压力，而且随着好莱坞电影制作上越来越趋向于高概念、大制作、新技术，中国国产电影面临的压力会越来

越大。

2. 出口情况

据统计，2009 年，中国电影海外市场主要集中在北美、欧洲、亚太三个地区。全年共有 8 部影片（其中 6 部为合拍片）销往日本，票房收入 7.61 亿元，占总收入的 27.58%，日本是中国电影本土之外在全球最大的市场；两部合拍片销往美国，票房发行收入达 6.1 亿元，占全年海外收入份额的 22.11%。此外，欧洲和韩国也是中国电影重要的海外市场（见图 5－6）。

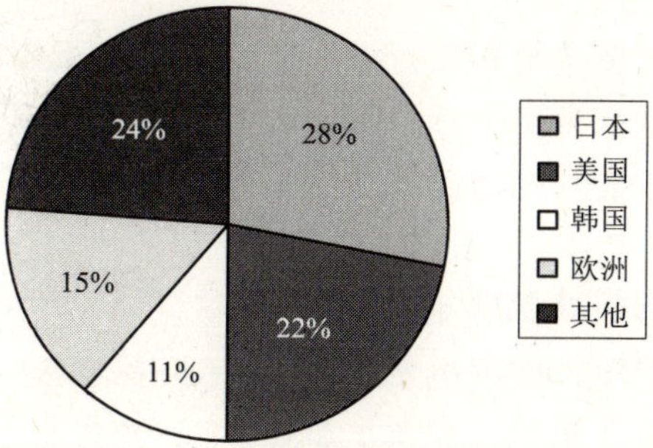

图 5－6　2009 年国产影片海外销售收入分布

（三）电影产业投资情况

2009 年，一批新投资主体涌入中国电影制片领域。在国有资本方面，长影集团制作了《斗牛》，珠影集团制作了《秋喜》，同时，上海东方传媒集团、江苏广播电视总体、湖南广电集团等传媒集团也先后进入了电影投资领域。民营资本方面，出现了完美时空文化、乐视娱乐、小马奔腾和欢乐传媒等一批新投资主体（见表 5－4）。

表 5－4　2009 年中国制片业新投资主体情况

投资主体	公司背景	2009 年参与投资影片
完美时空文化传播有限公司	网络游戏	《非常完美》、《狼灾记》、《刺陵》
乐视娱乐投资有限公司	网络视频	《机器侠》、《决战刹马镇》
小马奔腾影视文化发展有限公司	电视剧	《机器侠》、《越光宝盒》、《花木兰》
欢乐传媒	电视节目制作	《大内密探灵灵狗》、《火星没事》、《刺陵》

续表

投 资 主 体	公 司 背 景	2009 年参与投资影片
DMG 娱乐传媒	广告	《建国大业》、《无人区》、《杜拉拉升职记》
湖南广电传媒	广告、影视节目、有线电视	《花木兰》、《赵氏孤儿》
江苏广播电视总台	电台、电视台	《南京！南京!》、《建国大业》、《十月围城》

这些新投资主体大多从事娱乐行业，不但可将旗下资源与电影共享，发挥协同作用，而且可以依靠自身业务综合稳定收入，化解在电影领域投资风险，实现持续发展。这些新资本进入电影制片领域，进一步增强了中国电影活力，提高了中国电影制片能力。

（四）电影产业相关政策措施

上述分析表明，近年，中国电影产业已有长足发展，但产业中问题依然不少。有些问题产生了极坏影响。例如，2009 年，光线影业虚报《阿童木》首周票房引发全社会对电影业发行方虚报票房的普遍关注。其实，类似现象在电影行业并非个别现象，几乎成了业内公开的秘密和潜规则。电影局对此进行了点名批评。

经过这一事件，业内盛行的发行方虚报首日、首周票房劣迹有所收敛，使国内电影产业得到了一定程度净化。

为促进电影产业进一步发展，各级政府出台了一系列政策，对中国电影产业发展起到了积极促进作用。政府部门实行政策措施主要包括：

（1）2010 年 1 月 21 日，国务院办公厅下发了《关于促进电影产业繁荣发展的指导意见》。《意见》强调了促进电影产业繁荣发展的基本原则，确立了电影产业繁荣发展的七个总体目标，针对中国电影产业发展过程中的突出问题，提出了十项重点措施，包括大力繁荣创作生产、积极培育新型企业、继续扩大院线经营规模、大力支持城镇数字影院建设、鼓励加大投融资政策支持、积极推动科技创新、全面加强公共服务、努力增强国际影响力、不断完善监管体系和大力加强专业人才队伍建设。《意见》的出台，为保证我国电影产业的体制机制改革与创新发展提供了一系列具体措施，为我国电影产业的发展确定了实质性目标。

（2）2010 年 2 月 4 日，广电总局向各省、自治区、直辖市广播影视局，新疆生产建设兵团广播电视局，总局机关各司局，全国各电影制片单位等单位发出《广电总局关于改进和完善电影剧本（梗概）备案、电影片审查工作的通知》。

该通知依据《电影管理条例》和《电影剧本（梗概）备案、电影片管理规定》（广电总局令第52号），就改进和完善电影剧本（梗概）备案、电影片审查的管理工作而制定。这个通知显示了电影管理部门在电影创作和电影市场的良好发展态势下，为更好地履行电影管理职能，规范行政审批程序和环节，提供更加便捷高效的服务，正在做具体、实际、细致的努力。

二、动漫产业的相关情况

（一）动漫产业的供给情况

近年来，随着大众文艺娱乐消费日趋多元化和数码特效技术的不断创新，动漫文化出现了新飞跃，FLASH 动漫、三维动漫、全息动漫等崭新形式，在不少的国家与地区逐渐成为主流文化娱乐形式。以漫画、卡通、动漫、游戏以及多媒体内容产品等为代表的动漫产业在全球经济中的地位迅速提高，在许多发达国家，上述产业已经成为重要的支柱性产业。部分学者认为动漫产业有可能成为21 世纪引导世界知识经济整体发展的主导和先导产业之一。

近几年中国动漫产业发展迅速，国产电视动漫和国产影视动漫产量都有了大幅度提升，动漫衍生产品日渐成熟，影视动漫产业受到国家大力支持。但是，中国动漫产业在作品质量以及原创性等方面仍存在较大不足。具体分析如下：

1. 电视动画

从 2000 年至 2009 年，中国动画片产量持续、稳定、快速增长。据统计，2000 年中国动画片产量 4 689 分钟，2004 年增长至 21 819 分钟，5 年间动画片产量翻了 4.6 倍。2004 年 4 月，国家广电总局推出扶持动漫产业新政策，国产动画片生产进入爆发性增长期，由 2004 年的 2 万分钟数量级迅速向 4 万分钟、8 万分钟、10 万分钟迈进，2007 年动画片产量达到 101 900 分钟，2008 年、2009 年仍然保持高增长势头，2009 年中国动画片产量达到创纪录的 171 816 分钟（见表 5 – 5）。

表 5 – 5　　2009 年各省电视动画片生产情况

序号	省份	部数	所占比例（%）	分钟数	所占比例（%）
1	江苏	69	21.43	40 314	23.46
2	浙江	43	13.35	32 758	19.07
3	广东	40	12.42	23 487	13.67
4	湖南	18	5.59	13 063	7.6
5	辽宁	14	4.35	11 211	6.53

续表

序号	省　　份	部数	所占比例（%）	分钟数	所占比例（%）
6	北京	25	7.76	9 357	5.45
7	中央电视台及所属机构	15	4.66	8 478	4.93
8	福建	16	4.97	6 299	3.67
9	重庆	12	3.73	5 267	3.07
10	天津	10	3.11	4 330	2.52
11	上海	19	5.9	3 787	2.2
12	安徽	9	2.8	3 736	2.17
13	黑龙江	10	3.11	3 519	2.05
14	河南	3	0.93	1 402	0.82
15	山东	4	1.24	1 380	0.8
16	湖北	4	1.24	1 373	0.799
17	山西	4	1.24	950	0.55
18	河北	2	0.62	682	0.397
19	广西	2	0.62	315	0.18
20	四川	1	0.31	60	0.035
21	内蒙古	1	0.31	30	0.017
22	陕西	1	0.31	18	0.01
总计		322	100	171 816	100

数据来源：国家广电总局

表5－5表明，电视动画片产量较高的地区，同时也是经济发展较快的地区。经济发展促进动漫产业发展，经济发达地区消费者的文化需求较大。

同时，国内播出动画的电视频道不断增加、不断完善，促进了国产电视动画迅速发展。目前全国有34家少儿频道和4家动画频道，这些已成为推动国产动画健康发展的重要平台。动画频道、少儿频道收视份额逐年提升，截至2009年10月29日，央视少儿频道平均收视份额达到2.54%，列中央电视台第5位，全国卫星频道第7位。与此同时，我国动画的播映体系日益完善，动画频道、少儿频道不断地加深自身的建设，积累了大量的频道运营经验，并获得了良好的市场回报。随着中国动漫产业的迅猛发展，整个动画频道、少儿频道品质、效益发生了巨大变化。

2. 电影动漫

2009 年，我国电影动漫产业加速发展，当年申报备案国产动画电影 116 部，批准备案 86 部，获得许可证 27 部，比 2008 年增长 68%。[①] 分别于 2009 年春节和 2010 年春节上映的《喜羊羊与灰太狼之牛气冲天》和《喜羊羊与灰太狼之虎虎生威》两度刷新国产动画片票房纪录，而电影动画片发展比电视动画片发展还略逊一筹。在电影动画票房方面，国外动画电影仍占有较大优势。

3. 新媒体动漫

网络动漫是指以专业动漫网站为载体，通过互联网制作和传播动漫作品与信息，以及以动漫形态提供各种增值服务并从中获得收益的整体领域。

手机动漫是指以手机媒体为播放、运营载体的动漫类产品，统称为手机动漫，包括漫画、动画、游戏三大类。手机动漫最大的特点就是便携性，随时随地可观看。

艾瑞[②]公布数据显示，截至到 2007 年初，在我国 84 万个各类网站中，动漫网站约有 1.5 万个，占全部网站的 1.8%，这一数字比 2006 年同期增加了 4 000 多个，增长率接近 50%；动漫网页数达到 5 700 万个。[③] 中国互联网络信息中心（CNNIC）于 2010 年 1 月 15 日发布的《第 25 次中国互联网络发展状况统计报告》显示，截至 2009 年 12 月，我国网民规模已达 3.84 亿，手机网民规模已达 2.33 亿。另据媒体调查显示，近四成受调查者表示会看手机动漫，近六成的受调查者认为自己会订阅手机动漫。

目前，有关网络动漫的法律尚未规范完善，手机动漫的技术支持及推广还不成熟，加之手机浏览动漫效果与电脑观看效果有一定差距，手机动漫用户规模还未充分发展，不小的潜力有待挖掘。

4. 动漫出版

动漫期刊和动漫图书是漫画作品重要载体。近年来，动漫期刊和动漫图书数量也逐渐增多，至 2009 年，动漫期刊数达到 50 多种（见表 5－6），对漫画作品传播起到了重要促进作用。

---

① 数据来源：国家广电总局。

② 艾瑞咨询集团（iResearch）是一家专注于网络媒体、电子商务、网络游戏、无线增值等新经济领域，深入研究和了解消费者行为，并为网络行业客户及传统行业客户提供市场调查研究和咨询服务的专业研究机构。

③ 数据来源：iResearch－2007 年中国新媒体动漫研究报告。

表 5-6　　2009 年全国主要动漫期刊基本信息

序号	期刊名称	刊期	主管、主办单位	定价
1	漫画世界	旬刊	内蒙古画报社	5.00
2	漫友	旬刊	内蒙古画报社	8.80
3	知音漫客	周刊	知音传媒集团	5.00
4	童趣	旬刊	工业和信息化部、人民邮电出版社	15.00
5	中国卡通	旬刊	共青团中央、中国少年儿童新闻出版总社	8.00
6	幽默大师	半月刊	浙江出版联合集团、浙江人民美术出版社	5.00
7	可爱 100	半月刊	中国科学技术协会	9.00
8	漫画 BAR	半月刊	黑龙江美术出版社、神童画报杂志社	4.80
9	儿童漫画	半月刊	中国出版集团、中国美术出版总社	5.00
10	漫画月刊	半月刊	河南日报报业集团	5.00
11	米老鼠	半月刊	工业和信息化部、人民邮电出版社	8.80
12	画王	半月刊	吉林出版集团、吉林美术出版社	8.00
13	龙漫	半月刊	吉林出版集团、吉林美术出版社	8.00
14	花园宝宝	半月刊	四川出版集团、四川少年儿童出版社	6.50
15	漫画派对	月刊	云南出版集团公司、云南教育出版社	5.00
16	飒漫画	月刊	内蒙古教育出版社	5.00
17	漫仔漫妞	月刊	意林传媒集团	5.00
18	北京卡通大漫画	月刊	北京出版集团公司	5.00
19	漫画大王	月刊	中国出版集团公司、中国美术出版总社	5.00
20	米老鼠特刊	月刊	工业和信息化部、人民邮电出版社	12.80

此外，在动漫图书方面，目前尚无专门动漫图书出版统计，只能依据局部数据对动漫图书市场进行析。根据国内知名网络图书销售网站当当网（www.dangdang.com）统计，截至到 2009 年 12 月 31 日，该网站动漫或幽默类图书共有 7 608 种，占所有图书总量的 0.85%。在当当网公布的 2009 年图书畅销榜排名前 200 位图书中有 4 本是动漫图书，分别是：排名第 86 位的《绝对小孩 2》、第 130 位的《父与子全集（彩色纪念版）》、第 147 位的《我的错都是大人的错》以及第 170 位的《绝对小孩》。其中，《绝对小孩 2》和《我的错都是大人的错》是 2009 年的新作。在当当网 2009 年动漫或幽默类图书畅销榜前 200

位中，有 86 种是 2009 年当年出版的作品[①]。

5. 动漫从业人员

持续发展动漫产业需要优秀的原创人才、加工制作人才、美工设计人才、音乐编辑人才、配音人才、经营管理人才和行销类人才等具备多种能力的人才。其中，对于当前我国实际和本时期产业发展特点，原创人才尤其重要，创作生动的动漫形象及富有新意的动漫故事对动漫产业发展起决定性作用。

根据文化部统计，截至 2008 年年底，中国有动漫企业 5 400 多家、各类动漫教学机构 1 300 多家，动漫产业园区 30 多个和国家级动漫产业基地 17 个，国内有 450 多所大专院校开办了动漫相关专业。2009 年，共有 100 家动漫企业通过文化部、财政部、国家税务总局的审核，被认定为动漫企业。首批通过认定的百家动漫企业，可在增值税、企业所得税、营业税、进口关税、进口环节增值税等税种上享受优惠。

虽然我国动漫从业人员已有 20 多万人，远超其他国家从事动漫产业工作的人数，但是其中大部分是加工人员。在日本，其国内从事原创漫画创作的人才就有几千人，其中顶级漫画家就有 1 000 人左右，像手冢治虫、宫崎骏等更是世界级漫画大师；而我国漫画作者仅有 100 多人，有突出成绩的不过二十几人。一定程度上，缺乏原创人才阻碍了我国动漫产业发展，对我国原创动漫出口制约较强。

（二）动漫产业的需求情况

1. 国内需求情况

中国广东动漫产业研究中心统计数据显示，全球动漫及衍生品市场产值 2006 年高达 8 600 亿美元，而中国 2008 年动漫产业总产值仅为 500 多亿元人民币（见图 5－7），且其中 70% ~80% 市场份额被美、日、韩等动漫大国所占有。

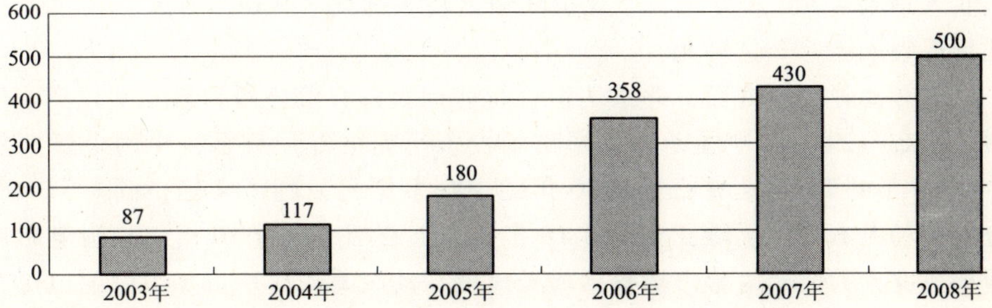

图 5－7　中国动漫产业 2003－2008 年总产值（亿元）

① 数据来源：www. dangdang. com.

按照中国政府动漫产业发展目标：在 5 ~ 10 年内，动漫产业产值将占中国 GDP 总量的 1%，依此推算，我国动漫产业具有数千亿元产值市场需求。根据我国 GDP 规模，2008 年中国动漫产业应当有 3 000 多亿的市场需求，而 2008 年动漫产业实际产值仅为 500 亿元，理论上的市场缺口为 2 500 多亿元（见图 5 - 8）。这就说明，尽管中国动漫市场前景非常广阔，但现在国内动漫市场尚未有效开发，只有很小部分需求得到利用，而且，国外动漫产业看重中国潜在消费，大举进军中国，对中国国内动漫相关产业发展产生了一定影响。因此，国内动漫市场必须进一步开发，以促进中国动漫产业更加迅速、完善地发展。

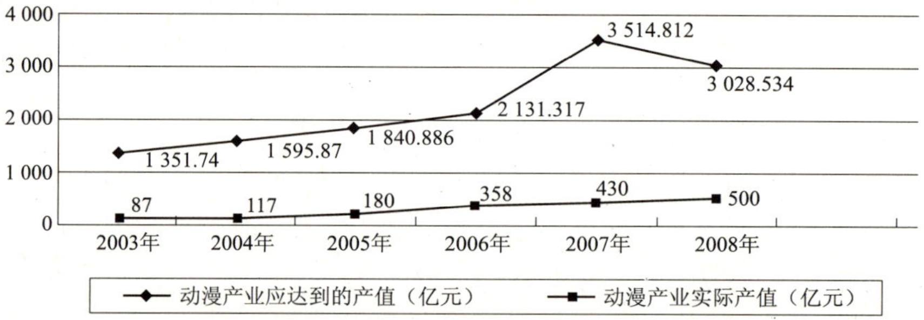

图 5 - 8　中国动漫产业应达到的产值与实际产值的对比

数据来源：根据《中国统计年鉴 2009》相关数据计算所得

在电视动画方面，据统计，在 2009 年 1 - 11 月，上海炫动卡通频道收入达到 1.5 亿元，北京卡酷动画频道收入达到 1.2 亿元，湖南金鹰卡通频道收入达到 7 400 万元。部分少儿频道也开始扭亏为盈，上海哈哈少儿频道在 2009 年前 11 个月的收入达到 7 000 多万元，江苏少儿频道收入达到 5 100 多万元，天津少儿频道收入达到 4 200 多万元，浙江少儿频道收入达到 3 500 多万元，中央电视台少儿频道收入已达 3 亿多元。

在电影动画票房方面，北京汇信合智咨询服务有限公司和新元文化产业俱乐部联合发布《2010 年中国动画电影市场投资研究报告》显示，中国电影票房市场由 2006 年的 26 亿元增长至 2010 年的 100 多亿元，翻了 4 倍；同时，中国动画电影市场由 1.7 亿元增长至超过 18 亿元，上涨幅度超过 10 倍。动画电影市场的增长速度大大快于电影市场整体增长速度，动画电影票房市场占中国电影票房市场中的比例，由 2006 年的不到 7%，增长至 2010 年的约 17%。尽管国产动画电影票房规模迅速增长，但国外电影动画也依然占有自己稳固的一席之地（见表 5 - 7）。

表 5-7　　2010 年中国动画电影年度票房十佳

排名	影 片 名	年度票房（万元）	观影人数（万人次）
1	《喜羊羊与灰太狼之虎虎生威》	12 665	436.23
2	《玩具总动员 3》	11 645	258.53
3	《怪物史莱克》	9 320	210.60
4	《驯龙高手》	9 124	207.90
5	《长江七号爱地球》	1 701	62.21
6	《黑猫警长》	1 200	50.06
7	《鼠来宝：明星俱乐部》	1 020	38.33
8	《名侦探柯南：漆黑的追踪者》	855	28.52
9	《超蛙战士之初露锋芒》	803	22.83
10	《虎王归来》	585	25.23

数据来源：艺恩咨询

在表 5-7 中，《喜羊羊与灰太狼之虎虎生威》（以下简称《喜羊羊》）、《长江七号爱地球》、《黑猫警长》、《超蛙战士之初露锋芒》和《虎王归来》是国产动画片，其余五部是外国动画片。表中数据显示，在排名前十位的动画电影中，国产动画片的总票房为 16 954 万元，其中 74.7% 的收入是《喜羊羊》的票房所得，其余四部国产动画电影的票房并不理想。电视版《喜羊羊》人气对其电影版票房有很大制约，《长江七号爱地球》的一部分观众也是因为对电影《长江七号》的喜爱而观看动画版，《黑猫警长》则包含了年轻人对过去的回忆，很多观众都是 80 后。票房排名前十的国外动画电影，其总票房为 31 964 万元，占排名前十的动画电影总票房的 65.3%，国产动画电影只占到了总票房的 34.7%。显然，在动漫产业的内需方面，中国市场还有很大的潜力，国产电影相对落后，国内动漫市场有待进一步开发。

2. 出口情况

近几年，随着中国动漫产业发展，中国动漫作品也加快了“走出去”步伐。据统计，2009 年中国动画片出口 79 部，比 2008 年增长 150%，占 2009 年影视节目出口总额的 51.9%，首次超过电视剧等类型节目，在影视节目出口中占据最大比重。但在国际市场上，中国国产动画片竞争力仍然较弱，出口动画片不仅需要“量”的提高，更需要“质”的飞跃。

（三）动漫产业投资情况

从 2004 年到 2006 年，中国动漫产业经历了一个快速发展时期。中国对动漫产业投资力度不断加大，不仅体现在动画片制作的资金投入上，还表现在全国各地建立动漫产业基地、举办高密度动漫会展以及各类企业加速进入动漫行业和政府加大政策支持力度等方面。

例如，自2005年杭州已成功举办三届国际动漫节，成果显著。中国国际动漫节节展办公室公布数据显示，2007年杭州国际动漫节共达成项目签约60项，总金额达40.8亿元。自2006年武汉举办第四届国际动漫展后，武汉市政府决定投资6~8亿元人民币建设国内最大的动漫城——光谷动漫城。目前，该动漫城已建成并投入营运。除此之外，国家广电总局也出台了一系列扶植动漫产业的政策法规，以吸引各界对动漫产业的重视。在国家政策指引下，很多国有大中型企业和民营企业纷纷投资动漫产业。

动漫产业前期投资非常大，目前国内动画片的制作每分钟大约需要1.5万元。国有企业和实力雄厚的民营企业投资动漫产业，对动漫产业发展至关重要。

（四）动漫产业的相关政策措施

与发达国家相比，我国动漫产业尚处较落后地位。未来发展动漫产业需要进一步发挥自身优势，弥补不足，以提高我国动漫产业竞争力，使我国成为动漫产业强国。动漫产业初期需要大量的投资，因此，应该完善投资机制，鼓励社会投资，政府出台相关政策以保障其发展环境，从而保证动漫产业发展的长期稳定。

2009年9月，国务院出台《文化产业振兴规划》，将动漫产业列入国家重点发展文化产业门类之中，为动漫产业发展提供了难得机遇，使我国动漫产业有可能成为经济增长和产业发展的新亮点。政府部门实行的政策措施如表5-8所示。

表5-8　　2004-2009年中国主要动漫产业政策

时间	发布单位	政策内容
2004年4月	国家广电总局	《关于发展我国影视动漫产业的若干意见》，要求各个电视台国产动画片与引进动画片每季度播出比率不低于6:4
2004年5月	国家广电总局	《关于对国产电视动漫片实行题材规划的通知》，相继批准了北京动漫频道、上海炫动卡通卫视、湖南金鹰卡通卫视三个上星动漫频道
2006年4月	国务院	《关于推动我国动漫产业发展的若干意见》指出："国家将加大财政投入力度，用于扶持优秀动漫原创产品的创作生产，推动形成成熟的动漫产业链。"此外，该《意见》强调加大对动漫相关企业的融资与支持力度

续表

时间	发布单位	政　策　内　容
2006 年 8 月	国家广电总局	要求 17～20 点禁播境外动漫片以及介绍境外动漫片的资讯节目或展示境外动漫片的栏目，必须播出国产动漫片或国产动漫栏目。全国的动漫频道、少儿频道在每天动漫片播出总量中，国产动漫片的比例不少于 70%
2008 年 8 月	文化部	《文化部关于扶持我国动漫产业发展的若干意见》提出实施国产动漫振兴工程，构建相互支撑的动漫产业链
2008 年 9 月	文化部	文化部启动“原创动漫扶持计划”
2008 年 12 月	文化部等	《动漫企业认定管理办法（试行）》颁布
2009 年 8 月	财政部等	公布了针对动漫产业的一系列减免税优惠政策

第六章
网络视频产业与游戏产业发展报告

20 世纪 90 年代后期，互联网逐渐进入了人们日常生活。此后，网络视频和网络游戏伴随着网络的普及迅速发展，并成为大量消费者的主要休闲娱乐方式。经过多年发展，中国的网络视频与游戏产业不断成熟，发展迅速。

一、网络视频产业的相关情况

中国的网络视频产业自诞生以来已有长足进步，市场逐渐走向规范，行业规则逐渐建立，市场主体开始逐渐壮大，盈利模式开始清晰。

（一）网络视频产业的供给情况

网络视频指格式以 WMV、RM、RMVB、FLV① 以及 MOV 等类型为主，可以在线通过 Real-Player、Windows Media Player、Flash、QuickTime 及 DivX 等播放器播放和观看的文件内容。

在中国，网络视频产业与其他网络文化创意产业相比起步较晚，但是发展速度很快。中国互联网络信息中心统计报告显示，2005 年末，网络视频用户占网民总数的 30%，2006 年底占到 60%，2007 年则达到 77%，视频已成四大网络应用之一。网络视频用户数也由 2005 年底的 3 330 万上升到 2009 年底的 2.4 亿。

网络视频运营商是指具有 ICP 和 ISP 资质，通过网站或客户端软件为用户提供网络视频服务的互联网运营商。根据网络视频运营商的资质及运营特征，可以将网络视频运营商分为四类（见表 6－1）。

---

① WMA：全称是 Windows Media Audion，是微软公司推出的与 MP3 格式齐名的一种新的音频格式。RM：全称是 Real Media，是 Real Networks 公司所制定的音频视频压缩规范。RMVB：全称是 Real Media Variable Bit Rate，是 Real Networks 公司制定的一种视频格式。FLV：全称是 Flash Video，是在 Sorenson 公司的压缩算法的基础上开发出来的。

表 6－1　　网络视频运营商的分类

分类		典型代表
垂直类平台运营商	视频分享	优酷、土豆、酷 6
	P2P 流媒体	PPLive、PPStream
	视频搜索	纯粹的搜索运营商已不多见
	非分享类视频点播	激动网、第一视频
传统门户类平台运营商		新浪视频、搜狐视频
电视媒体类平台运营商		央视网、凤凰网
电信类平台运营商		互联星空

其中，垂直类平台运营商是指以提供网络视频服务为核心业务的网络视频运营商，一般依靠网络视频服务为基础，业务与盈利模式完全围绕网络视频展开。传统门户类平台运营商指提供网络视频服务的传统门户运营商，网络视频一般只是其提供的与传统图文新闻并列的服务之一。电视媒体类平台运营商则指依托于传统广电体系的电视媒体，在网络上运营的网络视频平台。电信类平台运营商指依托固网电信运营商体系或与电信运营商有密切关系的网络视频平台。

近年，经过发展，中国网络视频产业已积累了很多产业资源。这些网络视频运营商提供了数目繁多、类型多样的视频产品供消费者选择，极大地推动了中国网络视频产业发展。

（二）网络视频产业的需求情况

2009 年，随着经济复苏，在政府强烈刺激政策下，实体经济保持了总体快速发展势头。与实体经济相比，2009 年中国网络经济增速较快，很大程度上得益于网民规模不断增长，2009 年中国网民总数达到 3.84 亿，互联网普及率达到 28.9%（见图 6－1）。

网民规模持续扩大与良好的互联网发展环境密切相关，近年各级政府陆续出台了一系列有利于互联网发展的政策、法规，不断加强网络基础设施建设，积极培育互联网服务市场主体，互联网行业发展的外部环境不断优化，极大促进了网络视频产业与游戏产业的发展。

1. 网络视频产业市场规模

网络视频市场规模为网络视频运营商从网络视频相关业务中获得的营业收入之和，包括企业付费规模和个人用户付费规模两部分。其中企业付费以广告为主，个人付费则包括电信增值业务、IPTV 和游戏联合运营等收入。

2009 年，中国网络视频产业市场规模同比增长 112.1%，创下整个行业增幅

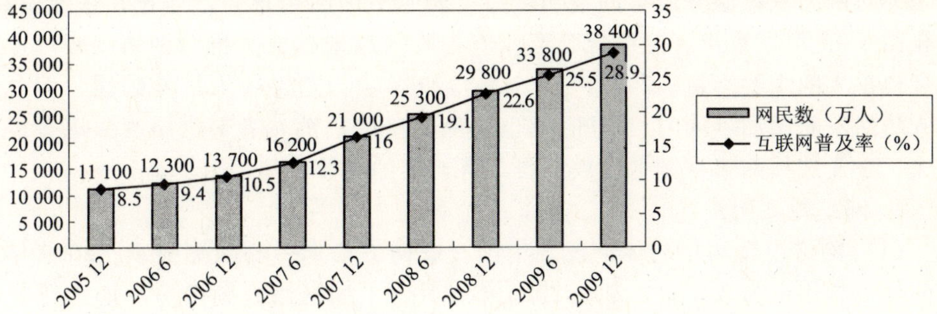

图 6－1　2005 年 12 月－2009 年 12 月中国网民规模及互联网普及率

数据来源：中国互联网络信息中心

历史纪录，总收入为 28 亿元（见图 6－2）。视频媒体的广告收入大幅增长是推进行业发展的主要动力。在 2007 年以前，中国网络视频产业的收入主要来自电信宽带用户付费的互联星空和 IPTV 两个业务，市场化程度较低。此后，随着中国网络传输速度不断提高，视频业务在用户中的普及度也开始高速增长，媒体价值逐步得到体现，至 2009 年，视频媒体的广告收入达 13.6 亿元（见图 6－3）。

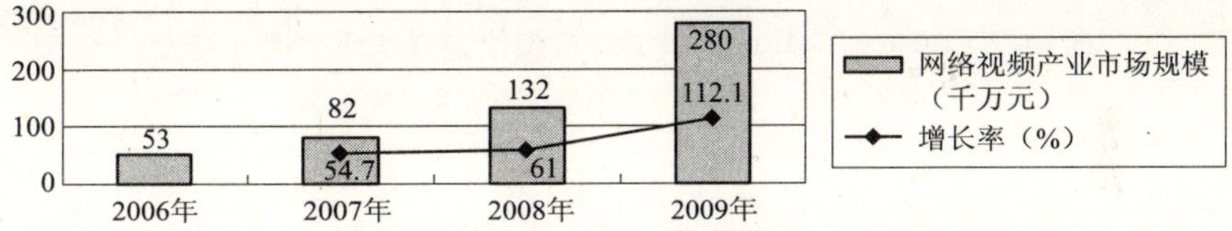

图 6－2　2006－2009 年中国网络视频产业市场规模

数据来源：艾瑞咨询

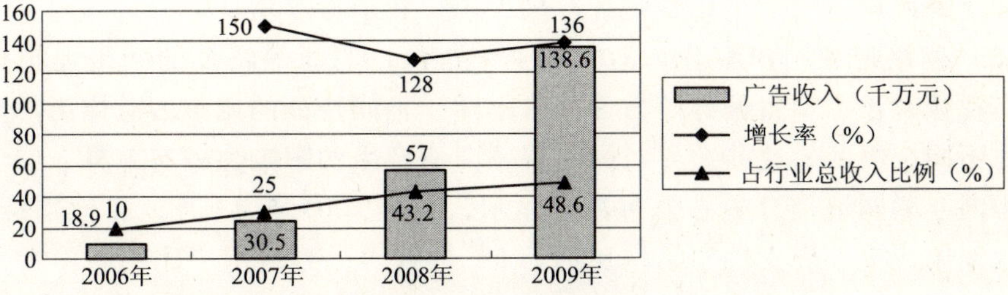

图 6－3　2006－2009 年中国网络视频产业广告收入

数据来源：艾瑞咨询

由图 6－2 可以看出，中国网络视频产业的市场规模不断增加，反映出企业和个人对网络视频服务需求的不断增加，表明中国网络视频产业正在快速发展。结合图 6－3 可以看出，网络视频产业广告收入越来越成为推动网络视频产业市场规模扩大的主要力量。2008 年受金融危机影响，广告收入增速趋缓，但总体收入仍然不断增加。同时，图 6－3 也从侧面反映出消费者对网络视频服务需求很大，企业选择网络视频业投放广告具有切实的商业价值。

2. 网络视频用户

（1）网络视频用户总体情况。中国互联网络信息中心数据显示，2009 年中国网络视频用户为 2.4 亿，截至 2010 年 6 月，中国网络视频用户规模达到 2.65 亿（见图 6－4），使用率从 2009 年末的 62.5% 上升到 63.2% 。网络视频结束了 2009 年用户下滑的局面，使用率开始缓慢上升。

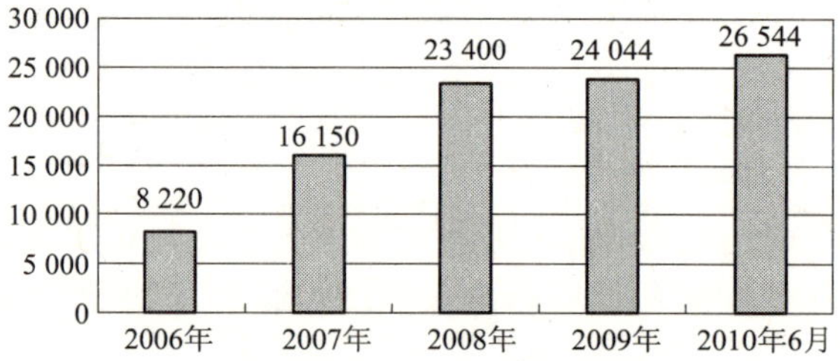

图 6－4　2006 年－2010 年 6 月中国网络视频用户规模（万人）

数据来源：中国互联网络信息中心及艾瑞咨询

由图 6－4 可以看出，从 2006 年到 2008 年，中国网络视频用户规模迅速增长，从 2008 年开始受金融危机的影响，用户规模增长趋于平缓。经过 2008－2009 年视频行业的清理整顿后，国内视频产业进一步走向规范有序发展；在市场环境优化基础上，2010 年上半年中国网络视频服务呈现平稳增长趋势，拥有了更广泛的用户，增加了用户覆盖范围，用户数量持续增长。

（2）网络视频用户细分。不同性别、年龄、职业等特征的网络视频用户使用网络视频时长、节目偏好等方面需求不同，不同特征的用户占总体用户规模的比例也不同，因此，这些差异对网络视频产业产生的影响也各有差异。

中国互联网络信息中心公布数据显示，截至 2009 年 12 月，在性别结构上，网络视频用户中，男女性别结构比例为 58.1∶41.9，男性用户比例高出女性用户 16.2 个百分点。在年龄结构上，10～29 岁的青年群体在整体用户群中比例最高，超过半数，占到 61.5% ，这与网络视频中的影视剧数量快速增长，而电影电视剧的消费主体以青年人为主有关。在学历结构上，网络视频用户以中等学历的群体为主，高中学历用户占到了整体用户的 40.4% ，大专以上学历的用户占到了整体用户的30.2%。在职业结构上，学生群体和职场人士是网络视频用户的主要组成部分，其中，学生群体在网络视频用户中占到了最大比例，达到31.5%。企业或公司职员是网络视频用户中比例仅次于学生的用户群体，占到了15.1%。在收入结构上，中低收入用户是网络视频用户的主要组成部分，网络视频用户中，收入在1 500元以下的群体占到用户的53.8%，其中，月均收入在500元以下的用户比例为18.8%，是网络视频用户中所占比例最高的群体。在城乡结构上，城镇用户是网络视频应用的主要人群，七成以上网络视频用户分布在城镇，在网络视频用户整体中占到76.6%。

由此可以看出，网络视频用户的结构特征为：男性用户、青年群体、中等学历、学生、中低收入，主要集中于城镇用户中。网络视频运营商应当关注不同用户的需求差异，有针对性地开发产品和营销方式，这不仅有利于提升自身商业价值，也有助于促进国内网络视频产业整体发展。

（三）网络视频产业的投资情况

对网络视频产业来说，2005年之前是网络视频产业投资初期，此时获得投资的企业均处于发展初期，用户规模和稳定上升的收入等尚未形成，市场上的投资多是一些尝试性投资；到了2006年和2007年，视频网站进入了高速发展期，投资者信心也随之增加，出现投资高潮；从2008年起，视频行业格局初步形成，投资者纷纷追加投资，但是能获得投资人青睐的新企业几乎没有；从2009年开始，网络视频产业逐步进入获利期，投资热有所降温。

部分学者认为，未来投资将会重点转向处于获利期并有较快上市机会的企业，投资金额也将显著提高，而那些创建初期、没有用户基础和资金基础的小企业可能很难获得投资。相对于其他类型网站，网络视频网站基础设施投入很大，因此处于扩展时期的企业对资金的需求也非常大。与博客网站相比，网络视频网站投资要多出带宽和内容存储费用，所需设备投入相当于同等规模的博客网站的三至四倍。因此，小企业或者新企业不能获得投资，必然导致他们面临艰难的生存困境。

（四）网络视频产业相关政策

为了维护公众利益，保护青少年身心健康，促进行业健康持续发展，保护合法经营者和用户权益，政府有关部门制定了相关政策，以保证网络视频产业与游戏产业健康发展。

在网络视频产业中，政府部门实行的政策措施主要有：

（1）2007年12月，信产部审议通过并颁布了《互联网视听节目服务管理规定》，明确了许可准入、运营监管、行业自律和社会监督相结合的管理方式。该规定自2008年1月31日起实行，规定从事信息网络传播视频节目的企业，必须获得《信息网络传播视听节目许可证》，明确了由广电总局负责视频节目的监管，而信产部负责资质的审核。《规定》的发布有效地遏制了网络视频无序发展的现象，客观上加速了视频分享网站的洗牌与淘汰，并对进一步的网络内容监管打好了基础。在充分考虑到市场现实的情况下，《互联网视听节目服务管理规定》也依照规定对已经存在于市场、具有一定市场规模、在遵纪守法方面无重大缺陷的民营企业核发了许可。2008年，土豆网被警告性中止服务数天；56网被处罚性关停长达月余，标志着《互联网视听节目服务管理规定》对行业监管开始发挥权威作用。网络视频行业从对政府监管的质疑、徘徊，迅速走向规范。

（2）2009年9月，《广电总局关于互联网视听节目服务许可证管理有关问题的通知》重申了互联网视听节目服务网站须持证运营的相关规定后，广电总局对互联网视听服务的清理整顿进一步升级，多家知名BT网站因为“无证上岗”而被关停。

（3）从2009年1月起，国务院新闻办等七部委全面开展“互联网反低俗专项整治行动”，专项行动的主要任务是对网上低俗信息进行集中整治。专项行动势头十分猛烈，通过查处服务商、关闭网站、停止接入、公开曝光等有力措施，使网络环境得到明显净化，网上低俗之风得到了有效遏制。互联网领域文化整顿对网络视频业的内容运营管理产生了深远影响。

（五）对网络视频产业发展的相关建议

尽管国内网络视频产业飞速发展，且已经形成一定规模，但是，作为新兴产业，网络视频产业仍然存在一些问题，这些问题在一定程度上阻碍了网络视频产业的发展，亟待解决。

（1）政府应当借助“三网融合”的契机，加强宽带网络建设，降低网络视频服务器的压力；加强技术改造，加快网络等基础设施的建设；推进视频网络基础建设以及业务应用和推广；加快推进电信网、广播电视网和互联网三网融合，支持三网融合共性技术、关键技术、基础技术和关键软硬件的研发和产业化。国内网络视频企业应该多加沟通，组织技术交流会议或者组建技术联盟，共同开发新技术，为用户播放高清网络视频提供更清晰、更流畅的体验和服务，从而提高用户满意度，扩大用户规模。

（2）通过对网络视频用户进行细分，网络视频供应商应该主动去适应不同用户的不同需求，既要吸收传统广电影视内容的优势和特色，又要尊重网络视频的自身的个性特色，尊重网络视频的传播规律，创作更多适合网络视频传播，能够吸引网络视频用户的视听内容产品。这样，既能保障网络视频内容的健康有序发展，又能防止网络视频的传播优势减弱，推动网络视频产业内容的不断完善。

(3) 政府应当加强网络视频监管，为网络视频产业的发展创造良好环境。对于涉及无证经营和版权侵权的视频网站整改要常规化、制度化，取缔违规视频网站。如果网络视频作品涉及法律问题，如肖像权、隐私权、著作权等，应该在法律的框架内、以合理的方式予以解决。同时应加强视频制作者和视频网站从业者的法律意识、自律意识，避免政府管理部门过多采取禁止措施对从业者的行为予以规范。对于不涉及违反法律问题的网络视频，应该采取灵活的监管方式，依靠道德和创作者自律的方法解决。同时，应当完善社会监督，使事前监管与事后监督并举，实行违规重罚、举报有奖的策略，增强网络视频监管的有效性和及时性。通过综合性的网络视频监管办法，为网络视频的发展营造良好的环境。

二、网络游戏产业的相关情况

(一) 网络游戏产业的供给情况

网络游戏又称“在线游戏”，简称“网游”，指以互联网为传输媒介，以游戏运营商服务器和用户计算机为处理终端，以游戏客户端软件为信息交互窗口，旨在实现娱乐、休闲、交流和取得虚拟成就的具有相当可持续性的个体性多人在线游戏。网络游戏可以分为大型多人在线游戏、多人在线游戏、平台游戏和网页游戏四类（见表6-2）。

表6-2　　网络游戏分类

分　类	细　分
大型多人在线游戏	大型多人在线角色扮演游戏
	大型多人在线第一人称射击游戏
	大型多人在线竞速游戏
多人在线游戏	
平台游戏	棋牌桌面游戏
	对战游戏
网页游戏	

其中，大型多人在线游戏是指支持多人同时出现在同一场景中，游戏过程持续且不是以局或盘等作为限制的一种游戏类型。这是目前最主流的游戏类型，游戏形式主要是通过用户的游戏技能及其他各方面投入实现在虚拟社会中的生存和

成长，并参与游戏虚拟世界的人际沟通及社会活动等。多人在线游戏的游戏过程通常有时间与空间的限制，这类游戏一般采用回合制的方式，玩家能够自主控制游戏时间在较短的时间内重复地进行游戏。平台游戏是通过社区的特性，将一些线下或者单机类别的游戏整合到一起，为玩家在网络上寻找其他玩家共同玩游戏的平台。网页游戏则是基于网站开发技术，以标准 http 协议为基础表现形式的无客户端或基于浏览器内核的微客户端游戏。

艾瑞咨询提供的数据显示，2007 年中国收入排名前 15 位的网络游戏运营商中，有 10 家为上市企业，上市企业的收入约为 98.7 亿元，占总收入的 77.1%。2007 年中国网络运营商收入最多的是盛大网络，以 24.2 亿元高居榜首，其营收占整个网络游戏市场规模的 18.9%，其次是网易 18.7 亿元，巨人以 15.5 亿元位居第三。这三家企业的主要收入来源均来于自主研发产品，以代理产品为主的九城排名第四，第五至十名依次是久游、腾讯、网龙、完美时空、光宇华夏和金山（见图 6－5）。

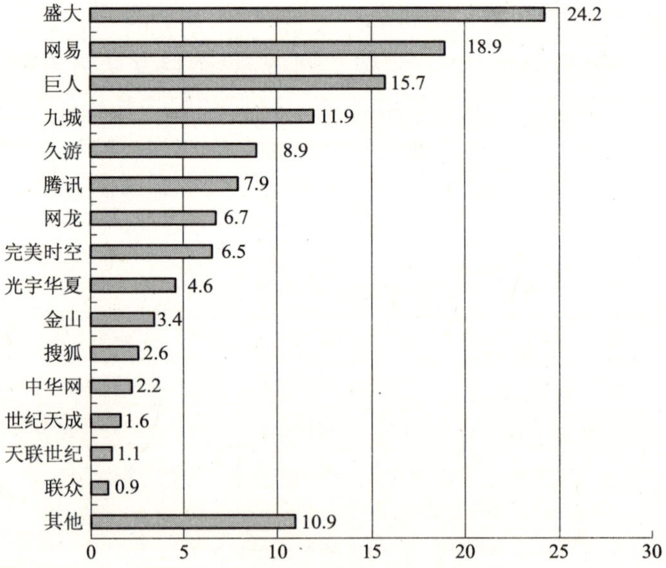

图 6－5　2007 年中国网络游戏运营商市场规模前 15 位（亿元）

数据来源：艾瑞《2007－2008 年中国网络游戏运营商竞争力报告》

由图 6－5 可以看出，中国有一定数量的网络游戏运营商，这些运营商向用户提供种类繁多的网络游戏，增加了网络游戏的趣味性，可以吸引更多不同的消费者。满足消费者的不同选择，是推动中国网络游戏产业发展的重要力量。

（二）网络游戏产业的需求情况

1. 国内需求情况

2009 年，中国网络游戏市场规模达到 270.6 亿元，同比增长 30.2%（见图 6－6），虽然增长趋势放缓，但网络游戏产业依然是中国互联网经济中最大的细分市场。其中，网络游戏市场规模是指中国市场网游运营商的收入总和，不包含电视游戏和手机游戏收入，即网络游戏运营商每年通过运营网络游戏所产生的直接营业收入的总和；直接营业收入包括包时卡、点卡收入、销售相关游戏软件及出售虚拟物品的收入，不包括与网络游戏无关的业务收入。

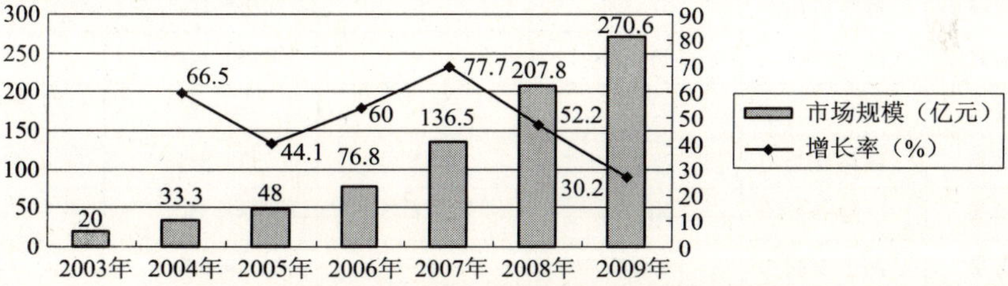

图 6－6　2003－2009 年中国网络游戏市场规模

数据来源：艾瑞咨询

由图 6－6 可以看出，从 2003 年以来，中国的网络游戏市场规模不断扩大，2005 年到 2007 年是中国网络游戏飞速发展的黄金时期。近两年来，中国的网络游戏市场规模仍然在不断扩大，但是增长速度减慢，网络游戏发展趋于“冷却”。

在网络游戏用户规模方面，中国互联网络信息中心数据显示，2010 年用户规模继续增长，2010 年 6 月达到 2.96 亿，新增 3 156 万，较 2009 年末增长 11.9%。网络游戏在网络娱乐应用中一直处于上升趋势，使用率从 2009 年末的 68.9% 攀升至 2010 年 6 月的 70.5%（见表 6－3）。数据显示，中国网络游戏用户增速继续放缓，游戏类型细分和产品品质提升逐渐成为行业关注重点。较低的用户增长率意味着中国网络游戏用户规模已经趋向饱和，这也将推动整体网络游戏行业转型。

表 6－3　2009 年 12 月－2010 年 6 月中国各类网络应用使用率及排名

类型	应用	2009 年 12 月使用率	2009 年 12 月排名	2010 年 6 月使用率	2010 年 6 月排名
网络娱乐	网络音乐	83.5%	1	82.5%	1

续表

类型	应用	2009 年 12 月使用率	2009 年 12 月排名	2010 年 6 月使用率	2010 年 6 月排名
信息获取	网络新闻	80.1%	2	78.5%	2
信息获取	搜索引擎	73.3%	3	76.3%	3
交流沟通	即时通信	70.9%	4	72.4%	4
网络娱乐	网络游戏	68.9%	5	70.5%	5
网络娱乐	网络视频	62.6%	6	63.2%	6
交流沟通	电子邮件	56.8%	8	56.5%	7
交流沟通	博客应用	57.7%	7	55.1%	8
交流沟通	社交网络	45.8%	9	50.1%	9
网络娱乐	网络文学	42.3%	10	44.8%	10
商务交易	网络购物	28.1%	12	33.8%	11
交流沟通	论坛/BBS	30.5%	11	31.5%	12
商务交易	网上支付	24.5%	13	30.5%	13
商务交易	网上银行	24.5%	14	29.1%	14
商务交易	网络炒股	14.8%	15	15.0%	15
商务交易	旅行预订	7.9%	16	8.6%	16

数据来源：中国互联网络信息中心

2. 出口情况

中国网络游戏出口这一新型商业模式自 2006 年兴起至今，在短短 4 年中完成了从无到有的积累过程。艾瑞咨询公布的数据显示，2009 年网络游戏出口收入达到 8.3 亿元，同比增长 38.3% （见图 6－7）。游戏出口收入虽然已经达到一定数额，但相对于整个网游市场 270 多亿的市场规模，还处于萌芽状态。随着中国游戏研发团队的创意不断涌现和技术能力提高，出口到国外的产品数量及价格还将不断增加。

数据显示，2009 年完美时空以 30.1% 的出口份额稳居第一（见图 6－8），其自主研发的产品已经出口至欧洲、美洲、亚洲等几十个国家，通过与当地知名运营商合作，取得了令人瞩目的成绩，2008 年游戏出口总收入就已达到 1.86 亿元，2009 年多款游戏产品上线，预计出口总收入将达到 2.5 亿元，同比增长 35% 左右。网龙则以 19.3% 的占有率排名第二。与完美时空不同，网龙产品主要出口至欧美国家，相比亚洲各地区，欧美用户数量虽然不多，但消费力较强。

虽然完美时空与网龙策略各有不同，但同样取得了良好业绩。

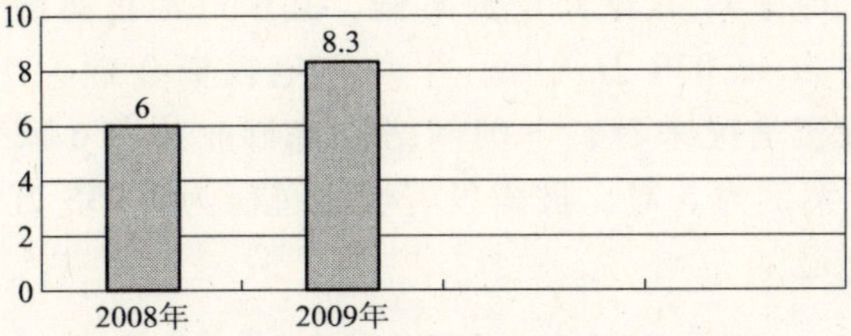

图 6－7　2008 年与 2009 年中国网络游戏出口业务市场规模（亿元）

数据来源：艾瑞咨询

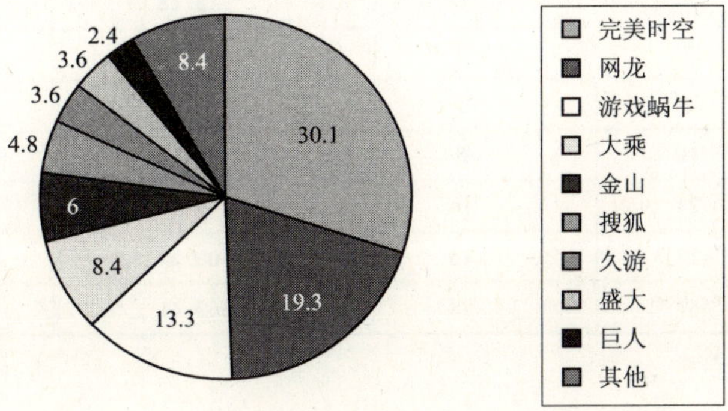

图 6－8　2009 年中国网络游戏出口业务市场份额

前文分析中提到，近年，中国网络游戏用户较低的增长率意味着中国网络游戏用户规模已经趋近于饱和，因此积极发展网络游戏出口业务，是促进未来中国网络游戏产业的重要途径。显然，相对于巨大的网络游戏市场规模，网络游戏出口还有很大的发展空间。

（三）网络游戏产业的投资情况

清科研究中心①公布的数据显示，2009 年中国网络游戏行业约有 17 起较大投资案例，其中已经披露金额的投资案例为 15 起，披露投资金额总额为 10 027 万美元，平均单笔投资金额为 668 万美元（见表 6－4）。总投资案例数量同比下

① 清科研究中心于 2001 年创立，致力于为众多的有限合伙人、VC/PE 投资机构、律师事务所、会计师事务所、投资银行、研究机构等提供专业的研究报告和各种行业定制研究服务。研究范围涉及创业投资、私募股权、新股上市、兼并收购领域，研究内容包括 VC/PE 投资情况、投资回报、人民币私募股权基金募集、私募股权房地产基金发展等系列专题研究，以及 TMT、清洁科技等 10 大行业。经过近十年的积累和发展，目前清科研究中心已成为中国该领域最专业及权威的研究机构。

降 19.05%，披露的投资金额总数同比下降 44.12%。2000 年到 2010 年上半年，中国网络游戏行业共有 92 起较大投资案例，其中已经披露的投资案例为 57 起，披露投资金额总额为 42 030 万美元，平均单笔投资金额为 737.37 万美元。从 2010 年上半年的投资情况来看，中国网络游戏行业共有 6 家企业获得投资，其中披露金额的投资案例为 5 起，披露投资金额总额为 1 035 万美元，平均单笔投资金额为 259 万美元。

表 6－4　　2004－2009 年中国网络游戏产业投资规模

年度	案例总数	已披露金额的案例数	投资金额（百万美元）	平均投资金额（百万美元）
2004	7	6	18.18	3.03
2005	4	3	13.00	4.33
2006	5	5	21.00	4.20
2007	10	5	30.52	6.10
2008	21	14	179.44	12.82
2009	17	15	100.27	6.68
合计	64	48	362.41	7.55

数据来源：清科数据

由表 6－4 看到，与 2008 年中国网络游戏产业投资项目相比，2009 年减少了 4 例，投资金额减少了 7 917 万美元，这是 2005 年以来，中国网络游戏市场投资案例及投资金额首次出现下滑局面。一定程度上说明中国网络游戏市场已经进入缓慢增长期，资本市场对网络游戏的态度更加冷静和客观。

（四）网络游戏产业的相关政策措施

在网络游戏产业中，政府部门实行的政策措施主要有：

（1）净化网络环境，推广文明上网。为保护未成年人身心健康，有效解决未成年人沉迷网络游戏的社会问题，2005 年 6 月新闻出版总署制定了《网络游戏防沉迷系统开发标准》，规定未成年人游戏累计时间 3 小时以内为“健康”游戏时间，超过 3 小时后的 2 小时游戏时间为“疲劳”时间，通过技术手段对未成年人在线游戏时间予以限制；2006 年 3 月新闻出版总署制定了配套的《网络游戏防沉迷系统实名认证方案》。

（2）2005 年 7 月，文化部和信息产业部联合出台了《文化部信息产业部关于网络游戏发展和管理的若干意见》。《意见》指出，我国将采取五大措施规范网络游戏市场秩序，包括严格市场准入，强化内容监管；加强网络游戏产品进口管理工作；加大对“私服”、“外挂”等违法行为打击力度；切实加强网吧管理，规范网吧市场秩序；加强行业自律和社会监督。

（3）2009年6月，中国文化部和商务部联合发布《关于网络游戏虚拟货币交易管理工作的通知》，该通知对虚拟货币进行了准确的定义，并且明确指出，同一家企业不能同时经营虚拟货币的发行与交易，虚拟货币不得用以支付、购买实物产品或兑换其他企业的任何产品和服务，防止网络游戏虚拟货币对现实金融秩序产生冲击。

（4）2009年11月，文化部下发《关于改进和加强网络游戏内容管理工作的通知》，重点阐述了网络游戏经营单位的监管措施，在建立网络游戏经营单位自我约束机制、完善网络游戏内容监管制度和强化网络游戏社会监管与行业自律等方面提出了具体要求。

（5）2010年6月，文化部正式发布《网络游戏管理暂行办法》，首次对网络游戏娱乐内容、市场主体、经营活动、运营行为和法律责任做出明确系统规定，首次确认了从事网络游戏活动的基本原则，明确了使用范围及“网络游戏”、“网络游戏上网运营”、“网络游戏虚拟货币”等概念，同时对网络游戏内容管理、未成年人保护、经营行为、虚拟货币等有关网游市场的热点话题做出了明确的制度安排。这是中国第一部专门针对网络游戏进行管理的规范的部门规章，于2010年8月1日正式实施。

（五）对网络游戏产业发展的相关建议

（1）加快网络游戏规范，发挥网络游戏积极健康作用。长期以来，由于自身经营处于初级阶段，我国网络游戏产业作用不妥，形象不佳。很多人认为制作网络游戏是不务正业，将玩网络游戏作为休闲娱乐也并未为大众接受。这种社会氛围对网络游戏产业发展十分不利。据了解，在中国台湾地区，由于网络游戏得到规范化管理，电子游戏已进入大学课堂，围绕游戏的一些教学活动成为考试内容之一。人们认为恰当的网络游戏可以启发学生战略思考、谈判技能、筹划决策能力和团队合作能力等。韩国还出现了专门的游戏学校，网络游戏竞技也成为韩国重要的赛事之一。在网络游戏管理上，政府采用分级制度，按照游戏的内容和性质以及适用人群划分不同等级，同时，积极出台相关的防沉迷措施，努力发挥网络游戏休闲娱乐、积极向上的内涵。

（2）重视本国文化在网络游戏中的重要地位，将中华文化优势转化为产业优势。以网络游戏为文化传承重要载体，在游戏制作中挖掘本民族、本国家文化底蕴，把我国博大精深的传统文化资源和当代文化成果转化成为数字产品，形成中华文化在网络游戏上的整体优势。

（3）强化自主研发能力，千方百计实施创新。我国自主研发力度不足问题由来已久，应从政策上、人才培养上、资金投入和政策保护上加大支持网络游戏研发。一方面，走与国外企业进行合作研发道路。通过合作开发，提高国内厂商研发能力，改变国内企业研发实力不高的格局。另一方面，加大游戏人才培养。只有拥有自己的一流人才，才能有自己的一流产品和自主的网络游戏市场，提高我国网络游戏产业竞争力。此外，还应该借鉴网络游戏产业相对发达国家的经验，向他们学习先进的管理、制作、运营经验，派遣人员去这些发达国家进修。网络游戏研发离不开网络游戏开发平台，先进游戏开发引擎是开发先进游戏的关键，我国游戏企业在相关技术方面也需进一步提升。

（4）加强行业协会建设，理顺产业环境，增强政策扶持。行业协会作为行业自律组织对行业健康发展和业内企业沟通协调十分有益。组建拥有理顺职能的产业协会是我国网络游戏行业健康发展的重要保证。鼓励引导网络游戏产业健康有序的发展需要为网络游戏产业创造一个良好的发展环境，一方面需要政府加强规范管理网络游戏产业，把治理网络环境列入政府职能重点范畴，进一步清理我国网络环境，建立健全相关的法律法规，为网络游戏产业的发展创造良好的软件设施；另一方面，发挥行业内企业和民间力量，加强自律，才能确保我国网络游戏产业健康快速发展环境基础。只有在产业环境合理有序，企业自律较为自觉条件下，政府对产业的经济扶持政策才能发挥最大效能。

（5）网络游戏企业应加快“走出去”步伐，扩大国产网络游戏的国际市场。政府应当出台相关的政策，扶持网络游戏产业，适当引导网络游戏的出口，提高我国网络游戏产业的国际竞争力。缺乏国际竞争力的企业不可能成为未来的行业主导企业，缺乏国际竞争力的企业也不可能支撑我国相关产业的发展。

第七章
艺术品市场发展报告

一、艺术品的界定以及艺术品市场结构

艺术品市场重要的要素之一是艺术品。按照2003年最新修订的《艺术品经营管理办法》界定，艺术品是指利用一定物质材料，通过一定技术手段创作的具有审美价值的二维、三维作品，包括绘画作品、书法和篆刻作品、雕塑和雕刻作品、艺术摄影作品、民间艺术品、工艺美术品以及上述作品的有限复制品。

通常情况下，规范的艺术品市场往往分为三个层次：首先是画廊、画店以及美术品公司构成的一级市场，其经营方式为通过购买和销售，直接完成艺术品所有权的转移。其次是以经纪行为为主的二级市场，如拍卖行和经纪公司等，其经营方式为通过第三方的中介行为，完成艺术品所有权的转移；另外，还包括与美术销售有直接关系的各种服务类经营活动，如评估、鉴定、展览等。最后则是以高端艺术博览会模式出现的三级市场。其中，画廊、拍卖会和艺术博览会构成了现代艺术品市场的三大支柱。（见表7－1）

表7－1　　艺术品市场结构

市场层级	市场主体	经营方式
一级市场	画廊、画店和美术品公司	购买和销售
二级市场	以经纪行为为主的市场，如拍卖行和经纪公司	通过第三方的中介行为，另外还包括与美术销售有直接关系的各种服务类经营活动，如评估、鉴定、展览等
三级市场	高端的艺术博览会	艺术品的展示和交易

资料来源：《中国文化产业年度发展报告2009》

对于一个成熟的艺术品市场，这三级市场应该并驾齐驱，平衡合理发展。我国艺术品市场起步较晚，三个市场的发育速度和发展规模不尽相同，以拍卖业为

代表的二级市场的繁荣程度远远超过了一级和三级市场。近几年，随着我国艺术市场体制的不断完善和艺术品经营业发展壮大，这一格局得到了很大改善，我国艺术品行业的一、二、三级市场正朝着均衡方向迈进。

二、我国艺术品市场的发展概况

（一）我国艺术品市场概述

自2000年以来，我国市场经济体制改革不断深化，国内经济高速发展，我国艺术品市场初露端倪，逐渐呈现出了欣欣向荣景象，成为社会经济生活的重要组成部分，艺术品的生产、流通和消费也成为受人瞩目的产业。短短几年间，无论是民间画廊、美术馆，还是高水准的国际艺术博览会，均获得了较快发展。尽管与欧美等发达国家相比，中国艺术品市场并没有随着整体经济总量上升而出现全面繁荣局面，人均艺术品的交易额与经济总体发展水平仍不相符合，但中国艺术品市场的发展速度是有目共睹的，蕴藏着巨大的市场潜力和广阔的上升空间。

按照国际经验，当一个国家（地区）人均GDP达到4 000美元时，艺术品市场开始萌动；达到7 000美元时，市场开始起步；达到10 000～20 000美元时，市场开始进入高速发展期，并逐步趋于成熟。[①] 如果考虑到我国地区之间经济发展的差距，我国一些一线城市如北京和上海等地（参见表7－2）的人均GDP水平在2003年越过4 000美元门槛，2009年越过人均10 000美元大关，已经达到艺术品经营业趋向繁荣发展的阶段。我国的艺术品市场在地理分布上以北京和上海为轴线，在南北两大区域呈放射状发展，建构起了一个庞大的艺术市场领域。北方的艺术市场，以北京最为兴盛，进而向天津、山西、陕西和山东半岛扩张；南方的艺术市场，与北方市场呈现出了很大区别，浓重的商业气息使以上海为核心的南方艺术市场的氛围与北方市场深厚的人文历史底蕴形成了鲜明的对比。

表7－2　　2000－2009年北京和上海人均生产总值

地区	北京			上海		
年份	地区生产总值（亿元）	人均GDP（元）	人均GDP（美元）	地区生产总值（亿元）	人均GDP（元）	人均GDP（美元）
2000	3 161.0	24 122	2 914	4 771.17	30 047	3 630
2001	3 710.5	26 998	3 262	5 210.12	32 333	3 906

① 资料来源：《艺术评估原理》。

续表

地区 年份	北京			上海		
	地区生产总值（亿元）	人均 GDP（元）	人均 GDP（美元）	地区生产总值（亿元）	人均 GDP（元）	人均 GDP（美元）
2002	4 330.4	30 840	3 726	5 741.03	35 445	4 282
2003	5 023.8	34 892	4 216	6 694.23	40 130	4 848
2004	6 060.3	41 099	4 966	8 072.83	46 755	5 649
2005	6 886.3	45 444	5 548	9 247.66	52 535	6 413
2006	7 861.0	50 407	6 323	10 572.24	58 837	7 381
2007	9 353.3	58 204	7 654	12 494.01	68 024	8 946
2008	10 488.0	63 029	9 075	14 069.87	75 109	10 815
2009	12 153.0	70 452	10 314	15 046.45	78 989	11 563

资料来源：《北京市统计年鉴 2010》和《上海市统计年鉴 2010》

目前，北京已毫无争议成为我国艺术品市场龙头核心城市。2006 年，艺术品交易作为单独项目被列入《北京市统计年鉴》。图 7－1 和表 7－3 显示，无论在从业人员数量方面还是在营业额方面，北京艺术品交易业都出现了高速发展。虽然 2008 年受到金融危机波及，北京艺术品交易业的增速有所放缓，业务收入出现了下滑迹象，但依托艺术品消费巨大前景与市场潜力以及亚洲艺术品市场整合能力增强契机，北京艺术品交易市场较快走出了低谷，成为金融危机后世界艺术品市场增长速度最快一极。①

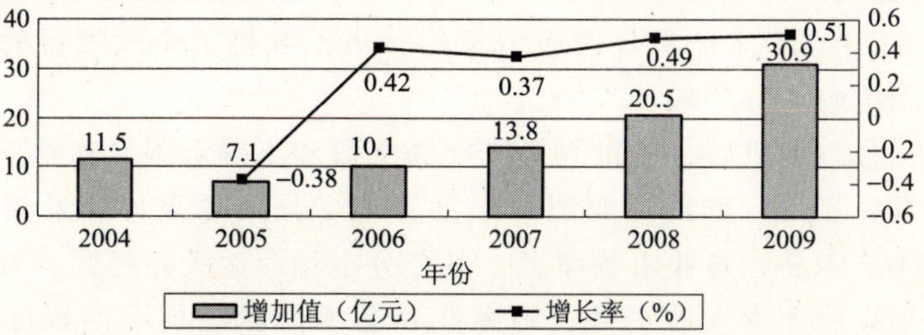

图 7－1 2004－2009 年北京市艺术品交易业增加值与增长率

资料来源：《北京市统计年鉴》

① 资料来源：中华人民共和国文化部文化市场发展中心发布的《中国艺术品市场白皮书——中国艺术品市场年度研究报告（2009）》。

表 7-3　　2006-2009 年北京艺术品交易业的基本情况

年份	从业人员		资产总计		增加值		业务收入	
	万人	比上年%	亿元	比上年%	亿元	比上年%	亿元	比上年%
2006	1		130.1		10.1		59.4	
2007	1.4	0.4	141.6	0.08	13.8	0.37	103	0.73
2008	1.7	0.21	158.4	0.12	20.50	0.49	127	0.23
2009	1.9	0.12	208	0.31	30.90	0.51	131	0.04

不仅如此，根据2009年《中国艺术品市场年度研究报告》，随着中国艺术品市场国际化与国际艺术品市场中国化的推进，从市场规模、市场影响力、市场体系发育、参与人数及其发展潜力等诸多方面看，北京已经取代了中国香港、纽约、伦敦、巴黎等其他城市，成为世界艺术品市场中心之一的格局正在不断地显现出来。[①] 当然，对这样的判断也有不少学者持有不同观点。

（二）后金融危机时代的我国艺术品市场

2008年是中国艺术品市场发展的重要转折。次贷危机引发的全球金融风暴前所未有地冲击了世界艺术品市场，全球艺术品市场出现剧烈变化，艺术品价格整体惨跌。在经济全球化背景下，中国艺术品市场也未能幸免于难。但在国内大量投放货币，刺激经济增长的宽松货币环境下，中国的艺术品价格在一定程度得以幸免跳水，至少表现出来的负面影响并不明显。

2009年中国艺术品市场出现价跌量增与逐步活跃趋势，传递出了市场整体回暖信号。随后，市场强劲反弹，率先走出全球金融危机的阴影，实现了“V”型复苏，并在2010年重新步入快速增长的轨道，取得了全球瞩目的业绩。但同时积累下的隐忧也十分严峻。

总体看，金融危机后，在世界经济充满变数和不确定因素背景下，中国艺术品市场依然发展强劲，推动着亚洲乃至世界艺术品市场复苏和发展。但具体而言，就不同的艺术品经营业市场而言，各个分市场命运大相径庭，发展态势丰歉不均。除了拍卖业无太大波动外，画廊业和艺术博览会均不同程度受到不小的干扰。

1. 画廊业

作为艺术品市场中的一级市场，画廊市场是艺术品市场中极为重要的一环。

---

① 资料来源：中华人民共和国文化部文化市场发展中心发布的《中国艺术品市场白皮书——中国艺术品市场年度研究报告（2009）》。

我国画店和文物古玩店历史悠久，但现代意义的画廊却是在上世纪 80 年代才崭露头角。目前，中国画廊业大体可分为主营性画廊、非主营性画廊和网上画廊三种业态形式（如表 7－4 所示）。① 追溯新中国画廊业发展史可以看出，中国画廊业发展经历了两个规模化阶段：一是 20 世纪 90 年代中期；二是 2005－2006 年。2006 年中国艺术品市场调整后，画廊进入规模化增长期。据不完全统计，2007 年上半年，中国画廊的数量达到一个新的峰值，为 13 800 余家。

表 7－4 画廊业的基本构成

画廊形态	业务内容及运作模式	特　点
主营性画廊	以艺术品的经营展览、展示等活动为业务形式 运作模式包括四种： 1. 代理运作模式 2. 画廊＋画家模式 3. 画廊＋作品模式 4. 画廊＋活动模式	专业性强，投资回报周期长，门槛高，不确定性因素多，致使关门歇业者不在少数
非主营性画廊	以为艺术品交易及活动提供支撑服务为主，以艺术品交易及相关活动为辅的业态形式	尚在发展之中，量大、复杂，水准、信誉参差不齐
网上画廊	利用互联网而建立的网上经营模式	发展速度快

资料来源：《2009 年中国艺术品市场白皮书》

自 2008 年冬天以来，在国际金融危机影响下，国内众多画廊经受了艺术品滞销、交易额大幅度下降和现金短缺压力，艺术品价格泡沫程度有所减轻。重压之下，不少画廊经历了减小展厅面积、放弃高价场地、裁员、降薪、抛售藏品、甚至倒闭的市场历程，签约画家也明显减少。

截至 2008 年 6 月，中国画廊大约共有 12 297 家，其中主营性画廊约 3 549 家，占到画廊总数的 28.9%。而到 2009 年底，中国画廊锐减为 8 740 余家，主营性画廊变为 2 386 家，只占到画廊总数的 27.3%。到 2008 年底，与上年同期相比，中国画廊数量减少了大约 29%，亏损并勉强处在维持及半歇业状态的画廊约占画廊总体数量的 35%，而处于盈利状态的画廊大约只占画廊总体数量的 7%。考虑到自然增长等因素，2008 年一年关闭的画廊已占到年初画廊总数的 30% 以上。而在 2009 年底这一数据则变为：与上年同期相比，中国画廊数量减少了约 7%，亏损并勉强处在维持及半歇业状态的画廊约占画廊总体数量的 45%，而处于盈利状态的画廊只占到 3.5%。考虑到自然增长等因素，2009 年一

① 资料来源：西沐．中国画廊业发展态势及其评价报告．艺术市场，2009（4）．

年关闭的画廊占到年初画廊总数的7%以上，表7-5反映了2008-2009年中国画廊数量的变动情况。另外，据有关方面统计，中国香港的画廊业在2008-2009年同样遭受重创，关闭部分比例不低，整个行业可谓处境艰难，目前继续经营的大都是一些历史悠久的老画廊。①

表7-5　　2008-2009年中国画廊数量的变动情况

中国各类画廊数量及变化	2008年	2009年
中国画廊数量（截至各年年底）	12 297家	8 740家
画廊数量减少的百分比（与上一年同期相比）	29%	7%
亏损并勉强处于维持及半歇业状态的画廊约占画廊总体数量比重	35%	45%
处于盈利状态的画廊约占画廊总体数量的比重	7%	3.5%
全年关闭的画廊约占年初画廊总数的比重	30%	7%

资料来源：根据《2009年中国艺术品市场白皮书》相关数据整理

2008年中国画廊业成交总额为70.13亿元人民币，其中主营性画廊22.4亿元人民币，非主营性画廊大约45.27亿元人民币，网上画廊成交额大约2.46亿元，比2007年的103.68、34.45、66.73、2.50亿元人民币分别下降了32.4%、35.0%、32.2%和上升了1.6%，特别是主营性画廊受到的影响最大。2009年，中国画廊业的成交额继续下滑，总规模缩小至65.55亿元人民币，其中主营性画廊的成交额为19.8亿元人民币，非主营性画廊的成交额为42.54亿元人民币，网上画廊的成交额为3.21亿元。②（见表7-6）

表7-6　　2007-2009年中国画廊业经营情况

年份	年度成交总额		主营性画廊		非主营性画廊		网上画廊	
	亿元	比上年%	亿元	比上年%	亿元	比上年%	亿元	比上年%
2007	103.68	—	34.45	—	66.73	—	2.50	—
2008	70.13	-32.4%	22.4	-35.0%	45.27	-32.2%	2.46	-1.6%
2009	65.55	-6.5%	19.8	-11.6%	42.54	-6.0%	3.21	30.5%

资料来源：《中国画廊业发展态势及其评价报告》

经济衰退对不同类型画廊影响各不相同。主营性画廊的亏损与关闭数量占到了亏损、关闭画廊总数的32%，却占其总保有量的近一半；而非主营性画廊的

① 资料来源：《2009年中国艺术品市场白皮书》。
② 资料来源：《中国画廊业发展态势及其评价报告》。

亏损、关闭数量占亏损、关闭画廊总数的约 70%，但只占到其总保有量的 35% 左右。网上画廊表现平稳并略有上升，未有大的变化。① 2009 年，网上画廊上升较快，增幅几乎达到 30.5%，成为金融危机之后中国艺术品市场的增长亮点。

除了关注画廊行业经济数据以外，画廊业从业人员数量和素质同样不容忽视，极大程度反映了该行业发展状况。据中国画廊联盟统计，如表 7－7 所示，2008 年底中国画廊业的从业人员约为 1.82 万人，与 2007 年底的 2.59 万人相比，减少了 0.77 万人，下降幅度为 29.7%。在从业人员中，大专以上学历的人员只占到总人数的 29%，接受过专门教育及相关技能培训的不足总人数的 9%。而这一数据在 2009 年底则变为：中国画廊业的从业人员大约为 1.65 万人，与上年同期相比，减少了 0.17 万人，下降幅度为 9.34%；而从业人员学历则有了较大幅度提升，大专以上学历的人员占到总人数的 43%，但其中接受过专门教育及相关技能培训的人还是较少，只有 12%。

表 7－7　　2007－2009 年中国画廊业从业人员基本情况

年份	从业人员（截至各年年底）			大专以上学历的人员约占总人数的比重	受过专门教育及相关培训的人员约占总人数的比重
	总人数（万人）	减少数量（万人）	下降幅度（%）		
2007	2.59	—	—	—	—
2008	1.82	－0.77	－29.7%	29%	9%
2009	1.65	－0.17	－9.34%	43%	12%

资料来源：《中国画廊业发展态势及其评价报告》

2. 拍卖业

1992 年，在深圳和北京相继出现艺术品拍卖会，标志着中国艺术品拍卖市场初显萌芽。紧接着，一批高水准拍卖公司陆续在北京、上海和广东的一些大城市迅速崛起。如今，多种所有制的、各具特色的艺术品拍卖机构已经遍布全国，规模和风格各异的艺术品拍卖活动多有表现。

近几年，中国艺术品拍卖市场发展迅猛，拍卖企业已成为中国艺术品市场主体的重要组成部分。截至到 2006 年底，全国从事艺术品拍卖的企业有 3 000 多家，专业的艺术品拍卖机构 60 余家。② 目前，艺术品拍卖市场的细分格局已定，80% 的市场份额集中在北京，最有名的八大文物和艺术品拍卖公司分别是北京保

① 资料来源：《中国画廊业发展态势及其评价报告》。

② 资料来源：中央电视台《中国财经报道——中国艺术品市场的红与黑》。

利、中国嘉德、北京翰海、北京匡时、中贸圣佳、杭州西泠、北京华辰和北京荣宝，这八大拍卖行每年的成交情况可视为中国拍卖市场的行情指数。（见表 7－8）

表 7－8　　2010 年春季拍卖中国八大拍卖行成交总额

公司名称	2010 年春季拍卖成交额（万元）
北京保利	331 348.2
中国嘉德	212 781.1
北京翰海	131 618.0
北京匡时	108 131.2
中贸圣佳	68 653.6
杭州西泠	65 263.6
北京华辰	23 027.1
北京荣宝	21 095.8
成交总额	961 918.6

资料来源：中国名瓷网

图 7－2 与图 7－3 表明了 2006 至 2010 年中国艺术品拍卖市场的大体运营情况。2008 年金融危机爆发后，中国艺术品拍卖市场成交额出现下滑。根据雅昌艺术市场监测中心统计，2008 年秋季拍卖市场较 2008 年春季拍卖市场成交总额大幅下降，降幅约为 40%。2009 年春季拍卖市场延续了 2008 年秋季的下降趋势，成交总额同比 2008 年春季减少 564 378 万元人民币，降幅约为 45.04%，环比 2008 年秋季拍卖会下降 73 337 万人民币，降幅约为 9.63%。

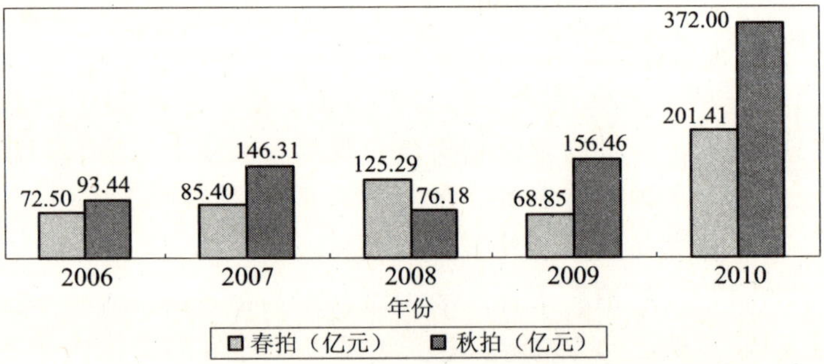

图 7－2　2006－2010 年中国艺术品春拍和秋拍成交额

但总体上，中国艺术品拍卖市场这一段时期发展情况大大好于预期，没有出现大起大落局面，呈现出旺盛的生命力和极高成长性，很快走出了阴霾，特别是中国书画类拍品，2009 年在市场总量下降 9.63% 的状况下，书画类拍品成交总

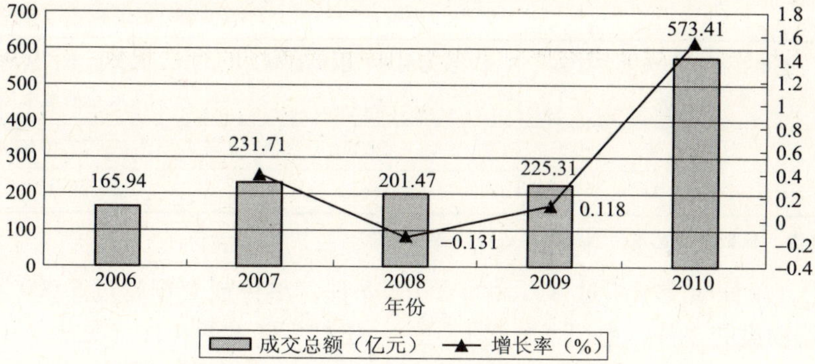

图 7－3　2006－2010 年中国艺术品拍卖成交总额及年增长率

资料来源：雅昌艺术市场监测中心

额上升了 39.29%，达到近 34 亿元人民币成交额，成交率更是上升了 17 个百分点，达到 63%，成为各家拍卖公司的主要“印钞机”，其中近现代书画和古代书画表现尤为出色，这也给金融危机下持续不振的艺术品市场注入了新活力。

2009 年艺术品拍卖业不仅成交总额大、成交率高，而且高价位文物与艺术品成交最多，创下了 18 年来的最好成绩。据商务部的统计数据显示，截至 2009 年底，全国拍卖企业已共计 4 941 家，全国拍卖业实现年成交总额 4 638.39 亿元，同比增长 47.43%。作为中国拍卖业生力军的文物艺术品领域，2009 年我国艺术品拍卖业的年度成交额为 225.31 亿元，加上画廊业、博览会以及民间的艺术品交易，总成交额保守估计会达到 1 200 亿元的规模。2009 年中国艺术品市场有 199 495 件拍品上拍，成交 141 165 件，比 2008 年增收 23.84 亿元，增幅达 11.8%，年度成交额再次突破了 200 亿元的关口。

2009 年国内一些知名拍卖公司的拍卖业绩也创出各公司自成立以来的最佳年度业绩。例如，2009 年八大公司共拍出文物与艺术品 26 928 件，成交总额 866 734.1 万元，与 2008 年成交总额 545 037 万元相比，成交额提高 59%，与 2007 年成交总额 660 861.8 万元相比提高了 31%。从表 7－9 可以看出，尽管受到金融危机的冲击，2009 年八大拍卖公司的成交额较 2007 年、2008 年均有明显提高，其占全国艺术品拍卖市场成交总额的比例已近五分之二。

表 7－9　　2007－2009 年中国八大拍卖行成交情况

年份	艺术品拍卖市场成交总额（亿元）	八大拍卖行成交总额（亿元）	八大拍卖行成交额占艺术品拍卖市场比重
2007	231.71	66.09	28.52%

续表

年份	艺术品拍卖市场成交总额（亿元）	八大拍卖行成交总额（亿元）	八大拍卖行成交额占艺术品拍卖市场比重
2008	201.47	54.50	27.05%
2009	225.31	86.67	38.47%

资料来源：根据雅昌艺术市场监测中心统计数据整理

其中，单件成交额超过百万元的有1 245件，单件成交额超过5 000万元的有13件（器物类有2件，中国书画类11件），超过1亿元的4件（见表7－10）。其中，中贸圣佳推出的“清乾隆宫廷纪实绘画作品——徐扬《平定西域献俘礼图》手卷”专场拍卖，最终以1.344亿元成交，不仅刷新了中国书画拍卖的世界纪录，也成为首件突破亿元大关的中国书画艺术品。这是我国文物与艺术品拍卖市场18年来单件文物价格首次突破亿元大关，标志着我国艺术品拍卖迈入了“亿元时代”。（见表7－10）

表7－10　2009年中国艺术品拍卖市场成交价突破一亿元的四件拍品

拍卖公司	拍　品	最终成交价格（亿元）
中贸圣佳	清乾隆宫廷纪实绘画 徐扬《平定西域献俘礼图》手卷	1.344
北京保利	传统佛教题材人物画 明代画家吴彬的《十八应真图卷》	1.691 2 （1.51＋12%佣金）
	北宋文学家曾巩《局事帖》	1.086 4
中国嘉德	朱熹、张景修等七大家法书 《宋诸名贤题徐常侍篆书之迹》	1.008

资料来源：中国经济网

2010年艺术品拍卖市场继续刷新历史记录。1－5月春拍期间，全国拍卖业成交额实现2 021.1亿元。据北京保利、中国嘉德等七家公司统计，今年春季拍卖的拍品单件成交额超过百万元的多达1 300件，超过八大拍卖公司去年的全年单件成交额超过百万元的拍品数，并且2010年春季拍卖又创造了4件拍品超亿元的神话。到2010年年末，中国艺术品拍卖业实现了573.41亿元的年度成交总额，创下了历史新高。

艺术品拍卖业的活跃，反映出了目前我国艺术品拍卖市场一直处于买方市场，求大于供的状态，特别是近几年随着人们经济收入的增多，文化修养的提高，文物艺术品的鉴赏能力增强，对于获得文物艺术品的需求愈来愈大，要求也愈来愈高。

在国内艺术品拍卖市场的带动下，2009 年中国艺术品拍卖市场的整体表现优于全球市场，继 2008 年之后再次进入世界前三的行列，居世界第三位，仅次于美国和英国。图 7－4、7－5 显示了 2008－2009 年世界艺术品市场份额的变动情况。在 2008 年，中国艺术品拍卖市场超越法国名列全球的第三位，然而市场总额仅占全球的 7.2%，与英国的 36.7% 和美国的 36.6% 有很大的差距；在 2009 年，中国艺术品拍卖市场仍然名列全球第三位，但由于中国艺术品市场呈现出了整体复苏的良好发展态势，中国艺术品拍卖市场的全球市场占有率上升到了 17.4%，并与英国的 21.3% 和美国的 27.9% 迅速拉近了距离。

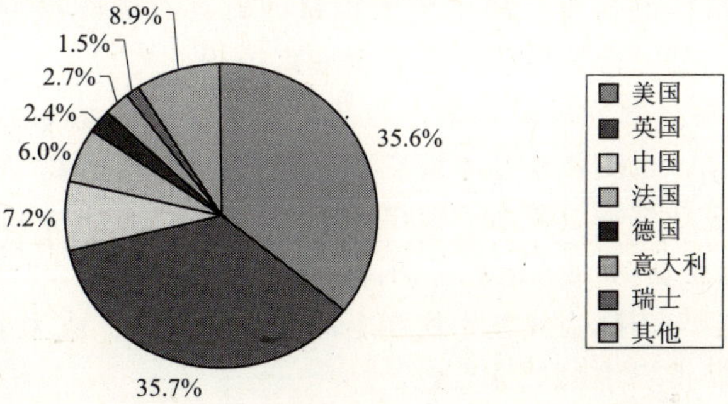

图 7－4　2008 年主要国家艺术品市场占世界市场份额

资料来源：东方视觉网《2010 年上半年艺术品市场研究报告》

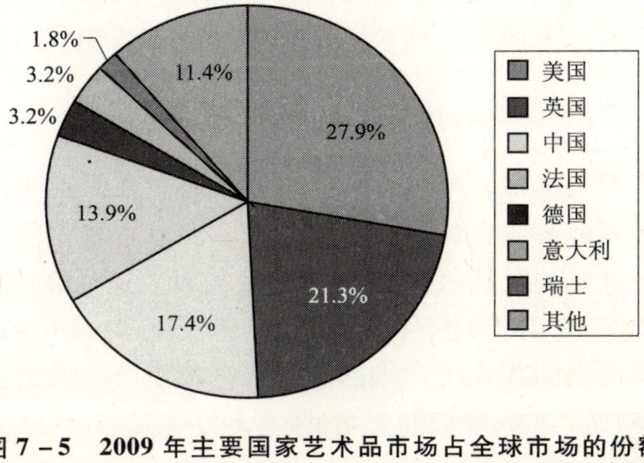

图 7－5　2009 年主要国家艺术品市场占全球市场的份额

资料来源：东方视觉网《2010 年上半年艺术品市场研究报告》

3. 艺术博览会

艺术品博览会是艺术品大规模展示和交易活动，也是除拍卖外，国际艺术品市场中最大规模艺术品交易形态。20 世纪 90 年代初，中国艺术市场开始启动，中国艺术博览会也应运而生。1993 年，广州举办了首届艺术博览会，开启了中国当代艺术博览会的先河，但专业化、国际化的艺术博览会直到最近几年才真正兴起。2004 年由中国录音音像出版总社主办、北京中艺博文化传播有限公司承担的首届“中国国际画廊博览会”（后改名为“中艺博国际画廊博览会”，简称 CIGE）在北京隆重举行，共有 68 家画廊参展，涵盖欧洲、亚洲、非洲，参观人数逾万，现场成交额达数千万。此后我国的艺术博览会国际化进程不断加快，先后创办的面对高端艺术品市场的“艺术北京国际艺术博览会”和面向中产阶级的“上海艺术博览会国际当代艺术展”等，均以规范的操作和专业的定位，满足着不同消费者群体的需求，培育着中国自己的具有国际影响力艺术博览会品牌，推动着我国的艺术博览会积极融入全球市场。①

2009 年由于受金融危机的影响，与艺术品拍卖市场快速回暖、热火朝天的景象形成对比的是，全国各地艺术博览会则进行得略显低调。然而，许多大型艺术博览会的如期成功举办，例如，2009 年 8 月第十二届北京国际艺术博览会以“艺术创意，美好生活”为主题在中国国际贸易中心开幕，2009 年 9 月一年一度的上海艺术博览会与国际当代艺术展在上海联袂举行等，成为了在金融风暴寒潮袭卷下我国艺术品市场中的一抹亮色。

2009 年中国艺术博览会通过一系列的展览与活动，不仅对促进中国文物艺术品市场走出低谷起到了积极的作用，同时，也加快了与国际艺术品市场的接轨。这些艺术博览的规模、展品的质量和宣传策划，相比之前的展会有了进一步提高，带动着我国的艺术博览会朝着更加国际化、专业化、品牌化的方向前进。

三、我国艺术品市场的投资现状

艺术品不仅具有艺术性、稀缺性和不可替代性，还具有不断变化的投资投机价值，是一种独具风险与收益的资产。由于艺术品投资属于中长线投资，而且具备超越地域但并不确定的流通性，从而日益受到投资者关注。近 20 年来，世界经济快速发展，全球流动性过剩，全世界艺术品市场每年的投资增长率超过 30%，且呈现逐年递增的现象。艺术品的投资已经成为继股票、房产、黄金之后又一重要的投资渠道，是全球效益最好的三大投资项目之一（另外两项分别是金融和房地产投资）。

---

① 资料来源：武洪滨．从赛会到当代艺术博览会——中国艺术博览会的成因与演进．美术观察，2010（4）．

最近10年来，随着经济的飞速发展，大众购买力不断提升，多元化价值观逐步形成，人们的投资意识普遍增强，国内艺术品投资市场得到了空前发展，投资收益率也大幅提高。自2004年以来，中国艺术品投资年回报率为26%，文物、古玩每年升值率为20%，已经超过了风险系数较高的股票和房地产。[①] 如今，我国的艺术品市场已经基本上形成了国家、企业、个人和境外的多元投资格局。

（一）国家投资

由于国家财力以及产业结构等原因，我国完全由国家投资的艺术品非营利机构总量不多。国家投资主要是面向大众的、公益性的、非营利的各级美术馆、博物馆及其他文物单位，有代表性的如故宫博物院、上海博物馆等。近年来，国家为了征集重要文物和艺术精品，财政拨出大笔资金，促使艺术品市场竞争白热化。据专家估算，过去的20年间，国家收购的文物品有数十件。国家文博单位的参与，活跃了艺术品市场，同时为艺术品的投资起到了稳定和推高作用。

（二）企业投资

艺术品市场存在着巨大利润空间和发展潜力，吸引企业投资于艺术品市场。我国目前现有的众多民营艺术机构基本上都是由相关的企业、艺术机构和协会共同投资组建的，其中最为典型的投资形式就是艺术品拍卖公司。此外，企业直接投资从事艺术品收藏也是一种重要的企业投资方式，企业在直接收藏艺术品方面投入了巨额资金，从而间接带动了我国艺术品经营业的发展和繁荣。

（三）个人投资

个人投资在艺术品经营中主要集中在画廊和画院，有实力的投资者还可以直接投资兴建博物馆。随着我国艺术品市场的不断发展，个人投资艺术品经营业对个体投资者的资金和经营能力都提出了更高的要求，个人投资商业性的艺术品经营机构的门槛也在提高。

（四）境外资本

境外资本几乎已经涉足了艺术品经营业的大部分领域，例如画廊和各类艺术中心等，几乎都有境外资本的身影。这些境外投资不仅给我国的艺术品经营业带来了可观的资本，而且还为我国的艺术品经营业带来先进的管理经验，从而为推动我国艺术品经营业的迅速发展发挥着非常重要的作用。

四、发展我国艺术品市场的对策建议

近年，中国艺术品市场突飞猛进，呈现一派乐观景象。面对这种繁荣兴旺，

---

① 数据来源：新华社《瞭望东方周刊》。

我们既要看到积极健康的一面，又要仔细甄别泡沫与社会资源浪费的潜在危机。

无论是创作者、经营者还是管理者，都必须始终保持清醒冷静头脑，善于发现繁荣掩盖下的矛盾与问题。兴旺与隐患往往共生，只有善于发现问题，把握发展中的各种尺度，才能实现中国艺术品市场的健康、平稳和可持续发展。就具体而言，当前艺术品市场上，“假”字当头，愈演愈烈。如“四假”泛滥，造假、售假、拍假和鉴假已经成为潜规则，内幕交易盛行，专家、权威学者和鉴定体系缺失，职业道德崩溃等现象已经到了必须治理的边缘，价格泡沫尤其是各方攫取利益的焦点。有鉴于此，为艺术品市场行业建设良性发展，有以下几点值得关注：

（一）培育健康、平稳、协调发展的艺术品市场

艺术品市场协调持续发展需要市场产业链上各个环节的相互配合与协调。具体而言，艺术品三个层次市场的协调均衡发展才可能支撑艺术品市场建设可持续发展。第一，引导画廊向规模化、规范化方向迈进，以现代画廊为主体，加强一级画廊的建设，完善一级市场。第二，在以拍卖行为主体的二级市场，要坚持“真、优、美、稀”标准，坚决剔除缺乏法律、道德意识和专业水准的人员对行业信誉的损害。需要拍卖行从业人员真正达到懂专业、懂市场，懂鉴赏、善经营；起到文化艺术品经纪商人对艺术家、艺术品竭尽推介宣传、负责到底的良性作用。第三，加快艺术博览会的国际化步伐，构筑国际性的艺术博览会主导品牌。

（二）建立健全艺术品市场体系

加快建立艺术品市场登记认证的数据库，对艺术品的创作者、价格和经营者进行登记备案，以监控艺术市场，抑制假货，遏制恶意炒作的行为；要建立艺术品进入市场的身份制度，以保证拍卖行拍出的作品都有艺术家证明，画廊开具的真品证明真实有效；要建立具有公信力、科学性和权威性的艺术品鉴定评估机构，以提高艺术品鉴定的可信度。目前，假货流通已成行业公开秘密。

（三）加强政府部门的法规建设

由于历史原因，我国艺术品市场管理体制存在着一些弊端，其中部门分割、缺乏统一有效行政监管的问题比较突出。具体来说，博物馆和文物商店由文物部门管理，而美术馆和美术院校归文化部门管理，拍卖公司和画廊则归工商部门管理，这给数据统计、政策制定与政策实施带来不小的难度，导致我国在艺术品经营领域缺乏系统而完善的行业统计数据，也制约了我国艺术品经营业市场化进程，是我国艺术品市场发展的重要阻碍。

目前我国在艺术品经营领域的法律法规分为四类，分别是法律、行政法规、

部门规章和规范性的文件。表7－11列举了部分艺术品经营领域有代表性的法律法规。

表7－11　艺术品经营领域的主要法律法规

1	《中华人民共和国拍卖法》	1996年7月5日第八届全国人民代表大会常务委员会第二十次会议通过，1997年1月1日起实施
2	《传统工艺美术保护条例》	1997年5月20日中华人民共和国国务院令第217号发布，自发布之日起施行
3	《中华人民共和国文物保护法》	2002年10月28日第九届全国人民代表大会常务委员会第三十次会议通过 2003年7月1日《中华人民共和国文物保护法实施条例》开始实行
4	《艺术品经营管理办法（草案）》（征求意见稿）	1994年文化部颁布了《艺术品经营管理办法》 2003年6月文化部市场司出台新草案，同时废止了1994年11月25日文化部第8号令《美术品经营管理办法》
5	《文物艺术品拍卖规程》	商务部自2007年起开始组织有关单位起草制订该行业标准，2009年底，标准正式发布，并于2010年7月1日起实施

资料来源：根据文化部和商务部网站发布信息整理

以上法规均旨在整顿我国艺术品市场，维护良好市场秩序，规范行业行为，为健全和完善我国的艺术品市场提供法律上的支持和保障，以便从根本上推动我国艺术品经营业的健康发展，提升中国文物艺术品的经济价值和国际地位。

政府应该加快职能转变，变化管理思路，把政府审批管理和服务结合起来，变被动管理为主动服务。同时，要加强行政执法力度，将行政管理、行政监督、行政执法与刑事打击结合起来，对于重大的案件要移送公安机关处理，严厉打击造假者和商业欺诈的不诚信行为。

五、我国艺术品市场的发展趋势

近年来，随着中国艺术品市场发育壮大，中国艺术品资本不断增加积累，在中国资本市场迅速发展的态势下，中国艺术品资本市场不断发育与衍生，金融资本逐步进入艺术品市场。

2004年11月底，东方国际拍卖公司提出“金融与收藏”的概念，举行了国内首家“金融与收藏”主题艺术品拍卖会。东方国际拍卖公司表示，举办这次拍卖会，旨在利用东方国际拍卖公司在资本运作方面的优势，推动和加强艺术品收藏与金融资本之间的有机结合，促进收藏金融化发展，为我国的艺术品拍卖市场输入了新的血液。业内专家认为，这对尚处于发展初级阶段的中国拍卖行业是一个创举，它预示着金融资本介入收藏及艺术品投资时代来临。2007 年民生银行率先面向银行的高端客户，发行了 1 号艺术品基金，投资起点 100 万元，估计收益率 17% 。2009 年 1 号基金到期的时候，对外公布收益率是 25% 。民生银行顺势而上，又推出 2 号基金，很快售罄。紧随其后，中国建设银行选择了 20 多位当代书画家的作品进行了投资，招商银行也开始建立艺术品基金。

通常情况下，只有当艺术品市场发展到一定程度，金融才会介入，金融的介入又无疑会推动这个行业朝着更加健康有序的方向发展。实际上，金融助力艺术品交易在国外并不是新鲜事，在世界范围内，特别是欧美国家的银行投资艺术品已成为一种时尚。在国际上，国际金融资本和艺术品市场已经发育得很成熟。

可以预测，在未来十年，金融资本与艺术品市场融合趋势不可逆转，中国艺术品市场发展将会更为迅猛。但就目前而言，由于我国艺术品市场发展时间短，金融资本与艺术品投资基本上处于相对隔绝状态，金融资本进入艺术品市场还面临着一系列问题和重大考验。

第八章
广播电视业及出版业发展报告

一、广播电视业发展概况

（一）广播电视业发展历程

广播电视产业是传媒产业重要分支，是按照工业标准生产、再生产、储存以及分配广播电视产品和服务的一系列活动，包括从事广播电视产品与服务的生产经营活动以及为这种生产和经营活动提供服务的行业。

中国广播电视产业发展历程可以分为四个阶段：

1. 产业期（1940－1979）

主要特征：广播电视行业属于事业性质，基本没有产业因素。表现在广播电视行业存在的目的完全服从于党政宣传目标，其运行资金完全依靠国家财政拨款，电台、电视台的内部组织机构、人事、财务制度等均按照事业机构设置。本身就是国家机器的组成部分。

2. 事业主导期（1979－1992）

主要特征：事业主导占绝对优势。在广播电台、电视台的活动中，经营性内容开始和事业型内容相结合。1979年1月28日，上海电视台播出了时长为1.5分钟的商业广告——参桂补酒，开启了我国电视业商业广告经营的历史，中国的广播电视产业化进程就此起步。广告经营是中国的广播电视媒介从单纯的事业型开始向事业型主导下的产业型转变的开始。与此同时，各广播电视机构内部也开始实行“事业单位，企业化管理”，但总的来说，该阶段电台、电视台经营创收的主要目的仍然是“减轻国家财政负担”，创收收入与国家财政拨款相比仍然微不足道。

3. 双业主导期（1992－1999）

主要特征：广电事业和产业并行发展。1992年6月，中共中央、国务院《关于加快发展第三产业的决定》将广播电视明确定位为第三产业，为广播电视产业经营创造了前所未有的条件。“事业单位，企业化管理”在广播电视媒体中实行得比较普遍，一些广电媒介还开始进行多种经营。1993 年，我国电视广告收入第一次超过了国家财政拨款，这表明，中国的电视业在经济上开始自立。到 1999 年底，电视的各种经营性收入已经占到全部收入的 85% 以上。1996 年，中央电视台下属的中国国际电视总公司控股的中视基地集团股份公司在证券市场发行股票，第二年，中视传媒股份有限公司正式挂牌上市。总体上看，在这个阶段的广播电视经营主要还是以广告业为主，多种经营刚刚起步，整个广播电视产业还不成规模，广播电视产业链也远未形成。广电事业部分和产业部分在广播电视的发展变革中起着双重推动作用。

4. 产业主导期（1999 年至今）

1999 年，国办 82 号文件明确了广播电视部分的产业性质和集团化发展方向，规定有线电视实行网台分离，有线电视网络专门从事传输经营，并实行产业化改造。

1999 年，中国第一家广播电视集团——无锡广播电视集团成立。

2000 年 12 月，中国第一家省级广播电视集团——湖南广播影视集团成立，成为我国广播电视体制创新、实行集团化运作的标志。

2001 年 12 月 6 日，中国最大的广播影视集团——中国广播影视集团在北京成立①。

该阶段的主要特征是：广电改革发展由产业主导。中国广播电视产业进入全面整合、调整和深入发展阶段。广电改革由产业主导，这并不是说我国广播电视的事业性质变了，或者说我国广播电视的政治属性变了，而是说，我国广播电视变革的主要推动力量来自经济方面，广电改革的重点转移到产业化上来，所有改革基本上都是围绕产业化进行。

（二）我国广播电视产业发展现状

目前，随着我国经济实力和综合国力的不断增长，中国广播电视产业已初具规模，实力大增，潜力巨大。我国的广播电视产业发展总体呈现良好态势。主要表现在：

1. 产业观念、产业意识得到加强

越来越多的广播电视经营领域广泛地采用商业化手段，逐步减少和取消行政性手段，特别是在采购、发行、广告等环节，几乎完全实行了商业化运行方式。越来越多的广播电视单位具有了盈利能力和自我持续发展的能力，成为独立经营

---

① 国家广电总局网站。

的经济实体。

2. 产业体制改革稳步推进

根据中共中央办公厅、国务院办公厅转发的中央宣传部、国家广电总局、新闻出版总署《关于深化新闻出版广播影视业改革的若干意见》规定，我国广播电视集团属于事业性质，实行企业化管理。自2003年以来，各个广播电视机构都在酝酿如何将电视核心业务与边缘业务相分离、内容产业与播出事业相分离、意识形态信息与娱乐文化服务信息相分离，逐渐形成“公益性广播影视事业由政府主导、经营性广播影视产业由市场主导的发展格局和分类管理、分别运行的新体制新机制”。

3. 中国广播电视产业进入规模化经营，力图实现跨越式发展

集团化是广播电视行业发展趋势之一。中国第一家省级广播电影电视集团于2000年12月27日在湖南宣布成立，接着北京、上海、山东、江苏、浙江、四川和广东等的广电业也相继重组，加上中央级的中国广播影视集团和市级的无锡广播电视集团，至2010年底，全国广电集团（总台）总数已达十几个。

（三）我国广电业近五年发展概况及分析

我国的广播电视产业具有意识形态和价值规律属性相结合的特殊性，与其他社会文化领域相比，广播电视业属于事业单位，具有政府喉舌性质，其运作方法具有企业性质，同时又受到市场因素影响，是政治、经济、社会、技术和条条块块相互交织的特殊行业，因此广播电视改革呈现出异常的复杂性。从2004年国家正式部署实施文化体制改革以来，广电系统陆续推出了“管办分离”、“广播电视总台制”的系列改革。2009年国务院在《文化产业振兴规划》中为深化文化产业改革指明了方向，明确了目标，即建立以市场化为导向，以提高内容生产竞争力为核心，实现做大做强的广播电视体制。在这一系列的改革进程中，广播电视产业的发展体现了新的发展特点，广播业、电视业都保持了平稳的发展趋势。2005－2009年广播电视产业的发展概况详见图8－1。

图8－1从数量上显示了我国电视广播业近五年的发展概况，通过观察可以发现：电视广播业基本上呈现出线性变化，而且变化幅度较小，增长或者减少都表现较为平稳，无论是广播电台、电视台、教育台以及广播电视台都没有出现大幅度的变化。具体分析如下：

（1）广播电视台数量在各类台中最多，在四大类电台中也只有广播电视台保持了稳定的增长，由2005年的1 932座增加到2009年的2 087座，基本保持了1.56%年平均增长率，本人分析这应该主要得益于人们的消费惯性，广播电视台的发展历史较其他各类电台相对较长，在人们的消费理念及日常生活中对其

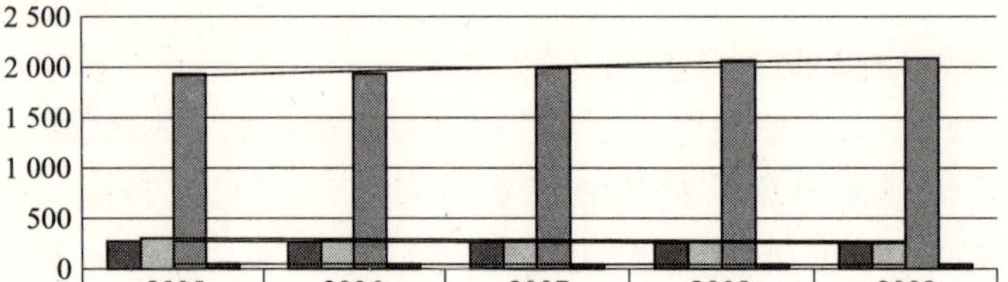

	2005	2006	2007	2008	2009
广播电台	273	267	263	257	251
电视台	302	296	287	277	272
广播电视台	1 932	1 935	1 993	2 069	2 087
教育台	50	46	44	45	44

图 8－1　电视广播电视产业发展概况（座）

数据来源：《国民经济和社会发展统计公报》（2005－2009）、《中国统计年鉴》（2005－2010）

依赖性也较大，因此呈现出图中现象；在其他电台总数反降不升的总体大环境下，广播电视台的总数稳步增长，值得看好，预计其发展趋势将进一步延续，呈现良好的发展态势。

（2）教育台的总数最少，而且最近几年不升反降，由 2005 年的 50 座减少到了 2009 年的 44 座，除了 2008 年较前一年增加一个外，总体发展趋势下滑，这可能是由于我国经济发展不平衡造成的。我国经济发展突出表现为三大经济带：东部经济开发区、中部崛起地带以及西部落后地区。虽然近几年我国政府实施西部大开发和中部崛起战略以来，中西部经济都有了较大程度的发展，但是教育发展仍然滞后，教育投入仍然有限，因此教育台的分布也显现出不平衡性，大多都积聚在东部地区，再加上各地区受教育水平以及学生和家长的关注程度有限，教育台的总数呈现出了图 8－1 中的发展态势；另外，教育台节目单一乏味也使得教育台总数下滑。不过随着我国经济进一步发展，我国经济地域发展的不平衡性将逐步得到缓解，人们受教育水平也将逐步提高；再加上我国广播电视产业及教育产业的进一步发展以及教育类通讯卫星的发射升空，教育台发展态势将改变目前的格局，呈现逐步增多趋势。

（3）广播电台的个数逐年下降，由 2005 年的 273 座减少到 2009 年的 251 座，年平均降幅达到 1.67%，而且这一发展趋势在未来几年里将进一步持续。持续下降的主要原因在于信息产业的进一步发展。在最近几年时间里，计算机技术以及高清电视技术的不断更新不仅影响了广播业的发展，还影响着人们对这一行业的消费需求。随着人们对广播电台的需求逐渐减少，供给层面的电台总数将逐步减少；但是广播电台的下降趋势不会一直持续下去，这是由于广播电台在我国的无线电行业中仍有很大的需求，在广告、传媒等相关产业中还存在着相当可观的市场，因此广播电台总数的下降在达到一定程度后将保持一定的稳定性，以满足市场上的刚性需求，当然除非技术革新能够产生其他的替代产品。

（4）电视台的发展趋势与广播电台的情况非常相似，它们都是较为传统的广电产业，电视台的个数由2005年的302座下降到2009年的272座，降幅更是达到2.07%，比广播电台的下降速度还要快0.5%，这主要是受到计算机网络的不断冲击而造成的。传统的电视行业节目单一、广告烂而杂、播出时间固定不能满足人们日益增长的物质文化多样化的需求，而计算机网络恰恰填补了电视产业的弱势，另外2009年1月13日国家开了一个推动三网融合的常务会议，形成了一些方案，要求在五年制内实现三网融合，一个电视台也会跟很多的电视台构成同盟，再加之如今科学技术的进一步发展，电视台信号的覆盖范围也较之过去有较大范围的扩展，因此电视台的总数在逐年下降，尽管电视台的总数在减少但是电视用户并没有减少。图8－2是最近五年有线电视用户及数字电视用户的基本情况。

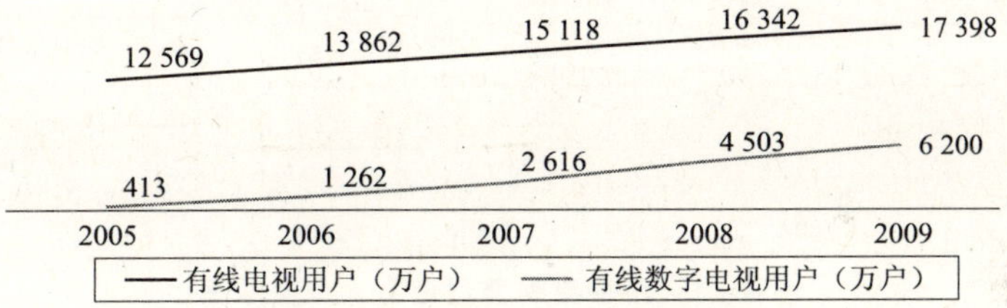

图8－2　电视用户发展趋势图

数据来源：《国民经济和社会发展统计公报》（2005－2009）、《中国统计年鉴》（2005－2010）

图8－2显示了电视用户发展趋势图。有线电视用户及有线数字电视用户都保持了较大幅度增长：其中有线电视用户五年间增长了4 829万户，增幅为38.42%，年平均增长率达到6.6%，保持了较快的增长速度；有线数字电视用户由2005年的不足420万户发展到2009年的6 200万户，增长了近14倍，年均增长幅度达到72%。由此可见，电视作为基本的家用电器在居民的日常生活中是必不可少的一部分。随着科学技术发展及有线数字技术不断更新，人们对新型电视需求将进一步增加，这一强劲的增长趋势将不断地持续下去，电视产业将表现出良好的发展态势。由此可见，电视产业是一个比较特殊的行业，在全国电视台总数持续减少的情况下，人们对电视的需求反而大幅度增加。这主要是因为：电视作为最基本的家用电器已经是普通大众生活中不可分离的一部分，加之我国人口基数大，每年结婚的新人也较多，电视仍然是居家必需品之一；再者，传统的无线电视无论从画面质量还是节目内容都不能满足人们对高清电视的需求，加

之随着人们生活质量的不断提高，对精神层面需求的质量要求不断加大，在电脑及网络在农村及偏远地区没有大范围普及的情况下，人们只能借助于不断更新的有线电视技术满足自己文化需求。

在未来电视产业仍将处于大发展时期，其高附加值和高利润回报也会随之而来，电视产业毫无疑问是值得关注的行业。图 8－3 显示年末广播节目的综合人口覆盖率以及年末电视节目的综合人口覆盖率，它反映了我国广播以及电视的电台综合覆盖范围，也从另一个角度向我们展示了未来几年相关产业的发展态势。其中电视节目综合人口覆盖率始终高于广播节目综合人口覆盖率约 1.3 个百分点，从 2005 年的 95.8% 一路飙升长到 2009 年的 97.2%；广播节目综合人口覆盖率从 2005 年的 94.5% 持续增长到 2009 年的 96.3%，这也从另一个侧面展示了我国广电技术的不断进步，广播电视综合人口覆盖率将进一步地扩大。

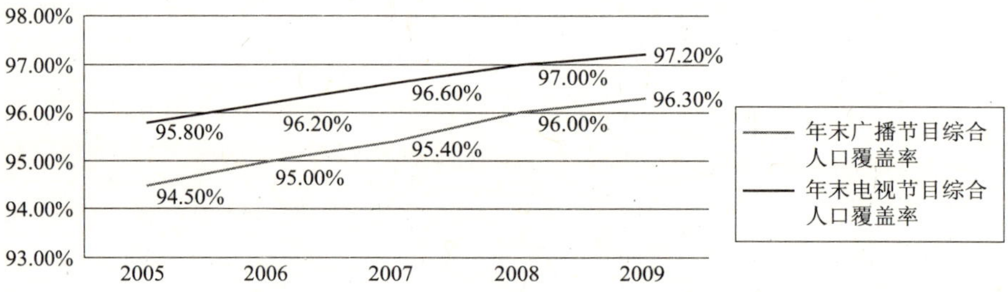

图 8－3　广播电视节目综合人口覆盖率

数据来源：《国民经济和社会发展统计公报》（2005－2009）、《中国统计年鉴》（2005－2010）

前文简单分析了 2005－2009 年全国广电行业的基本情况，也着重给出了全国广播电视节目综合人口覆盖率的基本情况，下面重点选出北京市广电行业的年末广播电视综合人口覆盖率与全国发展情况做简要对比分析。由图 8－4 可以看出北京市广播电视行业发展态势较为平稳，无论是广播节目综合人口覆盖率还是电视节目综合人口覆盖率均高于同期全国基本情况，尤其是年末电视节目综合人口覆盖率几乎为 100%，高达 99.99%，明显高于全国同期电视节目综合人口覆盖率，平均高出 3 个百分点，表明北京市的电视行业发展较为乐观，这主要是由于北京作为全国政治经济文化中心，基础设施较为完备，相对全国平均水平而言技术也更为先进，能够在第一时间接触到最新的相关技术，技术生命周期较短，电台覆盖范围也更为广阔，总而言之，北京市广电业基本情况是与北京市国民经济发展水平相对应的。图 8－4 为北京市广播电视综合人口覆盖率。

（四）我国广电业未来发展及应对措施

改革开放 30 年来，我国广播电视事业飞速发展，广播电视已成为影响力巨

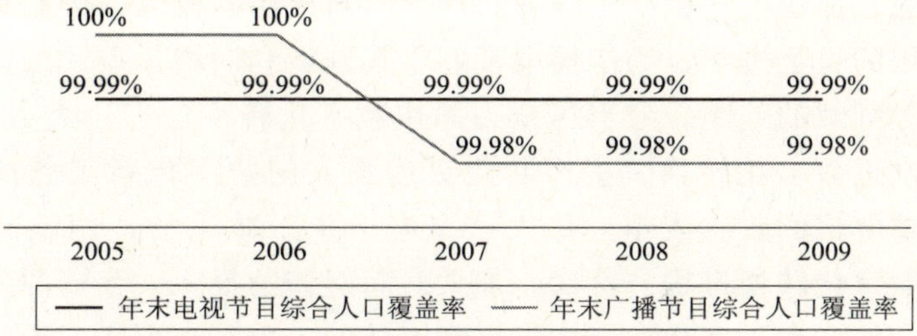

图 8-4　北京市广播电视综合覆盖率

数据来源：《国民经济和社会发展统计公报》（2005-2009）、《中国统计年鉴》（2005-2010）

大的大众传媒，在政治、经济、文化和社会生活中，发挥了十分重要积极作用。前文分别从广播电视产业各大类对广电产业分项现状做了基本分析。在此基础上我们更需要着眼未来，准确前瞻，认识把握运用广电行业基本发展规律，更好地构建社会主义和谐社会服务体系。

1. 数字化技术和新媒体

在可以预见的未来，数字技术和基于各种新技术的新媒体将是广电行业发展趋势。针对广电业发展趋势，我国应加快发展数字新媒体业务步伐。在国家管理层方面，2008 年 11 月 7 日，国家广播电影电视总局科技司司长王效杰在“第四届数字新媒体高峰论坛”（CDMS[①]2008）上透露，国家广电总局将逐步推开地面数字电视广播，国家财政将投入 25 亿元的资金，计划用 3～5 年时间建设覆盖全国的地面数字电视系统。移动多媒体广播 CMMB[②] 第二阶段试商用也已正式启动。此阶段任务包括在已经完成的 37 个城市的基础上，将网络覆盖范围扩展到 100 个地级市。在网络提供商方面，为打破资费过高瓶颈，我国两大通讯公司将逐步调低流量资费。以上海移动为例，上海移动的手机电视业务 GPRS 流量资费将大幅下调，推出每 M（兆）流量 1 分钱的试用标准，2008 年 12 月底将结束试用期。在内容提供商方面，上海文广新闻传媒集团下属东方龙新媒体公司（下称“东方龙”）为配合中国移动，也将上海地区的手机电视业务资费由原先的 10 元/月调整为 5 元/月，而且 5 元的费用次月还可以作为话费全额返还。

在国内，大量人群对即时讯息和高质量节目需求大幅提升，为以手机电视为代表的强伴随性新媒体创造了市场。

① Central Data Management System.

② China Mobile Multimedia Broadcasting.

抓住机遇，加快推进数字化进程，加大对新媒体的投入，极有可能促成我国在该技术领域的长足进步，为广播电视业寻找到新利润增长点，缩小与发达国家在技术和服务领域的差距。应当尽全力加快数字化转换进程，大力发展新媒体。首先，全面推进数字化转换，提供功能更为强大的数字化新服务；通过政府补贴，降低高清电视的收看成本；扩大“家电下乡”政策的适用范围，刺激电视消费，加快数字化转换进程。其次，加大对新媒体的投入，在资源配置上，向主流媒体倾斜，使电台、电视台成为发展新媒体的主力军；再次，推广相关技术标准，解决终端设备商的后顾之忧；同时，协调各方利益，推动“三网融合”，促使先进技术早日转化为现实生产力，推进跨媒体合作，分享新的利润点。最后，采取各种措施突破以往单纯依靠广告收入运作模式，开辟广播电视产业发展新途径。

2. 加大人才引入，焕新广播电视形式内容

广播电视的形式与内容决定了广大消费者对广播电视接受和欢迎程度。其中，内容是基础，形式是条件。任何文化创意产品与服务如果不能赢得大众内心共鸣就不能有长久生命力。广播电视形式无论怎样花样百出，其内容脱离大众实际生活与意愿，就不会长期赢得大众内心赞同。脱离大众实际需求的自主“创新”，只能是一厢情愿的资源浪费。真正的创意，不论内容和形式，都需要客观反应实际生活和大众心理，都需要通过大量人才实现。目前，这些人才的发现、培养与使用面临不小的阻碍。人才选拔亟须破题。

3. 深化文化体制改革，统筹事业产业协调发展

未来，我国文化建设会继续延循事业与产业两种方式并行开展模式。这就意味，我国文化体制改革需要处理好事业与产业之间的关系。其中，对于事业单位展开各种文化建设活动，需要最大限度细化服务职责范围，实行透明预算制度，不仅管好资金，还要管好资产。明确文化事业单位绩效考核标准。最大限度使资源用于公共服务。避免少数人控制公共资源，以事业名义实现商业运行，受制于少数人利益。事业部分应最大限度杜绝市场运行的思维与模式。

对于文化产业发展则需要明确依法经营总体原则，对于商业活动，只要相关活动属于合法行为，就不能予以干涉，并且要在管理机制上有所创新，使事业资源与产业资源互相独立，避免不平等竞争。商业领域必须遵循商业原则，市场原则。

二、出版业发展概况

（一）出版业发展历程

人类文明发展孕育了文字与出版活动，而出版业发展繁荣又推进了人类文明

发展。出版业从它诞生起，就担负起积累科学文化、传播知识技能，以书育人重任。没有出版业，就没有人类今天的文化和科学技术，就没有高度发达的人类物质文明和精神文明，出版是塑造人类文明的伟大工程。

新闻出版业作为信息传播、精神文化生产的重要领域，对于丰富人们精神文化需求、开阔视野起着不可或缺的作用。在改革开放的大潮中，我国的出版业得到了长足的发展。十七大以来，在政府强力推动和企业的强烈自我发展诉求下，我国出版体制改革大步推进，一大批出版发行企业探索进行了股份制改革、现代企业制度建设、现代企业产权制度建设，取得了初步经验。新中国成立以来我国出版业的发展过程大致可分为三个阶段：

1. 从新中国成立到改革开放前期为我国出版业发展初级阶段

在这一阶段，出版社规模普遍较小，数量也不多，除北京、上海等少数大都市外，其他基本上每省仅有一家出版社。同时，出版经营方式属于典型计划经济模式，由国家投资、下达计划和任务，然后统一由新华印刷厂印刷、新华书店销售；出版社之间不存在竞争，基本上不考虑利润和经营状况。这种没有经营意识的出版体制，使得这一时期的出版业发展缓慢。

2. 从改革开放到20世纪末为我国出版业大发展阶段

这阶段最大特点是出版社数量迅速增多，出书规模成倍扩大，图书内在和外在质量有大幅度提高。出版业中开始出现市场竞争，引入了市场经济的意识，各出版社开始有了商业和自主意识。

自经济体制改革以来，在发展经济要求下，有关部门开始对出版业实行自主开发、自主经营和自负盈亏政策，国家对出版业在政策上指导，在经济上鼓励出版社自理。同时，国务院各部委、各省、市、自治区和各民主党派也被允许组建各自的专业性出版社，有实力的大学也相继成立了自己的出版社。从此，图书出版量大规模增加，出版业开始走向市场。另外，在出版社内部也引进了竞争机制，部分地区的出版社还尝试实行有限的承包制。在图书发行方面，除了传统的新华书店这一发行系统外，还出现了第二渠道——即集体、个体发行系统，并开始改革旧的购销体系。

3. 从新世纪至今为我国出版业繁荣阶段

这一时期是我国出版业繁荣阶段，出版业开始走向国际化、多媒体化、多元化和集团化发展进程。在出版业的结构、编辑政策、发行体制等多方面都出现很大的变化，出版水平也有进一步提高。中央、地方、大学和专业四大类出版社各据其长，互相竞争，同时集体和个体图书经营者开始更多地涉足出版业各个环节。出版界的业务量快速增长，利润逐年递增，开发了许多大型的出版项目，并建立了各种图书评论和评介系统。此外，还开展了多种形式的多边和国际合作，国外出版社开始向中国这个潜在的超级图书市场进军，试图在这个市场中占据一块地盘，而中国的出版社也努力与国际接轨，积极面向世界开拓图书市场。

（二）我国出版业发展现状

1. 出版业发展速度快，总体规模显著扩大

改革开放 30 多年来，我国出版业发展十分显著。2009 年，全国共出版图书 27.57 万种（发行总量达 70 亿册），与 1949 年相比种数增加 34 倍；全国出版期刊 9 549 种，与 1949 年相比种数增加 37 倍；全国出版报纸 1 943 种，与 1949 年相比种数增加 6 倍。改革开放 30 多年以来，我国出版业经过深化改革，已形成结构完整、门类齐全、规模不断扩大、影响力日益广泛的出版产业体系。据相关统计资料，我国报纸由 1978 年的 186 种增加到现在的 1 943 种，2009 年总印数 437 亿份，定价总金额 317.96 亿元；期刊由 1978 年的 930 种增加到 2009 年的 9 549 种，2009 年各类期刊总印数 31 亿册，定价总金额 187.42 亿元。新兴的数字出版业态发展迅速，2009 年我国数字出版业达 530 亿元的规模，2010 年估计可达 800 亿元，发展速度远远超过出版业其他业态。如今，出版业已成为我国产业体系的重要组成部分。根据世界知识产权组织的最新统计，全球版权产业对 GDP 的贡献大概是 5.6%，对就业的贡献是 5.8%，而我国版权产业对 GDP 的贡献已达到 6.5%，对我国就业的贡献占 6.8%，明显超过世界平均水平，我国已经成为名副其实的出版大国。[①]（表 8－1）

表 8－1　　2002－2009 年全国图书出版业主要指标数据

年份	2002	2003	2004	2005	2006	2007	2008	2009
出书种数	170 962	190 391	208 294	222 473	233 971	248 283	274 123	301 719
新版图书	100 693	110 812	121 597	128 578	130 264	136 226	148 978	168 296
重版重印	70 269	79 579	86 697	93 895	103 707	112 037	125 145	133 423
总印数（亿册）	68.7	66.7	64.13	64.66	64.08	62.93	70.62	70.37
定价总金额（亿元）	535.12	561.82	592.89	632.28	649.13	676.72	802.45	848.04
纯销售册数（亿册）	67.35	65.09	61.02	63.82	61.97	62.74	64.3	63.18

① 朱伟峰．打造国际一流传媒集团迫在眉睫．中国新闻出版报，2009－10－27.

续表

年份	2002	2003	2004	2005	2006	2007	2008	2009
纯销售额（亿元）	434.93	461.64	486.02	493.2	504.33	512.621	539.663	580.99
库存册数（亿册）	36.89	38.54	41.64	42.48	44.59	44.78	51.08	50.62
库存金额（亿元）	343.48	401.38	449.13	482.92	524.97	565.9	672.45	658.21
库存册数增长比率	3.8%	4. 45%	8.02%	2.02%	4.98%	0.43%	14.07%	0.94%
库存金额增长比率	15.43%	16.86%	11.9%	7.52%	7.52%	7.80%	18.83%	2.16%

数据来源：《中国统计年鉴》（2005－2010）、《中国出版年鉴》（2001－2009）

2. 国际化程度日益提高，国际影响力显著增强

目前，我国图书出版规模已居世界第一，利用国际资源、参与国际竞争、加快拓展国际市场成了行业共识。据统计资料，2001 年，我国引进版权 8 250 种，而输出版权仅 653 种，引进与输出比例为 12.6∶1；到了 2008 年，这一比例已降低到 6.5∶1，版权进出口逆差逐步缩小。表 8－2 数据显示我国充分利用国际书展平台，以民族文化为主体，吸收外来有益文化，走向世界的国际开放格局正在形成。

表 8－2　　2001－2008 年图书版权贸易情况统计表

年份	2001	2002	2003	2004	2005	2006	2007	2008
引进量	8 250	10 235	12 516	10 040	9 382	10 950	10 255	15 776
输出量	653	1 297	811	1 314	1 434	2 050	2 571	2 440
比例	12.6∶1	7.9∶1	15.4∶1	7.6∶1	6.5∶1	5.3∶1	4∶1	6.5∶1

数据来源：《中国新闻出版统计资料汇编》、《中国出版年鉴》（2001－2009）

3. 体制改革不断深化

出版业是典型的创造性行业，改革是推动出版业发展的巨大动力。自 2003 年全国文化体制改革试点工作启动以来，出版领域改革顺利推进：公益性出版单位逐步实现了企事分开，建立新的运行机制；经营性出版单位转企改制，建立现代企业制度和法人治理结构；印刷、复制、发行企业逐步打破地域和行业限制，

形成统一开放、竞争有序、健康繁荣的大市场格局。2007 年 4 月，新华传媒在继 2006 年通过华联超市借壳上市后，实现向解放日报报业集团和上海中润广告有限公司定向增发，突破了传媒上市的一些传统壁垒，实现了“准整体上市”。2007 年 10 月 17 日，新闻出版总署宣布，中国政府将完全放开符合产业发展条件并经过批准的出版机构、报业企业和官方骨干新闻类网站在国内外上市，并不再要求他们将编辑业务与经营业务拆分，而是鼓励整体上市，以“体现产业的整体性，减少关联交易”。2007 年 12 月，辽宁出版传媒股份公司成为国内第一家编辑业务和经营业务整体上市的新闻出版企业。至 2010 年初，全国已组建了 26 家省级出版集团公司、24 家国有省级新华发行集团公司、3 家期刊经营集团，49 家党报党刊集团，实现了编辑和经营业务两分开，经营部分正在转企改制。2009 年 3 月，新闻出版总署出台了《关于进一步推进新闻出版体制改革的指导意见》，把开辟融资渠道问题作为一项重点工作进行了部署，重点将在推动跨媒体、跨地区、跨行业、跨所有制的战略重组的同时，积极开辟融资渠道，支持条件成熟的出版传媒企业，特别是跨地区的出版传媒企业上市融资，积极引导出版企业采取内部融资、业内融资、业外融资、发行企业债券、引进外资、上市融资等方式进行融资。新闻出版总署数据显示，截至 2009 年 7 月，182 家中央各部门各单位出版社中，除前期已完成转企改制的 28 家以及保留事业体制的出版社外，2009 年有 101 家出版社完成转企改制，其余 47 家出版社也于 2010 年底前完成转企改制工作，9 家改制到位的出版、报业、发行集团公司在境内外上市。据对全国 24 家出版集团作的调查，17 家完成转企改制的出版集团公司，平均总资产增长 66.2%，利润总额增长 25.3%，最多的翻了三番；而 7 家未改制的出版集团，平均负增长 43%。

（三）近五年我国出版业发展概况及分析

出版业飞速发展得益于 30 年的改革开放。改革开放以来，出版业获得了长足的发展，为经济与社会发展做出了重要贡献。出版业既是社会主义文化事业的重要组成部分，也是国民经济重要产业之一。出版业是我国文化体制改革的重点之一。现代出版业已发展成数字出版，形成了以创意为主导的无污染绿色经济。

随着我国经济持续快速发展和对外开放的进一步扩大，出版业也面临着巨大的机遇与挑战，迫切要求落实科学发展观，抓住机遇，依靠体制创新向外开拓，保持出版业持续健康发展。

《国民经济和社会发展统计公报》（2005－2009）以及《中国统计年鉴》（2005－2010）数据资料显示，2005－2009 年五年间我国出版业保持了高速发展（详细数据见图 8－5），相关产业不仅在 GDP 贡献上有所提高，也进一步扩大了就业，一定程度上缓解了我国就业的严峻形势。图 8－5 数据是近五年我国出版行业的发展概况，包括图书、期刊、报纸三大传统出版行业。

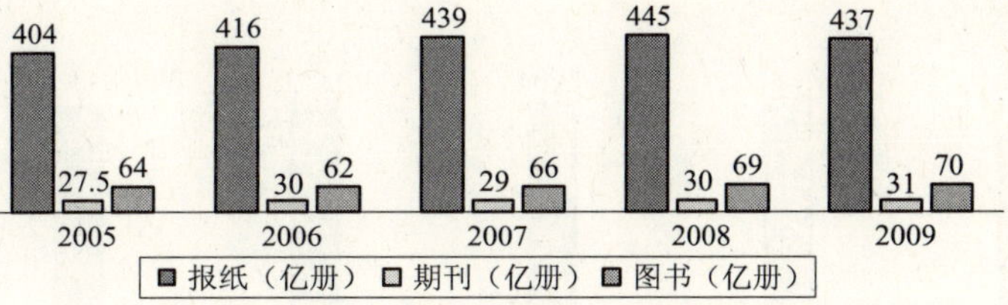

图 8－5　出版业发展概况

数据来源：《国民经济和社会发展统计公报》（2005－2009）、《中国统计年鉴》（2005－2010）

图 8－5 数据呈现如下特点：其一，三大传统行业都保持了强劲增长趋势，在总量上都上升到了一个新台阶。其二，报纸发行量在三大传统行业中稳居第一，并且在基数已经达到四百多亿的情况下仍然保持着 1.58% 的年平均增长率；根据中华人民共和国国家统计局 2005 年全国 1% 人口抽样调查主要数据公报显示，2005 年末我国总人口为 130 756 万人，平均每人每年要阅读 30.8 份报纸，这个数字已经相当可观。其三，图书作为出版类最为传统的行业从 2005 年的 64 亿册增长到 2009 年的 70 亿册，总发行量增长了 9.37%；虽然 2006 年较 2005 年在总量上甚至减少了 2 亿册，但是图书产业总的发展趋势还是相当明显的。随着我国受教育人口在总人口中所占比重以及人民生活水平的不断提升，图书出版业的高增长趋势将进一步延续。其四，期刊杂志虽然在总量上没有图书及报纸庞大，但是从 2005 年的 27.5 亿册到 2009 年的 31 亿册增长了 12%，这远大于年平均增长率只有 1.58% 的报纸行业发展速度，甚至是报纸行业的 8 倍之多。随着我国经济的不断发展，期刊杂志的种类将进一步多样化，以满足人们日益增长的多元化文化需求，期刊杂志的发展不仅在数量上而且在质量上都将迈上一个新台阶。

前文简单分析了 2005－2009 年全国出版行业的基本情况，分别对报纸、期刊、图书做了简单评述。下面将就北京市相关产业发展概况与全国出版业情况作简要对比分析，由图 8－6 可以看出北京市出版业发展情况与全国非常类似，可以说是全国出版业发展概况的一个缩影，报纸的发行出版数稳居第一，图书出版业及期刊出版发行都保持了稳定的线性增长。这主要是因为北京作为全国的政治经济文化中心，各类资源较为丰富，集中了上百家高校，培养出一大批优秀的高素质人才，读书阅报已成为他们生活中的一部分，经济基础决定上层建筑，同样，经济发展水平也决定着人们的受教育水平，两者相辅相成，互相影响；反过来人们的文化素质水平深深影响着他们的生活习惯，因此北京市出版业的大发展并不是偶然的，而是与北京的国民经济发展水平相对应的。图 8－6 为北京市的出版业发展概况。

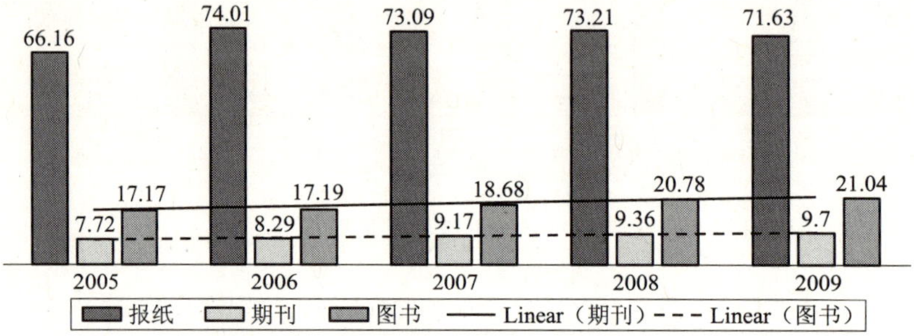

图 8－6　北京市出版业发展概况（亿份）

数据来源：《国民经济和社会发展统计公报》（2005－2009）、《中国统计年鉴》（2005－2010）

图书出版业的大发展主要是由于科学技术的不断提高以及人们潜在文化内涵的提升。人们的精神需求与物质需求密切相关，随着生活水平的不断提高，人们对精神生活的需求也不断多样化、高层次化，无论从形式上还是从内容上，对出版物的要求都将大大高于目前。就形式而言，随着数字出版的发展，跨越传统、网络及无线电通信平台的多媒体出版方式将日渐升温，成为图书出版业发展新趋势，但是传统的纸质出版并不会因此而退出市场，在激烈的市场竞争中仍会占有相当大的份额。传统的出版业应该充分利用新兴的数字技术将传统纸质出版与新型多媒体出版结合起来，在纸质出版向新媒体出版的过渡时期，实时推出市场需要的产品，保持并不断扩大自己市场份额，以求在激烈的市场竞争中立于不败之地。出版业这一发展趋势值得我们关注。

（四）我国出版业未来趋势及应对措施

改革开放 30 多年来，我国图书出版业飞速发展，出版业已成为影响人们日常生活的重要行业，在政治、经济、文化和社会生活中都发挥了积极作用。把握出版行业发展的基本规律，准确前瞻行业发展趋势，我国出版行业才能不断抓住机遇，回避和化解风险，逐步形成自己国际优势，获得广阔发展空间。

1. 传统出版管理体制面临极大挑战

目前，我国城镇居民人均可支配收入达到 15 000 元以上，人均文化娱乐服务消费支出 600 元；农村居民人均纯收入接近 5 000 元，人均文教、娱乐用品及服务支出 360 元。目前，全国城乡居民的文化消费支出总量在 7 000 亿元以上。出版业主要生产精神性产品，它的源头是创意，核心是内容。从国际经验看，人均 GDP 突破 1 000 美元以后，国民对精神文化的需求会越来越大，文化消费支出总量将稳步增长，文化消费的比重也将逐步提高。2008 年我国人均 GDP 已经超过了 3 200 美元，这预示着文化需求旺盛的时代正在到来。近年来，国家连续出台提高城乡居民收入的一系列重大措施，使城镇居民人均和农村居民人均纯收入持续增长，人民群众精神文化需求的多样性和价值观念的多元化，给出版业发展带来了新的挑战。出版业发展向高层次递进，出版形态混业经营的趋势更加明显；集团化、集约化经营的步伐进一步加快，跨地区、跨媒体、跨所有制的兼并重组不断出现，出版产业微观经营主体呈现融合趋势；数字出版、在线出版、电子商务、物流配送等新型业态的蓬勃发展，使出版的载体形式、传播方式、运营模式、生产流程发生了革命性变化；出版业的国内国际竞争日趋激烈。在这种形势下，出版资源将被重新调整和整合，行业界限、业态界限、地区界限将逐渐被打破，传统的出版管理体制面临极大挑战。

2. 数字技术迅猛发展，传统出版产业升级势在必行

数字出版是新兴出版业态，进入新世纪以来，数字出版技术日益成熟，数字出版企业稳步发展，数字阅读受众面持续扩大，世界范围内纸质媒体的阅读率正在下降。美国传统图书出版物平均印数一直呈下降趋势，据统计，2008 年美国图书销售环比减少 1.5%。目前，美国 80% 以上的出版企业都开展了电子书业务。美国出版商协会统计的会员单位销售情况显示，2005 - 2008 年，在传统出版物市场销售减少的情况下，电子书的总销售额增长了 37%。2009 年 6 月底，Kindle 电子书库中约有 28 万种图书，而亚马逊电子书库图书的 iPhone 阅读销售量是 Kindle 的 2 倍，在有电子书和纸质图书可选择的情况下，电子书已占销售额的 35%。目前，谷歌“图书搜索”已经与 70 多个国家和地区的 2.5 万多家出版社合作了 180 万种图书，加上图书馆扫描的图书已有 700 多万种。同国际发达国家相比，传统纸质图书的出版，我国尚处落后位置，但数字化出版，我国已和先进国家处于同一起跑线，有的技术甚至领先世界。

数字化出版已成为我国出版业新增长点。2006 年的《国家“十一五”时期文化发展规划纲要》、2009 年的《文化产业振兴规划》都把数字出版作为重点产业，新闻出版总署专门设立了科技与数字出版司，启动了多项重大数字出版工程，数字出版的发展进入了一个新的历史时期。据新闻出版总署统计，截至 2008 年底，我国 578 家图书出版社中已有 90% 开展了电子图书出版业务，出版电子图书约 50 万种，与 2007 年相比，增长了 25%；电子书发行总量超过 3 000 万册，收入达 3 亿元，同比增长 50%；数字出版业的整体收入比 2007 年增长 46.42%。有关方面预测，2030 年，预计 90% 的我国出版物都是电子出版物。

基于这种现实，应当加大对数字出版的引导、发展和管理力度，引导社会资本投入到数字出版产业上来，为以数字出版为核心的新兴业态的发展在资金、资源、人才等方面提供政策支持和基础保障：一是加大产业发展必需的资金投入，建议设立出版产业发展专项资金，采取贴息、补助、奖励等方式，加大对创新型出版企业开发项目的支持；二是科学配置出版资源，对大型传媒集团公司以及转制到位的出版企业在出版资源上给予优先配置和政策倾斜，充分鼓励跨媒体、跨地区出版，提高出版资源配置质量和利用效率，为企业创新发展提供保障。

3. 必须加快出版管理体制机制方面的创新

出版业是从事文化产品生产和提供文化服务的经营性行业，在社会主义市场经济条件下，出版业必须进入市场，在市场中通过竞争优化资源配置、提高集约化经营水平、促进产业升级、实现跨越式发展。当前，我国出版业赖以生存和发展的经济基础、体制环境、社会条件发生了深刻变化，从解放和发展文化生产力的需要看，必须进一步深化出版体制改革，努力破除制约出版产业发展的体制性障碍。出版体制改革自 2003 年试点以来，在管办分离、政企分开、政事分开、转企改制、股份制改造、上市融资、跨媒体跨地域跨所有制兼并重组等方面取得了突破性进展，出版体制改革正从试点层面转向全面铺开。2006 年，中共中央、国务院发出《关于深化文化体制改革的若干意见》，明确提出了文化体制改革的目标任务：以发展为主题，以改革为动力，以体制机制创新为重点，形成科学有效的宏观文化管理体制、富有效率的文化生产和服务的微观运行机制，以公有制为主体、多种所有制共同发展的文化产业格局和统一、开放、竞争、有序的现代文化市场体系。作为文化产业的重要组成部分，如何深化出版业管理体制的改革，是推动出版产业发展的关键问题。转企改制是实现出版产业发展的必要条件，通过改制，出版业要逐步与市场、资本、产业接轨，要解决市场主体失位的问题，出版业的改革必须适应社会主义市场经济的要求，在把社会效益放在首位的同时，实现两个效益的统一。2009 年，国务院常务会议审议通过了《文化产业振兴规划》，着眼于深化文化体制改革和应对当前国际经济形势变化，大力推动我国文化产业的振兴。深化出版体制改革，应着力抓好以下几个方面的工作：一是加快重塑和培育出版市场主体，除公益性出版事业单位需要在政府扶持下规范运作外，其他出版单位都应以建立现代企业制度为目标，创新体制、转换机制，真正成为自主经营、自负盈亏、自我发展、自我约束的文化市场主体；二是加快出版领域的结构调整，建立健全统一、开放、竞争、有序的现代出版市场体系，促进出版业内各种生产要素的合理流动；三是积极运用高科技改造，提升传统出版产业，开发新兴出版业。

从长远来看，我国出版产业发展应坚持以市场为导向，充分发挥市场资源配置的基础性作用。针对我国出版产业发展面临的市场活力不足、企业融资困难、投资渠道不畅等问题，迫切需要国家财政发挥示范性和导向性作用，帮助弥补市场失灵和市场缺陷，推动出版产业的发展。2009 年，财政部参与制定了《关于深化中央各部门各单位出版社体制改革的意见》，积极研究制定相关措施，旨在促进中央各部门各单位出版社改革。财政部门应当进一步完善相关财税优惠政策，有计划、有步骤地推动经营性出版单位转企改制，力争打造一批有实力、有活力的国有或国有控股的出版企业，使之成为市场上的主导力量，带动我国出版产业的整体发展。

第九章
音乐产业发展报告

音乐产业是促使我国经济发展的重要产业，而载体变化则记录了我国音乐产业30年发展历程。从唱片到磁带到光盘再到网络和移动媒体，载体演变过程反映了受众需求的日益多元化。传统音乐载体由于受到数字音乐及高新技术发展影响，市场份额逐年缩减。与此同时，新技术的产生给我国音乐产业带来了新的生机。数字音乐发展迅猛，成为我国音乐产业的主力军。

一、音乐产业的供给情况

2009年全球音乐市场的排名中，中国的整体音乐市场排在26位，而我国整体经济实力在世界上名列前茅。因此，我国音乐产业发展速度与我国经济发展速度明显不相符。

（一）录音制品出版和发行

2009年我国共有音像制品出版单位380家，与2008的378家基本持平。2009年我国出版的录音制品数量与2008年相比有所下降，但在发行数量和发行金额方面实现了数量上的增长，分别达到了2.62亿张（盒）和11.90亿元（见表9－1）。

表9－1　　2005－2009年我国录音制品出版与发行情况

年　份	出版数量（亿盒、张）	发行数量（亿盒、张）	发行总金额（亿元）
2005	2.30	1.89	15.35
2006	2.61	2.2	15.5
2007	2.06	2	11.52
2008	2.54	2.49	11.21
2009	2.37	2.62	11.90

数据来源：全国新闻出版统计网

表9－1中的录音制品主要包括录音带、激光唱盘（CD）和高密度激光唱盘（DVD－A）。从表中我们可以看到，自2005年开始，我国录音制品发行金额一直下降，从2005年的15.35亿到2009年的11.90亿，五年的时间这一数字下降了22%。

（二）四大唱片公司在中国的情况

传统背景下的音乐产业以唱片公司为最重要主体。全球音乐市场的四大音乐巨头分别是环球音乐集团、Sony BMG、华纳音乐集团及百代音乐工业集团。这四大音乐巨头几乎控制了世界市场70%以上的CD、磁带、LP大碟（密纹唱片）的销售量，而在中国发行的唱片数量也占有绝对的优势。[①]（见表9－2）

表9－2　四大唱片公司在中国发行的唱片　单位：个

唱片公司集团	2006年	2007年
百代 EMI	100	89
Sony BMG	79	76
环球 Universal	70	61
华纳 Warner	18	34
总计	276	260

数据来源：IFPI

从表9－2中可以看出，2007年除华纳唱片的发行量有所增加外，其他三家公司发行量都在下降。2007年的发行总量也低于2006年总量，并且，不仅在绝对数量上可以看到有所下降，从四大唱片公司的录音制品销售所占有的市场份额也可以看到这一趋势。（见表9－3）

表9－3　中国实体录音制品CD销售和主要唱片集团市场份额　单位：千元

	百代 EMI	环球 UNIVERSAL	Sony BMG	华纳 Warner	四大唱片总计	市场总数
2007音乐总计	48 853	50 480	62 257	6 220	167 810	252 573
2007市场份额	19%	20%	25%	2%	66%	100%
2006音乐总计	57 256	56 800	58 609	17 402	190 067	277 245
2006市场份额	21%	20%	21%	6%	69%	100%

数据来源：IFPI

① 张立．中外音像出版产业及相关政策研究．北京：中国书籍出版社，2009.

从表 9－3 可以看出，四大唱片公司的录音制品销售额所占的比例有所收缩，从 2006 年的 69% 降到了 2007 年的 66% 。随着数字音乐的迅猛发展，四大唱片公司将面临着严峻的挑战。

二、音乐产业的需求情况

（一）录音制品进出口情况

2009 年我国出口的录音制品有 3.9 万张（盒），而我国进口的数量大约为 9.4 万张（盒），进口数量是出口数量的 2.3 倍。进口录音制品的总金额 92 万美元，大约是我国录音制品出口总金额的 12 倍。因此，我国录音制品的进出口，不仅在数量上有较大的差距，在金额上悬殊更为明显。（见表 9－4）

表 9－4　　2005－2009 年我国录音制品的进出口情况

年份	出口数量（盒、张）	进口数量（盒、张）	出口金额（万美元）	进口金额（万美元）	进出口差额（万美元）
2005	396 738	125 990	90	124	－34
2006	405 613	131 864	69	88	－19
2007	406 301	104 853	42	88	－42
2008	98 804	108 216	23	95	－72
2009	39 120	7.4	93 655	92	84.6

数据来源：全国新闻出版统计网

我国录像制品的进出口也不平衡，进口远远大于出口，属于逆差国。2006 年差距有所减小，此后差距又不断增大。到 2009 年，我国录音制品的进出口差额达到 84.6 亿。这也说明，在全球的音乐市场上，我国主要还是需求国，供给所占比例较小。（见图 9－1）

其中，我国出口的录音制品主要包括激光唱盘（CD）以及数码激光唱盘。我国进口的录音制品主要是激光唱盘。

（二）专辑销量排行榜情况

随着人们收听音乐方式转变以及盗版与网络媒体冲击，唱片市场不断萎缩，唱片销量已大逊往年。以我国台湾地区销售量为例，2000 年的销量冠军《萧亚轩》销售量为 50 万，而 2009 年的冠军——蔡依林的《花蝴蝶》只有 13 万，同时也是 2009 年销售量唯一过 10 万的专辑。相较她 2003 年《看我 72 变》的销售成绩，6 年内她的 CD 销量减少了 20 万张左右。[①] 销量的锐减也说明如今的听众

① GMUSIC http：//www. g－music. com. tw/

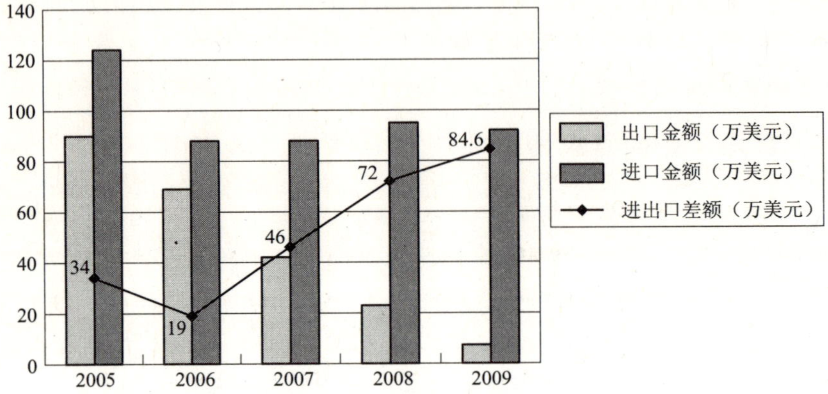

图 9－1　2005－2009 年我国录音制品的进出口差额情况

数据来源：全国新闻出版统计网

更喜欢在网络上下载音乐来试听，而不是购买唱片。（见表 9－5）

表 9－5　　我国台湾地区唱销榜冠军销售情况

年份	专　　辑	歌　　手	数量（万张）
2000	《萧亚轩》	萧亚轩	50
2001	《范特西》	周杰伦	40
2002	《八度空间》	周杰伦	35
2003	《叶惠美》	周杰伦	34
2004	《F. I. R》	F. I. R	30
2005	《十一月的肖邦》	周杰伦	33
2006	《舞娘》	蔡依林	26
2007	《星光同学会》	新光帮	16
2008	《摩羯座》	周杰伦	15
2009	《花蝴蝶》	蔡依林	13

数据来源：GMUSIC

三、我国数字音乐发展状况

与传统音乐市场剧烈缩水对比，数字音乐市场蓬勃发展。我国数字音乐市场由在线音乐市场和无线音乐市场两部分组成。2009 年中国数字音乐市场保持了较好运行态势，在线音乐和无线音乐两大领域都实现了用户规模稳步增长和市场规模迅速扩大。

（一）我国数字音乐市场发展规模

从用户规模看，2009 年底，我国在线音乐总体用户规模已达到 3.2 亿，与 2008 年相比增长了 28.8%，年用户增长量达 7 174 万。[①] 数字音乐经营单位 212 家。在无线音乐领域，我国无线音乐用户数已经达到 4.7 亿人，与 2008 年相比增长 15%，年用户增长量超过 6 000 万人。而 2009 年我国数字音乐总体市场规模已经达到 20.1 亿元人民币（以音乐内容和服务提供商总收入计，不含电信运营商收入）。2008 年，这一数字仅有 16.5 亿。（见图 9－2）

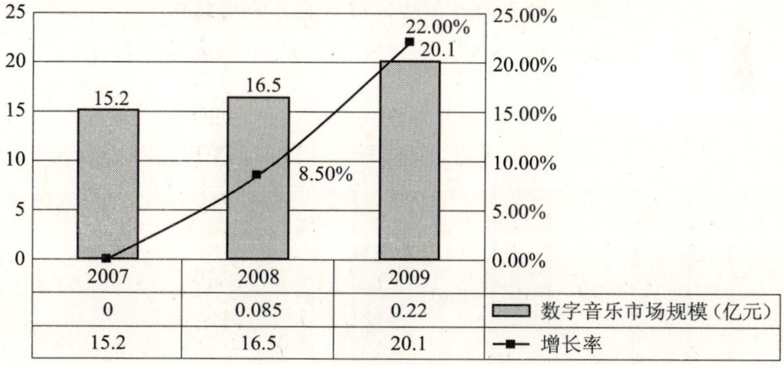

图 9－2 2007－2009 年我国数字音乐市场规模

数据来源：《综合行业调查报告》及《2009 年中国网络音乐市场年度报告》

图 9－2 显示，2009 年我国数字音乐比 2008 年 16.5 亿的市场规模增长近 22%。这一速度远超 2008 年比 2007 年 8.5% 的增长速度，增长势头十分强劲。

（二）我国数字音乐市场结构

虽然从图 9－2 中可以看得，我国数字音乐的整体规模在不断增长，但其两大构成领域——无线音乐市场和在线音乐市场的市场规模显著失衡。2009 年，中国无线音乐市场规模为 18.4 亿元人民币，占数字音乐市场规模的 91.5%；而在线音乐市场规模为 1.7 亿元人民币，仅占数字音乐市场规模的 8.5%（图 9－3）。

1. 我国无线音乐市场

在整个中国数字音乐市场中，无线音乐市场规模远远大于在线音乐的市场规模。2007 年我国无线音乐市场为 14 亿，到了 2009 年，这一数字增长到 18.4 亿。（见图 9－4）

① 文化部 . 2009 年中国网络音乐市场年度报告，2009.

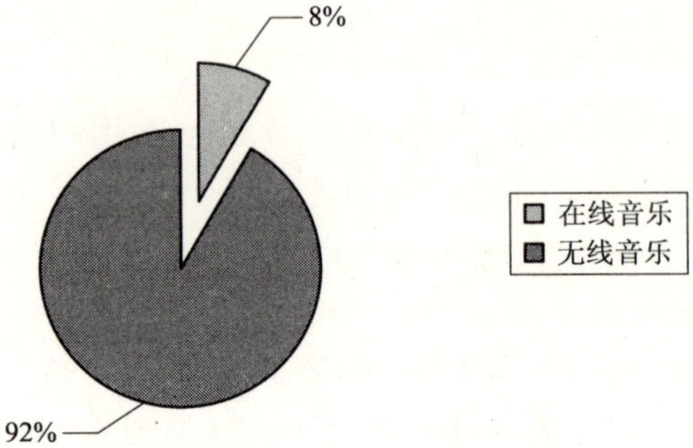

图 9－3　2009 年中国数字音乐市场结构

数据来源：《2009 年中国网络音乐市场年度报告》

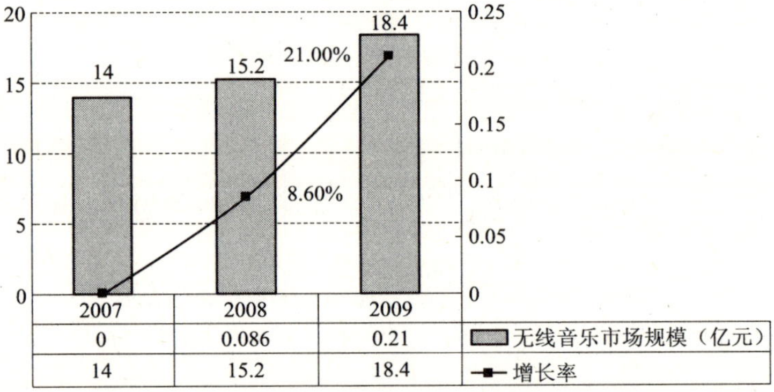

图 9－4　2007－2009 年我国无线音乐市场规模

数据来源：《综合行业调查报告》及《2009 年中国网络音乐市场年度报告》

2009 年我国无线音乐的增长速度达到了 21%，总量达到了 18.4 亿。与在线音乐相比，无线音乐是数字音乐市场发展绝对的主力。无线音乐的发展速度与整个数字市场的发展速度基本持平，因此从 2007 年到 2009 年，无线音乐占整个数字音乐的比重都维持在 90% 左右。

2. 我国在线音乐市场

由于存在免费盗版音乐，2007 年之后，在线音乐服务商纷纷向用户提供免费音乐产品和服务，营收方式从以前的个人付费转变为主要通过广告获得收入。[①] 2007－2009 年，在线音乐市场规模的增长主要来自在线音乐服务商的广告

① 艾瑞咨询 . 2009－2010 年中国数字音乐行业发展报告，2009.

收入增长。(见图 9－5)

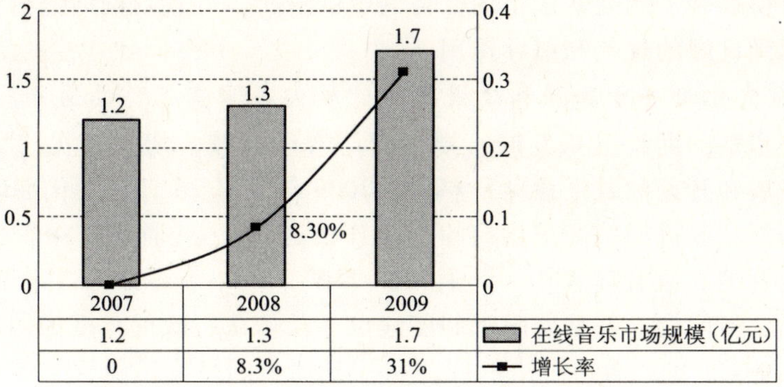

图 9－5　2007－2009 年我国在线音乐市场规模

数据来源：《综合行业调查报告》及《2009 年中国网络音乐市场年度报告》

2009 年我国在线音乐市场规模快速增长，增长幅度达到 31%，这一数字要远远超过 2008 年 8.3% 的增速，并且也高于同期无线音乐 22% 的增长速度。可见，我国数字音乐的结构从整体上呈现出无线音乐所占比例远远大于在线音乐，而在线音乐的增长幅度要大于无线音乐的增速。制约我国在线音乐发展的主要问题是免费盗版音乐的存在，[①] 但随着我国打击音乐盗版力度的加强以及音乐内容的正版化，我国在线音乐市场将更加规范，再加之我国互联网普及率的不断提高及网民使用互联网获取音乐习惯的养成，2009 年以后，在线音乐市场规模将进一步扩大，继而我国数字音乐的市场结构也会更加平衡。

四、音乐产业相关政策

(一)《文化部关于网络音乐发展和管理的若干意见》

2006 年 12 月文化部出台了《文化部关于网络音乐发展和管理的若干意见》，《意见》首次明确了网络音乐的内涵，并提出我国网络音乐市场的发展目标是：鼓励扶持民族原创、健康向上的网络音乐产品的创作和传播，拓展民族网络文化的发展空间。既要规范网络音乐市场秩序，保护知识产权，完善监管体系，又要不断增强网络音乐企业的市场竞争能力，努力打造一批具有中国风格和国际影响的民族原创网络音乐品牌。《意见》还提出，要建立优秀原创网络音乐产品评选、奖励和推广机制，奖励思想性强、艺术性高、音乐内容和网络技术完美结合

① 文化部 . 2009 年中国网络音乐市场年度报告，2009.

的原创网络音乐产品，以不断提升我国原创网络音乐制作质量和水平。《意见》的出台及时得遏制了网络音乐市场低俗内容的滋生，并且对网络经营单位和网络音乐发展起到良好的规范和引导作用。

（二）《文化部关于加强和改进网络音乐内容审查工作的通知》

为进一步推动网络音乐发展，规范网络音乐经营，切实落实《文化部关于网络音乐发展和管理的若干意见》精神。2009 年 8 月 26 日，文化部印发了《文化部关于加强和改进网络音乐内容审查工作的通知》。《通知》中首次将音乐产品链接的监管纳入监管体系中。《通知》着眼于网络音乐管理工作面临的新形势、新情况、新问题，并且着眼于制度建设，从依法行政的角度为网络音乐的管理提供依据。《通知》着力解决的问题：一是加强网络音乐经营主体管理；二是加强网络音乐内容管理；三是加强进口网络音乐报审主体管理；四是规范进口网络音乐交易规则；五是加强对网络音乐的知识产权保护；六是加强对音乐产品搜索服务的管理。

（三）《音像制品制作管理规定》

2007 年 12 月 26 日，新闻出版总署公布《音像制品制作管理规定》。总署从 2002 年开始就将《音像制品制作管理规定》作为《音像制品管理条例》的配套规章纳入了立法工作计划。《规定》的制定遵循了两个基本原则：一是充分考虑音像制作行业高度社会化的特点，在管理上与音像出版单位不同，不为企业设定过多的强制性义务，而是引导企业自主合法经营；二是充分考虑地区差异，发挥省级管理部门的积极性。从行业发展角度看，音像制作活动作为音像制品生产过程中的基础环节，起着非常重要的作用。随着我国音像出版事业的发展，音像制作单位越来越多，规模日益扩大，它们在音像的制品选题开发、版权贸易、生产制作等方面，为音像市场的繁荣发展做出了积极贡献，成为整个音像出版的重要组成部分。但是，随着音像制作业的发展，音像制作经营活动中出现了许多不规范的现象，制作的内容也存在诸多问题。对音像制作业进行规范化管理是音像出版、复制业发展的需要，有利于对整个音像产业链进行监管。

（四）《音像制品出版管理规定》

2004 年 5 月 8 日新闻出版总署发布了《音像制品出版管理规定》。《规定》的制定体现出以下几个方面的新意：

（1）适应科技发展，重新界定“音像制品”概念。《规定》将“音像制品”界定为“录有内容的录音带（AT）、录像带（VT）、激光唱盘（CD）、数码激光视盘（VCD）及高密度光盘（DVD）等”，从而明确了“音像制品”的种类。

（2）细化音像出版单位的设立条件。《规定》首次明确提出，出版单位必须

“有适应业务范围需要的组织机构和取得国家出版专业技术人员资格的编辑人员，其人数不得少于10人，其中从事音像出版业务2年以上并具有中级以上出版专业技术人员职业资格的不得少于5人”，“有30万元以上的注册资本”，“有适应业务范围需要的设备和工作场所，其固定工作场所面积不得低于200平方米”。

（3）加强对音像制品出版活动的管理。《规定》对出版活动在多个方面作出了专项规定，进一步规范了音像制品的管理，并将该管理标准纳入音像出版单位的年检。

（4）简化行政审批，贯彻属地管理原则。《规定》进一步的规范了音像从业者守法经营、合法从业，营造一个音像出版业发展的良好市场环境和法制环境。同时，对于出版行政管理部门进一步转变政府职能，切实履行政府管理职责，提高监管水平，都具有实际指导意义。《规定》的实施必将促进我国音像业的繁荣和发展。

第十章
演出产业发展报告

近年来，我国演出市场进入了高速发展期。虽然受到金融危机和经济衰退影响，我国演出市场2009年曾出现轻微波动。但由于我国演出市场主要依托于本土需求，因此，在国内强劲需求拉动下，不论是演出场次还是演出收入，都实现了大幅增加。2009年，全国艺术表演团体演出场数达120.1万场次，国内观众人数8.17亿人次，演出收入28.8亿元，分别比2006年增加了1.45倍、1.96倍和1.62倍。

一、演出产业的供给情况

中共十七大关于“推动社会主义文化大发展大繁荣”的战略部署为我国演出行业提供了历史性机遇。政府扶持力度不断加强，为经营主体营造了宽松规范的环境。演出主体日趋多元化，民间演出团体迅速发展，特色表演日渐活跃，新兴市场更展现出巨大潜力。尤其是2007年底国家大剧院的落成与开幕，更为我国演出市场的发展起到了极大促进作用。

（一）演出团体

随着演出市场规模的不断扩大，我国演出团体的数目呈逐年增长的态势。进入2007年，演出团体的数目较2006年增长了58%，2008年更是比2007年增长了63%。与此同时，演出团体的收入也由2004年的9.3亿元增加到了2008年的13.4亿元，增长幅度达43%。(见图10－1)

从图10－1可以看到，虽然演出团体的数目和收入在总体数量都呈增长趋势，但演出团体收入的增长速度要低于演出团体数目的增长；即每个演出团体的平均收入低于从前。原因在于，一方面演出团体数量增加，演出市场供给相应增加，团体间竞争愈加激烈，使得每个演出团体获得收入的难度大于从前；另一方面由于受到金融危机的影响，演出门票价格有所下滑，致使演出团体平均收入低于往年。

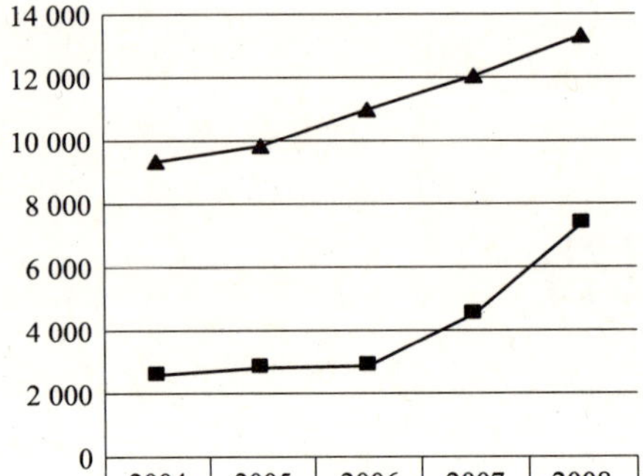

	2004	2005	2006	2007	2008
—■— 演出团体（个）	2 580	2 805	2 866	4 521	7 366
—▲— 演出团体收入（十万元）	9 330.4	9 826.8	10 982.5	12 039.6	13 307.7

图 10－1　2004－2008 年演出团体数目及其收入变化趋势

数据来源：2005－2009 年《国家统计年鉴》

（二）演出场所

演出场所密集程度一定程度反映出一个地区演出市场的繁荣状况。作为我国经济文化中心的北京、上海和广州聚集了大量高质量的演出场所，对全国演艺事业发展起到了极大带动作用。

以北京市为例，2009 年北京市演出市场收入首次超过 10 亿元。北京市 61 家主要营业性演出场所（不含 100 座以下的小剧场）共演出 16 397 场，观众达 1 167 万人次，演出收入近 9.33 亿元，[①] 与 2008 年同期相比，分别增加 23.9%、44% 和 48.8%。9.33 亿元的演出总收入中，国家大剧院等 15 个综合性多功能演出场所演出收入 46 171.1 万元，占 49.48%；鸟巢、工体、首体等 8 个大型体育场馆演出收入 23 178 万元，占 24.8%；梅兰芳大剧院等 16 个专业演出剧场演出收入 11 056 万元，占 11.85%；朝阳区文化馆等 8 个演出场所演出收入 1 387 万元，占 1.48%。（见图 10－2）

在北京各类演出场所中，国家大剧院作用举足轻重。在国家大剧院开馆前的 2007 年，北京市演出市场的总票房为 4 亿元人民币。而 2008 年，北京市演出市场的总票房达到 6.2 亿元人民，其中国家大剧院的收入就占北京市演出总收入的 50% 以上。2009 年，国家大剧院取得了 3 亿元的票房收入，这同样为北京市演出市场的繁荣发展起到了关键的带头作用。可见，演出场所已经成为影响一个地

① 《2009 年北京演出市场调研报告》。

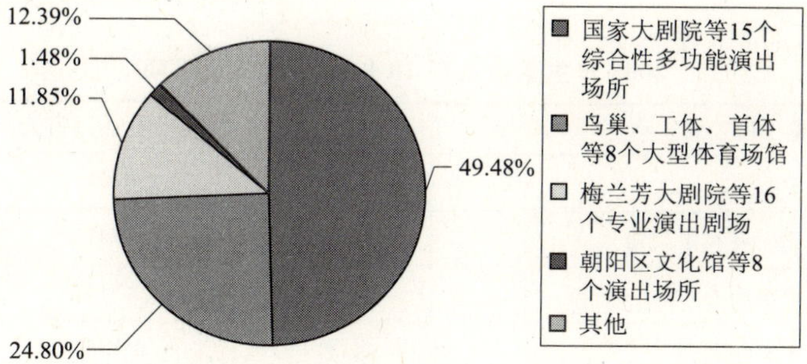

图 10－2　2009 年北京市各类演出场所所占收入比例

数据来源：道略文化传媒产业研究中心

区演出市场的关键因素。2010 年 5 月份广州大剧院建成，随后国内三大剧院，国家大剧院、上海大剧院、广州大剧院签署战略合作协议，[①] 这一战略合作协议的签署，也必将带动区域性演出市场的繁荣发展。

（三）演出经纪公司

作为演出市场的一大主体，演出经纪公司正扮演着越来越重要的角色。2007 年，我国演出经纪机构继续了 2006 年的增长势头，绝对数有所增加，虽然从业人员呈下降趋势，但营业收入和利润增长迅速，两项经营指标增长额度超过机构数的增长额度，特别是利润额增长幅度惊人。（见表 10－1）

表 10－1　　全国演出经纪机构 2006 年至 2007 年经济指标比较

	2006 年	2007 年	与前一年同期增减
机构数（个）	926	1 024	10.5%
从业人员（个）	11 497	8 708	－24.2%
利润总额（万元）	485	3 828	689%

数据来源：《中国演出市场状况及发展趋势》

2008 年，上海市演出经纪机构发展尤为迅速。2008 年上海市共有演出经纪机构 339 家，同比增加 58 家；主营收入 32 607 万元，同比增加 943 万元；上缴各项税金 1 414 万元，同比增加 166 万元。上海市的民营企业及个人兴办演出经纪机构数量约占全市演出经纪机构数量的 78%，发展势头十分强劲。[②] 这些数字的增长也显示出演出经纪机构质量的提高以及经营效果愈加显著。（见

① 道略咨询．道略演出行业内部专刊．2009（3）.

② 2008 年上海市演出市场统计数据分析，2009.

表 10－2）

表 10－2　　2008 年主营收入前 10 位的演出经纪机构

单　位　名　称	主营业收入（万元）
上海大剧院演艺中心	6 581
上海时空之旅文化发展有限公司	4 741
中国上海国际艺术节中心	3 514
上海开思文化艺术有限公司	1 875
上海东上海国际文化影视有限公司	1 850
上海市演艺总公司	1 642
上海东方之星文化发展有限公司	1 133
上海汇阳文化艺术传播有限公司	1 061
上海白玉兰文化艺术发展有限公司	997
上海非凡文化艺术有限公司	929
上海天蟾京剧中心演出有限公司	673

数据来源：2008 年上海市演出市场统计数据分析

（四）外国演出团体来华演出

2009 年，由于受到金融危机的影响，国外演出市场经营惨淡。金融危机的蔓延，使得全球文化赞助大幅度缩水，欧美著名演出团体纷纷缩减开支、减少巡演场次，有的演出团体甚至不得不面对破产的命运。而同时，中国演出市场的巨大需求，使得外国演出团体纷纷把目光转向中国。以 2009 年北京演出市场的情况来看，外国艺术团体增长迅猛，共演出 1 257 场，比 2008 年同期增长 134%；我国港台艺术团体及个人在京演出有所减少，共演出 65 场，比 2008 年同期减少 26.1%。（见图 10－3）

外国演出团体在中国演出市场上不仅增加了演出的数量，质量更是得到了很大程度的提升，有的团体甚至选择在中国上演他们的全球首演或亚洲首演。第 11 届中国上海国际艺术节的海外参演剧目有 20 多种，其中近一半是“中国首演”，一些甚至是“世界首演”。蒙特卡罗芭蕾舞团的《灰姑娘》和《男人眼里的女人舞》、阿根廷探戈舞剧《天使降落布宜诺斯艾利斯》、苏格兰现代舞《温柔的诱惑》、德国话剧《狗镇》、比利时儿童多媒体剧《雪球》等，都在本届艺术节上亚洲首演或者中国首演。中国演出市场上外国演出数量的增大，不仅仅反映出我国拥有 13 亿观众的巨大市场，更折射出中国伴随经济实力的提升而对全球产生的更为强烈的文化吸引力。

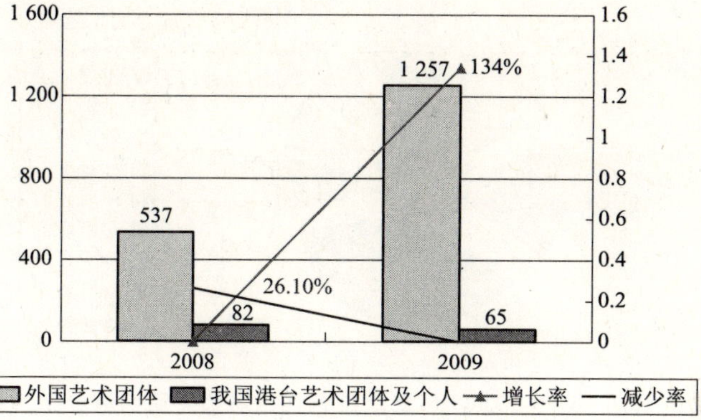

图 10-3 2008-2009 年北京市外来演出情况

数据来源：《2009 年北京演出市场调研报告》

二、演出产业的需求情况

（一）北京演出市场需求情况

随着我国经济实力的不断加强，人们的收入水平也得到了大幅度的提升，因而，人们对物质文化活动的巨大需求也正渐渐显现出来。以北京为例，2008 年观看演出平均场次 1~5 场的人占到总体的 65.2%，观看 6 场以上的人群大约占据 18%。（见图 10-4）

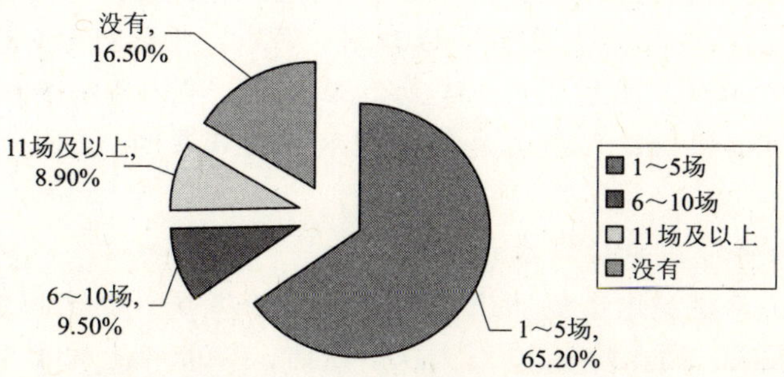

图 10-4 2008 年北京观众观看演出平均场次

数据来源：《2009 年北京演出市场调研报告》

在北京 2008 年的演出活动中，音乐类演出台数是最多的，共演出剧目 592 台，占全部演出台数的 37%；其次是话剧，共上演 269 台，占总演出台数的

16.8%。（见图 10－5）

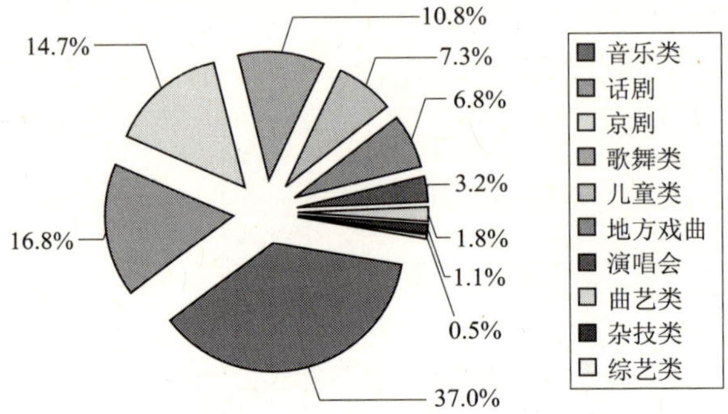

图 10－5　2008 年北京市各类型演出活动台数分布

数据来源：《2009 年北京演出市场调研报告》

北京演出市场观众人数近年来大幅上升，而平均票价逐年降低。票价的降低，主要得益于政府倡导增加低票价演出场次。① 2005 年各类演出平均票价在 300 元左右，2006 年为 275 元，降低 9%。2007 年各类演出平均票价为 264 元，比 2006 年同期降低了 4%。2008 年各类演出平均票价在 210 元左右，降低 20%，平均上座率已达到 70%。2009 年北京市各类演出平均票价在 210 元左右，与 2008 年基本持平，平均上座率为 66% 左右。大型演出场馆的平均票价 637 元，比 2008 年上升 18%，平均上座率 85%，其中音乐类演出票价最高，平均票价 704 元，增幅也最大，平均增长 31%；演唱会的平均票价 571 元，比 2008 年提高 25%。以国家大剧院为代表的多功能综合剧场平均票价 229 元，比 2008 年下降了 11 个百分点，平均下降 31 元。以戏剧、音乐、儿童剧为主的专用剧场平均票价 146 元，比 2008 年平均票价 131 元上涨 11%，平均上座率 68%。影响上座率的因素不仅包括票价，兴趣也是影响观众是否观看演出的一个重要的因素。（见图 10－6）

（二）上海市演出市场需求情况

2008 年的上海市演出市场演出场次总计 36 978 场，同比减少 1 311 场；观众总计 755 万人次，同比减少 70 万人次。然而，2008 年上海市市区剧场 33 家，其中 27 家剧场完成演出 5 761 场，同比增加 749 场，增长 13%。市区剧场演出场次同比增加明显的是：上海话剧艺术中心演出 772 场，同比增加 168 场；东方艺术中心 495 场，同比增加 55 场；上海音乐厅演出 227 场，同比增加 54 场（见

① 《2009 年北京演出市场调研报告》。

表 10－3）。

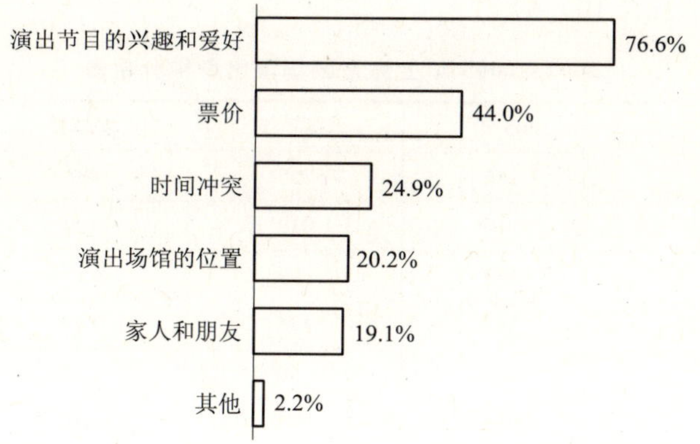

图 10－6 观众选择观看演出决定因素调查

数据来源：《2009 年北京演出市场调研报告》

表 10－3　　2008 年上海市区主要剧场演出基本情况

单位名称	演出场次（场）		观众人次（万人）		演出收入（万元）	
	2008 年	2007 年	2008 年	2007 年	2008 年	2007 年
上海话剧艺术中心	772	604	19	14	1 637	1 419
马戏城	549	543	45	46	1 989	2 333
上海大剧院	511	549	25	30	6 581	10 693
上海东方艺术中心	495	440	59	55	4 959	4 674
逸夫舞台	357	338	28	24	415	579
艺海剧院	235	218	20	20	455	435
上海商城剧院	221	245	18	22	334	344
上海音乐厅	227	173	23	19	1 904	1 332
兰心大剧院	208	280	12	15	317	389
美琪大剧院	191	181	19	20	431	452
上海大舞台	51	53	37	37	1 518	1 910
总计	3 817	3 624	305	302	23 143	18 903

数据来源：文化部

上海市 2008 年全年剧场演出按演出剧种分类，戏剧类 2 762 场，音舞类 6 686 场，占总场次比重分别为 29.2% 和 70.8%，其中，轻歌舞演出场次为 3 452 场，占总场次的 36.5%。交响、芭蕾等高雅艺术演出场次同比均有明显提高，特别是话剧演出，全年演出 1 246 场，占上海市剧场总场次的 13.1%，同比增加 491 场。[1]（见表 10－4）

表 10－4　　2007－2008 年上海市剧场演出剧种分析表　　单位：场

剧　种	2008 年	2007 年	增减数	增减幅度
话剧	1 246	755	491	39%
儿童剧	610	1 019	－409	－67%
木偶剧	123	99	24	20%
交响乐	194	176	18	9%
芭蕾	105	96	9	9%
严肃音乐舞蹈	708	773	－65	－9%
轻歌舞	3 452	4 229	－777	－23%
杂技魔术	1 644	1 911	－267	－16%
综合场	583	675	－92	－16%

数据来源：文化部

三、演出产业的投资情况

由于我国的演出企业大多是由中小型企业或者个体经济组织组成，不论是舞蹈团体、乐团、话剧音乐剧组织，还是其他演艺团体，大都依靠财政拨款来维持经营管理。

（一）我国艺术团体经费自给率

演艺产业作为文化产业的重要组成部分，其发展受到高度重视。国家及各省市有关部门相继出台了鼓励演出行业发展的政策。比如，2009 年北京公布的《北京市舞台艺术创作项目扶持办法》面向国有和民营艺术团体，每年安排 2 000 万元专项资金以扶持剧目生产。扶持比例为剧目创作、设计制作及生产费用的 35%。(见表 10－5)

表 10－5　　全国文化部门艺术表演团体收支情况

年份	总收入（万元）	财政拨款（万元）	演出收入（万元）	总支出（万元）	经费自给率
2004	485 625	324 536	93 304	483 372	28.7%
2005	527 146	354 766	98 268	514 000	31.3%

① 《2008 年上海市演出市场统计数据分析》。

续表

年份	总收入（万元）	财政拨款（万元）	演出收入（万元）	总支出（万元）	经费自给率
2006	590 880	399 920	109 825	583 881	37.9%
2007	691 050	487 842	120 396	670 009	30.3%
2008	803 030	573 623	133 077	777 735	29.5%

注：经费自给率计算公式为：经费自给率 =（总收入 - 财政拨款）/总支出 * 100%

数据来源：《国家统计年鉴》（2005 - 2009）

从下面的图 10 - 7 我们更可以明显地看出 2004 年至 2008 年我国文化部门艺术表演团体经费自给率的变化趋势。

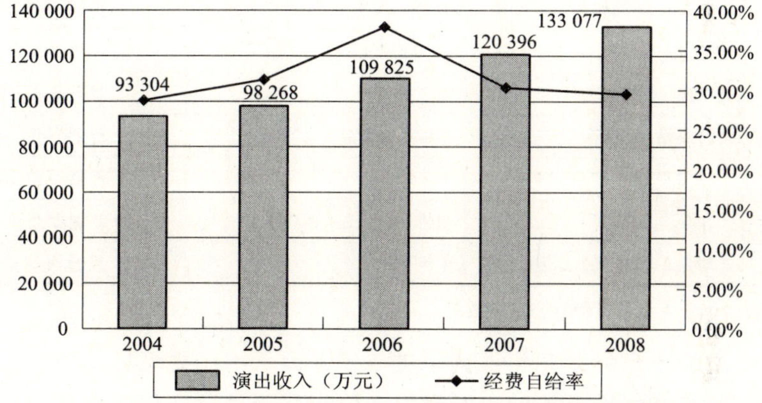

图 10 - 7　全国文化部门艺术表演团体收入及经费自给率情况

注：经费自给率计算公式为：经费自给率 =（总收入 - 财政拨款）/总支出 * 100%

数据来源：《国家统计年鉴》（2005 - 2009）

从图 10 - 7 我们可以看到，全国文化部门艺术表演团体收入从 2004 年到 2008 年成逐年递增的趋势，由 2004 年的 48.6 亿增长到 2008 年的 80.3 亿；而与此同时，全国文化部门艺术表演团体的经费自给率在 2006 年达到最高水平 37.9% 后，并没有随收入的增加而增加，而是逐年下滑到 2008 年的 29.5%。

（二）旅游市场投资情况

与上文情况形成鲜明对比的是，近年来我国旅游文化演出市场的高投入、高回报。2006 年在全国各重点旅游城市和旅游景区定时定点上演的、投资在百万元以上的旅游文化演出有 153 台，资金投入达 17.9 亿元，参加的专业和业余演职人员 1.76 万人，观众达 1.67 亿人次，继而也涌现出了一批场面宏大、制作精美、演艺精湛、格调高雅的优秀作品（见表 8 - 6）。其中，《印象 · 刘三姐》这部2004年在桂林阳朔推出的大型山水实景演出，仅在2009年就演出了497场，观众达130万人，演出收入逾2.6亿元，成为国内文化产业成功运作的典范；《印象·丽江》自2006年6月演出以来，客流量逐年递增，2009年接待观众138万人，相当于每天接待3 000多名观众，演出收入超1.5亿元。（见表10－6）

表10－6　　国内主要大型旅游文艺演出一览

年份	剧　目　名	首次公演投资	首次公演票价
2002	《梦幻漓江》	1 000多万	普通票价120元
2003	《云南印象》	700多万	普通票价180元
2004	《印象·刘三姐》	1亿元以上	普通票价180元
2005	《时空魅影》	2 000多万	普通票价145元
2006	《印象·丽江》	2.5亿元	普通票价190远
2006	《巴蜀情缘》	4 000多万	普通票价100元
2006	《禅宗少林·音乐大典》	1.15亿	普通票价160元
2007	《印象·西湖》	初期设备投入4 000万	普通票价250元
2009	《印象·海南岛》	1.8亿	普通票价238元

数据来源：综合各个演出项目公布的数据

我国旅游演出市场近几年得到了进一步发展，市场规模稳步扩大，演出水平进步提升。资本和优秀人才的不断聚集，使得我国旅游文化演出市场形成了百花竞放的崭新局面，展示了十分美好的发展前景。

四、演出产业相关政策

演出产业作为传统文化产业，在文化市场中始终占据重要地位。国家相关职能部门对演出市场予以高度重视，出台了相关政策法规促进演出市场的繁荣发展。

（一）《营业性演出管理条例实施细则》

文化部于2009年10月1日起施行新的《营业性演出管理条例实施细则》。新《实施细则》表示国家将依法维护营业性演出经营主体、演职员和观众的合法权益，禁止营业性演出中的不正当竞争行为。将从事演员签约、推广、代理等经纪活动纳入管理范围；明确了我国港澳独资演出经纪机构的设立程序，为港澳资本进入内地演出市场提供良好的政策环境；放宽个体演员、个体演出经纪人的备案条件，鼓励个体演员、个体演出经纪人依法从事经营活动；简化了演出审批手续。并明确了临时搭建舞台、看台工程质量的验收程序，强化了对假唱、假演奏行为的制约。

（二）《关于构建合理演出市场供应体系，促进演出市场发展繁荣的若干意见》

为进一步深化文化体制改革，完善演出市场体系，规范演出市场秩序，促进演出市场的繁荣发展，不断丰富人民群众的社会文化生活。国家发展改革委、文化部、公安部、监察部、财政部、税务总局、广电总局、体育总局、工商总局2008年1月联合制定下发了《关于构建合理演出市场供应体系、促进演出市场繁荣发展的若干意见》。《意见》从扩大供给、促进发展这一制高点出发，提出了从根本上解决演出市场中存在的主要问题的办法和举措：一是从公益角度出发，加大政府投入，建立公益性演出长效机制，逐步解决广大群众最基本的文化消费需求；二是从市场角度出发，培育市场主体，扩大演出供给；三是从管理角度出发，规范政府行为，优化演出环境。《意见》的出台必将为民营文艺表演团体的成长营造良好的政策环境。

（三）《关于深化国有文艺演出院团体制改革的若干意见》

2009年7月27日，中宣部、文化部颁布《关于深化国有文艺演出院团体制改革的若干意见》，提出更加明确的国有文艺演出院团体制改革路线图和时间表。为培育一批大型骨干演艺企业，《意见》提出鼓励转制院团整合优质资源，与演出中介机构、演出场所等组建综合性演艺集团公司，延伸和完善产业链。在资源配置上，《意见》提出支持转制院团与新闻媒体开展各种形式的合作，拓展发展空间。在资金筹集渠道上，《意见》要求确保院团转制后原有正常事业经费继续拨付，并通过文化产业发展资金等予以支持。为从根本上解决国有院团“小而全”、“散而弱”现象，《意见》提出，把结构调整作为深化国有文艺演出院团体制改革的重要内容，切实整合资源、调整布局、优化结构、提高效益。《意见》还要求，打破事业、企业界限，消除国有、民营差别，不论行政级次，以艺术生产水平、群众欢迎程度作为评价标准，确定重点院团，由国家予以扶持。《意见》充分体现了用新的文化发展理念指导新时期院团改革的思路。《意见》也是改革开放30年来，对我国艺术表演团体体制改革目标最清晰、要求最具体、动作最大的改革指导文件。

（四）《关于促进民营文艺表演团体发展的若干意见》

2009年6月2日，由文化部、财政部、人事部、国家税务总局四部局联合出台了《关于促进民营文艺表演团体发展的若干意见》。《意见》主要包含三个方面：

（1）统一思想，提高认识。《意见》明确了民营文艺表演团体的地位和性质："民营文艺表演团体是我国社会主义文化事业的重要组成部分，是社会主义精神文明建设的重要力量。"

（2）加大扶持力度，促进民营文艺表演团体发展。《意见》中要求，要为民营文艺表演团体提供排练场地、演出场地和演出器材等方面的支持。

（3）深化管理，加强服务，为民营文艺表演团体营造良好市场环境。《意见》的出台，将为推动文化演艺市场的繁荣发展及提振演艺市场企业的信心起到积极的推动作用。

参考文献

1. 毕佳，龙志超．英国文化产业．北京：外语教学与研究出版社，2007.
2. 陈杰，闵锐武．文化产业政策与法规．青岛：中国海洋大学出版社，2006.
3. 陈志楣，冯梅，郭毅．中国文化产业发展的财政支持研究．北京：经济科学出版社，2008.
4. 范中汇．英国文化管理．北京：文化艺术出版社，2001.
5. 冯子标，焦斌龙．分工、比较优势与文化产业发展．北京：商务印书馆，2005.
6. 胡惠林．文化产业发展的中国道路——我国文化产业发展理论与实践研究．上海：上海人民出版社，2004.
7. 胡惠林．文化产业学现代文化产业理论与政策．上海：上海文艺出版社，2006.
8. 侯聿瑶．法国文化产业．北京：外语教学与研究出版社，2007.
9. 李景源，陈威．中国公共文化服务发展报告 2009. 北京：社会科学文献出版社，2009.
10. 陆祖鹤．文化产业发展方略．北京：社会科学文献出版社，2006.
11. 叶朗．中国文化产业年度发展报告 2009. 北京：金城出版社，2010.
12. 张立．中外音像出版产业及相关政策研究．北京：中国书籍出版社，2009.
13. 中国文化产业年度报告．北京：金城出版社，2009.
14. 中国统计年鉴．北京：中国统计出版社，2005－2010.
15. 董为民．探讨发展我国文化产业的财政政策．财政研究，2003（12）.
16. 陈高桐．入世与我国文化产业发展面临的问题和对策．世界贸易组织动态与研究，2002（9）.
17. 陈晓宇．文化产业发展的体制之痛及对策．法制与社会，2007（3）.
18. 程荣．面向新世纪的文化发展战略．长沙民政职业技术学院学报，2007（3）.
19. 崔俊敏．我国加入 WTO 后培育和发展文化产业的对策．信阳师范学院学报，2002（12）.
20. 冯潮华．发展我国对外文化贸易的思考．中共福建省委党校学报，2005（5）.

21. 符桂芹．加入 WTO 后中国文化产业面临的挑战及对策研究．东北亚论坛，2003（11）．
22. 胡攀．大力发展文化产业满足文化消费需求．重庆邮电学院学报，2004（3）．
23. 胡庆雄．发展文化产业的政府角色——文化产业发展的对策分析．东南大学学报，2006（6）．
24. 华育涛，王晓东．文化产业的战略性短缺及其对策．黄河科技大学学报，2006（6）．
25. 纪建悦，鲁志水，燕欣春．我国文化产业融资机制问题的探讨．哈尔滨金融高等专科学校学报，2006（12）．
26. 李本贵．促进文化产业发展的税收政策研究．税务研究，2010（7）．
27. 李丹，宫国鑫．论我国文化产业发展中存在的主要问题及政府对策．辽宁行政学院学报，2005（5）．
28. 李芳．解析文化产业发展的制约因素及对策与建议．甘肃科技纵横，2006（3）．
29. 李庆东．中国文化产业发展过程中存在的问题与对策．农业与技术，2004（4）．
30. 李秀金．促进文化产业发展的地方财政政策选择．财政研究，2009（8）．
31. 李秀金，吴学丽．文化产业发展与税收政策选择．税务研究，2010（7）．
32. 李中文．我国言论经产业发民的战略与对策．集团经济，2004（3）．
33. 梁凤云，孙亦军，雷梅青．促进文化产业发展的财税政策．税务研究，2010（7）．
34. 刘冰．进入 WTO 后我国文化产业面临的挑战及对策思考．经济研究参考，2004（21）．
35. 刘援朝，刘景．浅论我国文化产业的发展及对策．社会科学论坛，2003（6）．
36. 马国柱．我国文化产业发展的战略思考．辽宁大学学报，2004．
37. 马衍伟．税收政策促进文化产业发展的国际比较．涉外税务，2008（9）．
38. 孟祥荣．谈发展文化生产力的重要性．现代情报，2004（8）．
39. 牛华勇．从发达国家经验看促进就业的税收政策．会计师，2009（8）．
40. 牛祺．“入世”后我国文化产业面临的挑及对策．池州师专学报，2007（4）．
41. 任净．文化生产力与企业核心竞争力．大连理工大学学报，2005（3）．
42. 申国军．发达国家促进文化产业发展税收政策及其借鉴．涉外税务，2010

(4).
43. 沈山. 文化产业的内涵及其政策发展趋势. 社会科学家, 2005 (2).
44. 唐春桥. 我国文化产业发展面的挑战与对策. 湘南学院学报, 2006 (6).
45. 童雅平, 童元伟. 城市文化产业发展的对策. 经济视角, 2005 (10).
46. 王翠霞, 罗雁翎, 高源. 发展我国创意产业面临的问题与对策. 企业研究, 2006 (6).
47. 王京华. 发达国家促进就业的税收政策比较与借鉴. 涉外税务, 2004 (6).
48. 王秋艳. 运用财税政策促进文化产业发展. 统计与咨询, 2008 (3).
49. 王晓红. 文化产业利用外资的效应与对策支持. 产业经济, 2004 (5).
50. 王新忠. 中国文化产业发展现状及对策分析. 经济师, 2008 (2).
51. 魏鹏举. 公共财政扶持文化产业的合理性及政策选择. 中国行政管理, 2009 (5).
52. 文文. 金融危机背景下的美国文化产业财税政策. 税务研究, 2010 (2).
53. 张皓. 支持文化体制改革和文化产业发展的财税政策分析. 税务研究, 2010 (7).
54. 袁艳红. 完善文化产业发展的税收政策. 税务研究, 2007 (10).
55. 周步惠. 金融危机与中国艺术品市场的发展. 中国商界, 2008 (12).
56. 西沐. 中国画廊业发展态势及其评价报告. 艺术市场, 2009 (4).
57. 中华人民共和国文化部文化市场发展中心. 中国艺术品市场白皮书, 2010.
58. 武洪滨. 从赛会到当代艺术博览会——中国艺术博览会的成因与演进. 美术观察, 2010 (4).
59. 刘耿, 米艾尼. 艺术品投资回报率超股票房地产 收藏进亿元时代. 瞭望东方周刊, 2010 (51).
60. 亚青. 中国艺术品市场现状. 艺术市场, 2010 (10).
61. 徐世丕. 旅游演艺对我国传统演出市场的冲击和拓展. 中国戏剧, 2008.
62. 谢伦灿. 文化产业繁荣背景下演艺产业发展之路. 求索, 2000 (5).
63. 柳士发. 国内演出市场的发展现状和改革方向. 山东文化产业网, 2005.
64. 朱伟峰. 打造国际一流传媒集团迫在眉睫. 中国新闻出版报, 2009-10-27.
65. 王效杰. 广电数字化新格局和新媒体发展. 广播电视信息网, 2008-11-13.
66. 张新建. 中国艺术品市场态势和政策走向. 山东文化产业网.
67. IFPI Recording Industry in Number 2008.
68. 2010 年上半年艺术品市场研究报告. 东方视觉网.
69. 2010 年艺术品春拍综合述评. 中国名瓷网.

70. 中国画廊经营状况堪忧 成交额下降从业人员锐减，中华网.
71. 文化部 . 2009 年中国网络音乐市场年度报告，2009.
72. 艾瑞咨询 . 2009 – 2010 年中国数字音乐行业发展报告，2009.
73. 艾瑞咨询 . 中国在线音乐研究报告 2007 年（简版）. 2007.
74. 道略咨询 . 道略演出行业内部专刊 . 2009（3）.
75. 道略咨询 . 道略演出行业内部专刊 . 2009（4）.
76. 2009 年北京演出市场调研报告 . 2009.
77. 2010 年上海文化产业发展报告 . 2010.
78. 2005 – 2009 年北京市文化产业统计资料概况 . 2005 – 2009.
79. 2008 年上海市演出市场统计数据分析 . 2009.
80. 2009 年国民经济和社会发展统计公报 . 中华人民共和国国家统计局网站 .
81. 上海市历年艺术表演团体演出情况统计 . http：//www. yearbookinfo. net.
82. 艺恩咨询公司 . 2009 – 2010 年中国电影产业研究报告（简版）[EB/OL]. http：//www. entgroup. cn，2010.
83. 清科研究中心 . 2010 年中国电影产业投资研究报告 [EB/OL]. http：//www. pedaily. cn，2010 – 07.
84. 艺恩咨询公司 . 2008 – 2009 年中国电影产业研究报告（简版）[EB/OL]. http：//www. entgroup. cn，2010.
85. 艺恩咨询公司 . 2010 年中国文化娱乐产业研究报告（简版）[EB/OL]. http：//www. entgroup. cn，2010.
86. 尹鸿 . 2009：中国电影产业备忘 [J]. 电影艺术，2010（2）：5 – 14.
87. 艺恩咨询公司 . 2010 年中国动漫产业投资研究报告（简版）[EB/OL]. http：//www. entgroup. cn，2010.
88. 艾瑞咨询集团 . 中国新媒体动漫研究报告简版（2007 年）[EB/OL]. http：//www. iresearch. cn，2010.
89. 牛兴侦 . 2009 年中国动漫产业发展报告 [EB/OL]. http：//www. 9yc. com，2010.
90. 中国互联网络信息中心 . 中国互联网络发展状况统计报告. [EB/OL]. http：//www. cnnic. net. cn，2010 – 07.
91. 中国互联网络信息中心 . 2009 年中国网民网络视频应用研究报告 [EB/OL]. http：//www. cnnic. net. cn，2010 – 03.
92. 艾瑞咨询集团 . 中国在线视频行业发展报告简版（2009 – 2010 年）[EB/OL]. http：//www. iresearch. cn，2010.

93. 艾瑞咨询集团．中国网络视频产业发展报告简版（2008－2009年）［EB/OL］. http：//www. iresearch. cn，2010.

94. 艾瑞咨询集团．中国网络经济行业发展报告简版（2009－2010年）［EB/OL］. http：//www. iresearch. cn，2010.

95. 艾瑞咨询集团．中国网络游戏行业发展报告简版（2009－2010年）［EB/OL］. http：//www. iresearch. cn，2010.

96. 中国唱片总公司．http：//www. china－crc. com. cn.

97. GMUSIC http：//www. g－music. com. tw/